U0659021

千年历史疑团的
典型解析

唐燮军 著

九州出版社 全国百佳图书出版单位
JIUZHOUPRESS

图书在版编目（CIP）数据

中古新语：千年历史疑团的典型解析 / 唐燮军著
. -- 北京：九州出版社，2021.9
　ISBN 978-7-5225-0548-0

Ⅰ．①中… Ⅱ．①唐… Ⅲ．①中国历史－秦汉时代-
魏晋南北朝时代－通俗读物 Ⅳ．①K230.9

中国版本图书馆CIP数据核字(2021)第196983号

中古新语：千年历史疑团的典型解析

作　　者	唐燮军　著
责任编辑	王海燕
出版发行	九州出版社
地　　址	北京市西城区阜外大街甲 35 号（100037）
发行电话	(010)68992190/3/5/6
网　　址	www.jiuzhoupress.com
印　　刷	三河市兴博印务有限公司
开　　本	720 毫米 ×1020 毫米　16 开
印　　张	19.5
字　　数	380 千字
版　　次	2021 年 11 月第 1 版
印　　次	2021 年 11 月第 1 次印刷
书　　号	ISBN 978-7-5225-0548-0
定　　价	56.00 元

★版权所有　侵权必究★

目　录

奇货可居：秦始皇的身世

秦始皇（前259至前210）虽略输文采，却无疑是中国历史上最伟大的皇帝之一。毕竟是他，亲手缔造了亘古未有的大一统帝国；也正是他，正式开启了中国历史的帝制时代。

对于这位千古一帝的身世，"中国历史之父"司马迁在所撰《史记》中也曾约略述及之，其中《秦始皇本纪》称："秦始皇帝者，秦庄襄王子也。庄襄王为秦质子于赵，见吕不韦姬，悦而取之，生始皇。以秦昭王四十八年正月生于邯郸。及生，名为政，姓赵氏。"①《吕不韦列传》则云：

> 吕不韦取邯郸诸姬绝好善舞者与居，知有身。子楚从不韦饮，见而说之，因起为寿，请之。吕不韦怒，念业已破家为子楚，欲以钓奇，乃遂献其姬。姬自匿有身，至大期时，生子政。②

由于司马迁著史态度严谨而不以猎奇取胜，因而他的这个记载为后世绝大多数史家所信从；而历代知名史册，包括东汉班固《汉书》、唐司马贞《史记索隐》、北宋司马光《资治通鉴》在内，大都主张"秦始皇实乃吕不韦之子"。时至今日，此说不但为南开大学孙立群教授等诸多学者所坚信，而且被搬上银幕，从而更为世人所熟知。

但这一传统说法，在不少明代学者看来，纯属无稽之谈。其依据之一便是，《史记·吕不韦列传》虽明确记载秦始皇之母本是邯郸歌姬，但后文又说她是"豪家女"，这一记载显然自相矛盾：

> 秦昭王五十年，使王齮围邯郸，急，赵欲杀子楚。子楚与吕不韦谋，行金六百

① 《史记》卷6《秦始皇本纪》，中华书局1959年版，第223页。
② 《史记》卷85《吕不韦列传》，中华书局1959年版，第2508页。

斤予守者吏，得脱，亡赴秦军，遂以得归。赵欲杀子楚妻子，子楚夫人赵豪家女也，得匿，以故母子竟得活。[①]

其二，就常情而论，女子受孕后一般在两个月左右就能觉察到"有身"，而秦始皇生母既已觉察到"有身"，却又晚至"大期时"（亦即十二个月后）方才分娩，这显然违背了生育规律。也正是以此为据，不少明代学者断言秦始皇乃吕不韦私生子的这种说法不足凭信。

明代学者不但断然否认秦始皇乃吕不韦私生子之说，而且试图探究此说的缘起。这其中，隆庆二年（1568）进士汤聘尹认为此说乃"战国好事者为之"[②]，而太仓人王世贞（1526—1590）亦尝推断：

又大期而始生政，于理为难信，毋亦不韦故为之说，而泄之秦皇，使知其为真父，而长保富贵邪？抑亦其客之感恩者，故为是以誉秦皇。而六国之亡人侈张其事，欲使天下之人谓秦先六国而亡也。不然，不韦不敢言，太后复不敢言，而大期之子，人乌从而知其非嬴出也？[③]

换言之，在王世贞看来，秦始皇乃吕不韦私生子之说，可能是吕不韦本人所杜撰，用以暗示秦始皇：既然吕某是你的亲父，你就应该让我"长保富贵"；同时也有可能是在吕不韦受秦始皇迫害自杀后，其门客出于泄愤之目的而恶意编造。

对于王世贞的这一推论，郭沫若先生很不以为然，转而推测说，吕不韦无偿转让爱姬以做政治投机的这种说法，很可能是西汉初年吕后称制时，吕产、吕禄等人仿照楚春申君与女環的故事编造而成的。据《战国策·楚策四》记载，赵国人李园原本有意将其妹李環进献给楚考烈王，但在得知楚王没有生育能力后，却又唯恐其妹入宫后因无子而不得长期专宠，于是兄妹合谋，李環首先被进献给春申君黄歇（？—前238），在自知怀孕后，她劝诱春申君说："楚王之贵幸君，虽兄弟不如。今君相楚王二十余年，而王无子，即百岁后，将更立兄弟。即楚王更立，彼亦各贵其故所亲，君又安得长有宠乎？非徒然也，君用事久，多失礼于王兄弟，兄弟诚立，祸且及身，奈何以保相印、江东之封乎？今妾自知有身矣，而人莫知。妾之幸君未

---

① 《史记》卷85《吕不韦列传》，中华书局1959年版，第2509页。

② 《史记志疑》卷31"吕不韦列传卷二十五"条引汤聘尹《史稗》，（清）梁玉绳撰，中华书局1981年版，第1309页。

③ （明）贺明微编：《文章辨体汇选》卷376王世贞《书吕不韦黄歇传后》，影印文渊阁《四库全书》本。

久，诚以君之重而进妾于楚王，王必幸妾。妾赖天而有男，则是君之子为王也，楚国封尽可得。孰与其临不测之罪乎？"① 结果，春申君"大然之"，遂将李嬛转让给楚王，其后生子，也就是楚幽王。

在此基础上，郭沫若先生进而推测，吕产、吕禄等人之所以如此杜撰，其因就在于为吕后临朝听政制造舆论依据：

据《史记·高祖纪》，吕后之父，"单父人吕公，善沛令，避仇，从之客，因家焉"。单父在汉为河内郡山阳县（今河南修武县），与吕不韦所食邑"河南洛阳十万户"在秦同属三川郡。汉初之河南洛阳郡仅为三川郡之一部分，其"户五万二千八百三十九"（《汉书·地理志》），仅及吕氏户口之一半而已。故吕后父吕公可能是吕不韦的族人。即使毫无族姓关系，吕后党人为使其称制临朝的合理化，亦宜认吕不韦为其族祖，秦始皇为其族父，这样便可对刘氏党人说：天下本是我吕家的天下，你刘家还是从我吕家夺去的。②

郭氏又随即补充说：他的这个推论虽然并无直接的史料依据，但仍不妨断言"秦始皇乃吕不韦私生子"的这种说法，"确实是莫须有的事"③。

在郭氏身后，否认秦始皇乃吕不韦私生子的学者，仍然大有人在，并进一步强调说：第一，假若赵姬在改事子楚之前已然怀孕，则秦始皇必然不及期而生，而子楚一旦得知秦始皇并非亲生，也几乎不可能将之列为王位继承人，这就恰好反证秦始皇生父应该是子楚，而非吕不韦；其二，秦始皇生母显然出身豪门，因为《史记·秦始皇本纪》明确记载，在秦军攻灭赵国之后，秦始皇曾经亲临邯郸，"诸尝与王生赵时母家有仇怨，皆坑之"。其母既然出身豪门，又怎会先做吕不韦的姬妾，尔后又被献做子楚之妻呢？④

尽管如此，更多的学者倾向于认为：汤聘尹、王世贞、郭沫若等人的论断充其量只是臆测之词；在没有过硬史料依据的情况下，不宜随意质疑乃至否定《史记》的记载。这其中，部分学者不但坚决赞同秦始皇乃吕不韦私生子之说，而且着力分析此说盛行于秦汉之际的原因和意义：其一，东方六国虽在名义上为秦国所灭，但实际上，不但六国亡于来自东方的吕不韦私生子之手，而且秦国早在六国亡前已然

① （西汉）刘向集录，范祥雍笺证，范邦瑾协校：《战国策笺证》卷17《楚策四》，上海古籍出版社2018年版，第914页。

② 郭沫若：《十批判书》之《吕不韦与秦王政的批判》，科学出版社1956年版，第391页。

③ 郭沫若：《十批判书》之《吕不韦与秦王政的批判》，科学出版社1956年版，第391页。

④ 姜越编：《周末秦初大变局》，辽宁人民出版社2018年版，第157—160页。

灭国，这就解了六国孑遗的亡国之恨；其二，正因为秦始皇并非秦王室的嫡传，反抗者也就因此拥有了绝好的造反理由；其三，秦始皇实乃吕不韦私生子的这种说法，为汉代统治者提供了诠释秦代骤亡的合理依据，亦即秦国宫廷既污秽如此，其速亡自在情理之中。[①]

由此也就足以断言，犹如"奇货可居"这一成语势必为后人所长期应用，学界内外对于秦始皇身世之谜的争论，也至少在可以预期的将来仍将持续展开。然而，无论是赵姬有娠而嫁，抑或秦始皇与吕不韦毫无血缘瓜葛，诸如此类的争议，都不足以淡化（更遑论抹杀）秦始皇作为千古一帝的丰功伟绩及其历史地位。

---

① 孙桂辉主编：《中华宫廷秘史》，线装书局 2014 年版，第 28 页。

秦始皇不立皇后：事出有因却查无实据

在中国帝制时代，不册封皇后的成人皇帝几乎没有，这是因为：立后制是后宫制度乃至君主政治的不可或缺的重要组成部分。然而，秦始皇作为中国历史上的第一位皇帝，作为中国立后制度的创立者，却终身不曾册封皇后。他不但终身不曾册立皇后，连称帝之前也不曾册封王后。

众所周知，秦始皇自从称帝到最终驾崩，这段时间长达十二年（前221—前209）。在此期间，尽管国事繁忙、百务缠身，但至少从理论上说，他完全可以在任何时候按照既有制度册立皇后。由此可以断言：秦始皇的不立皇后，完全是他主观选择的结果。

秦始皇在其当政的十二年间为何一意孤行而不立皇后？对此，包括《史记·秦始皇本纪》在内的诸多传世文献均未加以说明。事实上，在秦始皇身后的两千多年间，也几乎无人加以关注，只是近来方有学者意欲探讨其中的缘故。譬如陆求实、桑行之、范英诸先生，在所著《中国宫廷之谜》中，就曾根据史书的相关记载加以推测。[①]

在陆求实诸先生看来，最有可能促成秦始皇不立皇后的原因，大概就是其老娘在性生活方面的极度不检点，从而给秦始皇带来了难以估量的心理创伤乃至扭曲。秦始皇的母亲赵姬向来风骚，先是做了投机商人吕不韦的小妾，怀孕两个月后，又被吕不韦无偿转让给了当时尚在赵国首都邯郸作为人质的秦国王孙子楚（也就是后来的秦庄襄王），庄襄王死后，身为太后的她，始则经常与吕不韦重续旧情，尔后在吕不韦的牵线搭桥下，又与嫪毐私通，并生下两个儿子，此则《史记·吕不韦列传》言之凿凿：

---

① 陆求实、桑行之、范英：《仇视佳丽：秦始皇不立皇后之谜》，载氏著《中国宫廷之谜》，黄山书社2005年版，第231—234页。

5

吕不韦取邯郸诸姬绝好善舞者与居，知有身。子楚从不韦饮，见而说之，因起为寿，请之。吕不韦……欲以钓奇，乃遂献其姬。……庄襄王即位三年，薨，太子政立为王，……太后时时窃私通吕不韦。……始皇帝益壮，太后淫不止。吕不韦恐觉祸及己，……乃进嫪毐，……太后私与通，绝爱之。有身，……生子二人，皆匿之。①

对于母亲的行为失检，秦始皇既无地自容，又无可奈何，于是在长期的心理压抑下，其性格变得极为复杂，内向、多疑、暴虐、冷酷兼而有之，最终彻底爆发，于是"夷嫪毐三族，杀太后所生两子，而遂迁太后于雍"，尔后究治吕不韦，不但免去了其相国之职，而且诏令吕不韦速徙蜀中。结果，吕不韦因为担心被诛而服毒自杀。

陆求实等先生进而指出：赵姬的淫乱对秦始皇的负面影响至为深远，秦始皇虽然残杀了与其母淫乱的吕不韦、嫪毐等人，却非但始终不曾克服由此而导致的心理阴影，而且将对其母亲的怨愤，发展、泛化为对一切女人的仇视，从而造成他在婚姻上的偏执。因此，尽管其后宫中充斥着六国佳丽，但他只是把她们当作发泄仇恨的对象，或者将她们看作满足其生理需要的性欲工具。为此，他们还引用了《史记·货殖列传》中的一则史料加以佐证：相传秦始皇非常鄙视被收入秦宫的众多六国佳丽，痛恨她们抛弃亡国之辱而媚悦新主的行径，却倍加赞赏守贞重节的女子，当时巴蜀地区有一个名"清"的守身如玉的寡妇，秦始皇待她不但予以赐座，而且还特地为她修筑了一座"女怀清台"以彰扬其坚守贞操的美德；今日四川省内的贞女山，便是该寡妇曾经寡居之地。

在陆求实等先生看来，造成秦始皇不立皇后的第二种可能，大概缘自他的自命不凡。作为中国历史上第一个大一统帝国的创立者，秦始皇对于他的丰功伟绩确实相当自负，据《史记·秦始皇本纪》记载，他曾经自豪地宣称："寡人以眇眇之身，兴兵诛暴乱，赖宗庙之灵，六王咸伏其辜，天下大定。今名号不更，无以称成功，传后世。其议帝号。"也正是在他的要求下，善于见风使舵的廷尉李斯等人上奏说：

昔者五帝地方千里，其外侯服夷服，诸侯或朝或否，天子不能制。今陛下兴义兵，诛残贼，平定天下，海内为郡县，法令由一统，自上古以来未尝有，五帝所不及。臣等谨与博士议曰："古有天皇，有地皇，有泰皇，泰皇最贵。"臣等昧死上尊

———————
① 《史记》卷85《吕不韦列传》，中华书局1959年版，第2508—2512页。

号，王为"泰皇"，命为"制"，令为"诏"，天子自称曰"朕"。①

但秦始皇并不因此而满足，又杂取"泰皇"之"皇"，与"帝"合称"皇帝"。陆求实等先生因此推论：秦始皇既然如此自命不凡，他对皇后的要求自然也就非常高，高到"后宫佳丽中竟没有一个人能符合他的标准"，索性也就不立皇后。

在陆求实等先生看来，造成秦始皇不立皇后的第三种可能，源自他为实现政治理想而不惜牺牲家庭生活。他们分析说，由于身世及周遭环境的影响，秦始皇从小刻薄、多疑。于是，他一方面心气极高，通过连年征战，最终建立起一个空前统一的大帝国；而另一方面，他又唯恐一旦册立皇后，可能会对他有所掣肘，从而妨碍他实现远大的理想。正是为了实现理想，所以不立皇后。

陆求实等先生认为秦始皇不立皇后的第四种可能，与他长期追求长生不老有关。据《史记·秦始皇本纪》记载，秦始皇在巡游全国途中，曾经多次会见徐福等方士以求长生不老之药。正是这种对长生不老梦想的浓厚兴趣及其孜孜追求，在一定程度上抑制了他对其他事情的兴趣，结果之一便是导致了立后这一大事被长期搁置。

秦始皇显然是一个在生理上没有功能障碍的正常男人，其公子扶苏、胡亥的先后降世，足以使此一问题不证自明；秦始皇更是一个逻辑思维极度清晰的伟人，他既然创立了中国帝制时代的立后制度，也绝对不至于无缘无故地不予贯彻实施。不过，他拒不册立皇后的这种做法，虽然事出有因，后人却难以准确地把握，而只能根据间接的史料加以想象、推测。至于陆求实等先生的四个推论中的第一、第四，相对而言比较有意思，尽管如此，这两条推论是否接近于历史的真相，在目前情况下却难以确定。也因此，秦始皇时期长秋旷位的这一问题，仍需后人做深入细致的梳理。

---

① 《史记》卷6《秦始皇本纪》，中华书局1959年版，第236页。

千古冤案：秦始皇"坑儒"

秦始皇在一统六合之后，首先确立了至高无上的皇权，尔后又废除了传承已久的分封制度，转而在中央和地方设置了一整套直接听命于皇权的职官体制及行政管理系统，进而统一了法律、文字、货币和度量衡，用以加强对新兴的中央集权国家的管理。而在采取了诸多强化政治统治的举措之后，秦始皇又着手整顿思想文化领域。一般认为"焚书坑儒"就是其中的重要措施。

公元前 213 年，秦始皇在咸阳宫大宴群臣。席间，仆射周青臣乘机大拍马屁，声称"自上古不及陛下威德"。眼见秦始皇龙颜大悦，博士淳于越斗胆主张效法前代，恢复实行分封制度，他说："臣闻殷周之王千余岁，封子弟功臣，自为枝辅。今陛下有海内，而子弟为匹夫，卒有田常、六卿之臣，无辅拂，何以相救哉？事不师古而能长久者，非所闻也。"① 虽然秦始皇听后未置可否，但善于察言观色的丞相李斯，不但严厉批评淳于越的观点，而且历数私学的危害，进而提出了焚书、禁学、钳制舆论等建议。对此，《史记·秦始皇本纪》记载甚详：

> 今陛下创大业，建万世之功，固非愚儒所知。且越言乃三代之事，何足法也？……今皇帝并有天下，别黑白而定一尊。私学而相与非法教，人闻令下，则各以其学议之，……如此弗禁，则主势降乎上，党与成乎下。禁之便。臣请史官非秦记皆烧之。非博士官所职，天下敢有藏《诗》、《书》、百家语者，悉诣守、尉杂烧之。有敢偶语《诗》《书》弃市。以古非今者族。吏见知不举者与同罪。令下三十日不烧，黥为城旦。所不去者，医药卜筮种树之书。若欲有学法令，以吏为师。②

李斯的这些建议，悉数为秦始皇所采纳。于是一时间，从都城咸阳到边远的乡村，到处都是焚书的烈焰，大批文化古籍在无情的烈火中化为灰烬。这不但使得许

---

① 《史记》卷 6《秦始皇本纪》，中华书局 1959 年版，第 254 页。
② 《史记》卷 6《秦始皇本纪》，中华书局 1959 年版，第 254—255 页。

多先秦重要典籍遭到毁坏，而且沉重地打击了自春秋战国以来活跃的思想领域，堵塞了秦代学术自由探讨之路。

然而，焚书的余烟尚未消散，"坑儒"的风波又平地而起。当时，秦始皇为求长生不老而迷恋方术，甚至不惜重金，接二连三地派遣徐福、韩众、侯生、卢生等方士四处寻求长生不老药。但是，侯生、卢生等人虽有骗取秦始皇信任的如簧之舌，却并无能力找到长生不老药。而按照相关法律规定，一旦求药无果就会被处以死刑。于是，惶恐不安的他们，始则恶意诽谤秦始皇，终乃溜之大吉。为此，秦始皇暴跳如雷，大加痛骂："我之所以招揽如此众多的文学、方术之士，一则希望借助文学之士谋求天下太平，二则希望通过方术之士求得仙药。但侯生、卢生等方士，不但花费巨大而一无所得，反而恶意诽谤我。是可忍孰不可忍！"在怒发冲冠之余，秦始皇下令有关部门严格审问京城中的所有"诸生"，借此收捕其他造谣惑众之徒。在这种情况下，"诸生"为求自保而互相检举揭发。最后，秦始皇亲自圈定了四百六十余人，把他们全部活埋在咸阳，[①]以期收到杀一儆百的效果。

对异己思想的压制和对不同政见者的肉体消灭，并未阻止秦帝国的亡国步伐。公元前 210 年秋，秦始皇在巡游途中病逝沙丘，其次子胡亥随即伪造诏书宣布登基，次年便爆发了中国历史上第一次大规模的农民起义——陈胜、吴广起义。随后，农民起义在全国各地风起云涌，在秦始皇病逝后仅三年，秦帝国大厦就在刘邦大军的进逼下轰然倒塌。也难怪晚唐诗人章碣（836—905）感慨道："竹帛烟销帝业虚，关河空锁祖龙居。坑灰未冷山东乱，刘项原来不读书。"[②]而清初钱塘人陆次云，更以《史记·陆贾列传》中的"陆生时时前说称《诗》《书》"为据，对秦始皇"焚书坑儒"之举的"事倍功半"，予以冷嘲热讽：

儒冠儒服委丘墟，文采风流化土苴。
尚有陆生坑不尽，留他马上说《诗》《书》。[③]

同样的论调又可见于陈恭尹（1631—1700）的《读秦纪》诗："谤声易弭怨难除，秦法虽严亦甚疏。夜半桥边呼孺子，人间犹有未烧书。"[④]

近来，对于流传甚为久远的秦始皇"焚书坑儒"之说，颇有学者表示异议。例

---

① 《史记》卷 6《秦始皇本纪》，中华书局 1959 年版，第 258 页。
② （唐）章碣：《焚书坑》，《全唐诗》卷 669，（清）彭定求编，中华书局 1999 年增订本，第 7716 页。
③ （清）沈德潜编：《清诗别裁集》卷 15 陆次云《咏史》，上海古籍出版社 1984 年版，第 601 页。
④ （清）沈德潜编：《清诗别裁集》卷 8 陈恭伊《读秦纪》，上海古籍出版社 1984 年版，第 308 页。

如在张世龙先生看来，焚书之事诚然有之，但"坑儒"之说其实却是"坑方士"之误。其理由有三：其一，从数量上来看，秦始皇大开杀戒的对象显然是方士，被坑杀的儒生数量极少；其二，儒家在秦代的社会政治地位，不但较诸已往大有提高，而且并未因为个别儒生被坑杀而下降；其三，当时乃至西汉初年的儒家学者，对这一事件不甚介意，只是到了西汉中期，才有人提及此事，并称之为"坑术士"。①

不过，有人坚持认为秦始皇不但曾经坑杀儒生，而且先后坑杀过两次，譬如卫宏《诏定古文尚书序》就曾明确记载说：

秦既焚书，患苦天下不从所改更法，而诸生到者拜为郎，前后七百人，乃密令冬种瓜于骊山坑谷中温处。瓜实成，诏博士诸生说之，人人不同，乃命就视之。为伏机，诸生贤儒皆至焉，方相难不决，因发机，从上填之以土，皆压，终乃无声。②

从卫宏的这段记载来看，秦始皇的第二次坑儒不但规模更大，手段更为残忍毒辣，而且为掩人耳目，做得非常机密，以至于真相被隐瞒了长达250多年，直到东汉光武帝在位年间才被揭露。虽然《诏定古文尚书序》的这一说法尚待做深入的辨析，却颇有学者不但对此深信不疑，而且着力探寻秦始皇第二次坑儒的确切地点。这其中，有人认为其地就在今陕西省西安市临漳区韩峪乡西十公里的洪庆堡；③而刘修明先生则认为，其地当在临潼西南五里的一个"温泉水脉纵横，瓜果能不按季节而生"的狭长幽深的山谷中。④

但诸如此类的推测，其实并无多大的意义。这其中的关键，就在于卫宏《诏定古文尚书序》的这一记载疑窦颇多。人们不禁要问，秦始皇第二次坑儒究竟发生在哪一年？二百多年后的卫宏，又从何处得知这一机密？种种迹象表明卫宏不是道听途说就是杜撰虚构，从而意味着秦始皇坑儒之说很可能就是千古冤案。

---

① 张世龙：《论秦始皇"焚书"未"阬儒"》，《中国史研究动态》1988年第10期，第17—18页。
② 《汉书》卷88《儒林传》注引卫宏《诏定古文尚书序》，中华书局1962年版，第3592页。
③ 赵康民：《西安洪庆堡出土汉愍儒乡遗物》，《考古与文物》1984年第6期，第25—31页。
④ 刘修明：《寻找坑儒谷》，《新民晚报》1999年12月27日。

徐福东渡：中国航海史上的传奇

据《史记》记载，徐福（又作徐市）乃秦始皇时代的"齐人"。不过，由于"齐"在当时既被指称战国时期的"齐国"，也被泛指整个"齐地"，同时还有"齐郡"之义，因而对于徐福的籍贯，学界曾经颇有争议，或以为今江苏省赣榆区金山乡徐阜村乃徐福故里所在，或以为其地在今山东省龙口市，而近来则比较一致地认定：假如"齐人"之"齐"是指"齐国"，那么，赣榆、龙口皆有可能；假如仅指"齐地"或"齐郡"，则其故里只能是在龙口。

徐福的故里之所以如此备受世人的关注，主要是因为《史记》说他曾经受诏东渡，乃中国历史上最早的航海家之一。不过，司马迁虽然在《史记》之《秦始皇本纪》《淮南衡山列传》及《封禅书》中，多次提到徐福东渡之事，却并未明言徐福究竟抵达何处。

最早明确记载徐福东渡目的地的史书，大概就是西晋史家陈寿所撰写的《三国志》。该书卷47《吴书·吴主传》，称徐福东渡至亶洲：

> 黄龙……二年（前230）春正月，……遣将军卫温、诸葛直将甲士万人浮海求夷洲及亶洲。亶洲在海中，长老传言秦始皇帝遣方士徐福将童男童女数千人入海，求蓬莱神山及仙药，止此洲不还。世相承有数万家，其上人民，时有至会稽货布，会稽东县人海行，亦有遭风流移至亶洲者。所在绝远，卒不可得至，但得夷洲数千人还。[1]

孙吴政权因为濒海的关系，较诸此前以内陆为中心的政权，确实更加重视开拓海上交通，也因此，《三国志·吴书·吴主传》的这段记载完全可信。

然而，由于《三国志》对亶洲的具体方位未曾予以明确记载，因而众说纷纭。这其中，有人声称亶洲其实就是日本。断言亶洲乃日本之说，无疑具有较大的可信

---

① 《三国志》卷47《吴书·吴主传》，中华书局 1982 年第 2 版，第 1136 页。

度。因为据《三国志·吴书·吴主传》的上段记载，可以断定亶洲与夷洲不但同在中国东南外海中，而且相距不会太远，而亶洲的这种地理方位，又大体上符合《三国志·魏书·倭人传》所记载的时人对于倭国（日本）地理方位的认识。而且事实上，早在五代后周之时，济州开元寺缁徒义楚在其所撰《释氏六帖》卷21中，就曾明确指出徐福东渡后定居在日本：

日本国亦名倭国，在东海中。秦时，徐福将五百童男、五百童女止此国，今人物一如长安。……又东北千余里，有山名"富士"，亦名"蓬莱"。……徐福至此，谓蓬莱，至今子孙皆曰秦氏。

但《释氏六帖》此说，既有义楚本人对历代有关徐福传说的理解，主要还是来自其好友、日本僧人弘顺大师。其后，随着中日两国交往的日益频繁及徐福传说的不断流传，时至宋代，有关徐福东渡日本的传闻已经广为人知，并被赋予了更多的故事情节，譬如欧阳修《日本刀歌》云：

昆夷道远不复通，世传切玉谁能穷。
宝刀近出日本国，赵贾得之沧海东。
鱼皮装贴香木鞘，黄白间杂鍮与铜。
百金传入好事手，佩服可以禳妖凶。
传闻其国居大岛，土壤沃饶风俗好。
其先徐福诈秦民，采药淹留丱童老。
百工五种与之居，至今器玩皆精巧。
前朝贡献屡往来，士人往往工词藻。
徐福行时书未焚，逸书百篇今尚存。
令严不许传中国，举世无人识古文。
先王大典藏夷貊，苍波浩荡无通津。
令人感激坐流涕，锈涩短刀何足云。[①]

这就不但肯定徐福东渡后滞留于日本，而且将徐福东渡与秦始皇焚书事件联系起来。而他的这种说法，后来又被记载在日本《神皇正统记》之中。至如铃木贞一

① 《欧阳修集编年笺注》卷54《居士外集·日本刀歌》，（宋）欧阳修著，李之亮笺注，巴蜀书社2007年版，第477—478页。

先生，更是据此统计出当年为徐福携至日本的汉籍多达 3650 卷。

由于流传广泛，而且事关中日两国的文化交流，自从 20 世纪以来，徐福东渡一事就备受学界瞩目。首先是关于徐福东渡的宗旨，绝大多数学者认同《史记》的说法，认为其意乃在于为秦始皇寻找长生不老的仙药，但马非百先生对此却不以为然，在他看来，徐福之意"初不在求仙，而实欲利用始皇求仙之私心，而借其力，以自殖民于海外。……岂非预定之计划耶"。① 此外，尚有学者认为其目的在于替自认为赢人后裔的秦始皇寻找先人的足迹。

其次，对于徐福启航的地点，学界也颇有争议。其中，日本学者大多主张"广东沿海说"，部分台湾学者则秉持"浙江沿海说"，而国内学界的分歧主要集中在"江苏沿海说"与"山东沿海说"。近来，刘华祝先生指出，作为徐福东渡的起航点，必须同时具备以下两个条件，一是地方经济发达，足以提供远航所必需的大量物资，其二，该地必然拥有良好的港口及便利的交通；而依据这两个条件，琅邪最有可能成为徐福东渡的出发地。②

相比较而言，最大的分歧还在于徐福东渡所到达的地点，有人推测他可能去了吕宋岛，也有人认为海南岛才是徐福东渡的终点，当然，更多的学者信从《释氏六帖》之说。其中，阎孝慈的《秦代方士徐福东渡日本新探》，还大致勾画了徐福东渡的路线图，认为他有可能始则"横穿黄海至朝鲜半岛的南端"，尔后"从半岛与济州岛间的济州海峡穿过，最后到九州岛"；③ 至如香港学者卫挺生所著的《日本神武开国新考》，甚至认定徐福就是日本的开国者神武天皇仲田玄。对于卫挺生的这个推论，台湾学者彭双松的《徐福即是神武天皇》，不但予以充分肯定，而且加以进一步充实，其依据主要是日本国内至今还保存着不少与徐福有关的 50 余处遗址、20 余处登陆点和 30 余个传说故事。在彭先生看来，要不是徐福曾经到过日本且曾对日本历史发展发挥过重大作用，那就绝对不可能受到日本人民如此隆重的祭奠，也难以解释为何包括前首相羽田在内的诸多日本人会自称是徐福的后裔。④

与此同时，也有不少学者，譬如江上波夫，在其所作《考古学见外来文化的影响》中，认为徐福东渡日本之说缺乏可靠的史料依据，充其量只是民间传说而已。而高於菟三《徐福东来考》和宋赵伦的《中日民族文化交流史》等论著，则又认为新宫市徐福墓等诸多遗迹，多系后世者所伪造。除此而外，又有学者认为徐福东渡

---

① 马非伯：《秦集史》，中华书局 1982 年版，第 353 页。

② 徐保安、邢佳佳主编：《中华名门才俊 徐氏名门》，泰山出版社 2007 年版，第 27 页。

③ 阎孝慈：《秦代方士徐福东渡日本新探》，《徐州师范学院学报》1984 年第 1 期，第 84—88 页。

④ 彭双松：《徐福即是神武天皇》，台湾富蕙图书出版社 1983 年版。

虽是历史事实，但他东渡后并未定居日本，而是去了美洲，因为徐福东渡的时间与美洲玛雅文明的兴起相吻合。

徐福东渡日本的传说，其真实性究竟如何，可能并不非常重要。也许徐福从未到过日本，也许日本国内的徐福墓、徐福祠都是好事者的虚设。不过，这个传说足以说明中日两国之间的交往源远流长，同时也表明日本人民对于早期中国移民向日本传播先进文化和生产技术抱有感激之情。唯其如此，"徐福东渡日本"之说才会在中日两国如此经久不衰，也才会有世人对徐福的虔诚祭奠和无尽缅怀。

模糊的数据：秦代置郡之谜

郡作为地方行政单位，始置于春秋末年。当时，因为战争的需要，各国纷纷在边地设郡，用以加强对边境地区的控制。不过，郡在设置之初，其面积虽大，行政级别却不如县，《周书·作雒篇》所谓"千里百县，县有四郡"，即其明证。而此种局面延续至战国时期，由于边地渐趋繁荣，故于郡下设县，从此形成了郡、县两级地方行政制度；与此同时，郡守——郡的长官——也从最初的武职，转变并升格成为地方最高军政长官。

不过，郡县制虽早在战国时期就已经形成，但郡县制真正取代封邑制并被推广于全国，却始于秦始皇统一中国之时。于是，在此后十余年间，中国的地方行政区划呈现出比较单一的郡县二级体制。尽管如此，我们目前所能肯定的只是，秦郡的划分非常重视地理区域的作用，每郡都以一肥沃的盆地或平原为核心而推广于四周的高原或山地，其目的在于保证有相当数量的可耕地，使农业经济的发展有一坚实的基础；而对于当时究竟设置了几个郡，却难以确定。

秦始皇统一全国后分天下为三十六郡，被写入教科书的这种说法，其实源自《史记》的记载，但对于这三十六郡的具体名称，无论是《史记·秦本纪》还是《史记·秦始皇本纪》，都不曾和盘托出。后来，刘宋史家裴骃在作《史记集解》时断言：

> 三十六郡者，三川、河东、南阳、南郡、九江、鄣郡、会稽、颍川、砀郡、泗水、薛郡、东郡、琅邪、齐郡、上谷、渔阳、右北平、辽西、辽东、代郡、巨鹿、邯郸、上党、太原、云中、九原、雁门、上郡、陇西、北地、汉中、巴郡、蜀郡、黔中、长沙凡三十五，与内史为三十六郡。[①]

但裴氏此说可能有误，因为在此之前，班固在所撰《汉书·地理志下》提道：

---

① 《史记》卷6《秦始皇本纪》，中华书局1959年版，第239—240页。

"本秦京师为内史，分天下作三十六郡。汉兴，以其郡（大）[太]大，稍复开置，又立诸侯王国。"可见在班固看来，秦帝国所置三十六郡并不包括内史。而且《汉书·地理志》除了在"京兆尹"下注"故秦内史"外，分别在汉代各郡国名称下加注"秦置""秦郡"或"故秦某郡"，其数正为下表所列三十六郡：

《汉书·地理志》所列秦郡表

河东	太原	上党	三川	东郡	颍川	南阳	南郡	九江
泗水	巨鹿	齐郡	琅邪	会稽	汉中	蜀郡	巴郡	陇西
北地	上郡	九原	云中	雁门	代郡	上谷	渔阳	右北平
辽西	辽东	南海	桂林	象郡	邯郸	砀郡	薛郡	长沙

而在《汉书·地理志》与裴骃《史记集解》之际，虽然绝大多数史书沿用班固旧说，但其所开列的实际郡数却不止三十六个。譬如司马彪的《续汉书·郡国志》，虽谓秦代置郡三十六，但在郡国下加注中却又多出"黔中""鄣"两郡。事实上，对于《汉书·地理志》有关秦代置郡三十六之说，自古以来，真正予以遵从者，大概仅钱大昕《秦三十六郡考》而已。钱氏进而分析说：尽管秦末豪杰并起、分置列郡，多有出于三十六郡之外者，却因未久仍复并省，故《班志》略而不言。①

与班固、钱大昕截然有别的是，学界一般认为三十六郡其实只是秦始皇统一中国之初所设置的郡数，其后续有增析。但是，对于秦代究竟设过几郡，其郡名称如何，前后有无变化，不但自古以来聚讼纷如，而且迄今尚无定论。这其中，成书于唐太宗贞观二十二年（648）的《晋书·地理志上》，以为其数多达四十：

> 始皇初并天下，惩忿战国，削罢列侯，分天下为三十六郡。三川、河东、南阳、南郡、九江、鄣郡、会稽、颍川、砀郡、泗水、薛郡、东郡、琅邪、齐郡、上谷、渔阳、右北平、辽西、辽东、代郡、巨鹿、邯郸、上党、太原、云中、九原、雁门、上郡、陇西、北地、汉中、巴郡、蜀郡、黔中、长沙，凡三十五郡，与内史为三十六郡也。于是兴师踰江，平取百越，又置闽中、南海、桂林、象郡，凡四十郡，郡一守焉。②

---

① （清）钱大昕：《潜研堂集》卷16《秦三十六郡考》，吕友仁校点，上海古籍出版社2009年版，第258—260页。

② （唐）房玄龄等：《晋书》卷14《地理志上》，中华书局1974年版，第406页。

然而，《晋书》此说虽得到杨守敬《历代舆地图·秦郡县表序》、金榜《礼笺》附录《地理志分置郡国考》、刘师培《左盦集·秦四十郡考》诸家的认同，却也并未成为定论，譬如全祖望《汉书地理志稽疑》卷1，就不予认可。在全氏看来，在秦始皇初并天下时所设置的三十六郡中，南海、桂林、象、九原四郡，实乃黔中、广阳、东海、楚四郡之误，其后又增设了南海、桂林、象郡、闽中、九原五郡，故而合计四十一郡。

全祖望的这个推论，虽然近来被马正林《中国历史地理简论》视为"比较妥当"，但同样疑信难详。也唯其如此，王国维先生更作《秦郡考》，转而主张秦代共置郡四十有八，且以"秦以水德王，故数以六为纪"为据，断言：

（秦始皇）二十六年，始分天下为三十六郡。三十六者，六之自乘数也。次当增燕、齐六郡为四十二郡。四十二者，六之七倍也。至三十三年，南置南海、桂林、象郡，北置九原，其于六数不足者二，则又于内地分置陈、东海二郡，共为四十八郡，四十八者，六之八倍也。秦制然也。①

然则王氏此说，近来受到谭其骧《秦郡新考》的质疑乃至否定。谭先生一方面指出东海与南海诸郡同置于秦始皇三十三年之说"殊嫌无据"，另一方面又对王国维用"六自乘和六之倍数"的计郡方法颇以为然，并诘问："汉以五数为纪，百三郡国何尝为五之倍数乎？"谭其骧先生不但驳斥了王国维的"四十八郡"之说，而且历诋前此诸家之说。在他看来，钱大昕之论"执泥于《班志》三十六郡目，置史汉纪传于视若无睹，啁嘐再四，终难自圆其说"，而"全祖望所得繁多，惟限于初并天下时之三十六郡"，至如杨守敬、刘师培等人，则"因仍旧说，略无创获"。在此基础上，他在逐个考察《史记》《水经注》《华阳国志》等史书的相关记载之后，得出秦代置郡四十六个的结论（详参上表）。而与此同时，谭先生又补充说：四十六郡只是他根据史书记载加以统计的数字，却并不意味着"秦郡必止于是数"。②

---

① 王国维：《观堂集林》（外二种）卷12《秦郡考》，彭林整理，河北教育出版社2003年版，第275页。

② 谭其骧：《秦郡新考》，载氏著《长水集》，人民出版社2011年版，第1—11页。

谭其骧所考秦郡列表

设置时间	郡名
秦始皇二十一年	上郡、巴郡、汉中、蜀郡、河东、陇西、北地、南郡、南阳、上党、三川、太原、东郡、云中、雁门、颍川、邯郸、巨鹿、上谷、渔阳、右北平、辽西、砀郡、泗水、薛郡、九江、辽东、代郡、会稽、长沙、齐郡、琅邪、黔中、广阳、陈郡、闽中
秦始皇二十六年后	东海、常山、济北、胶东、河内、衡山
秦始皇三十三年	南海、桂林、象郡、九原

　　谭氏此说问世后，予以信从者甚众。但是，既然连《汉书·地理志》和《续汉书·郡国志》都有所疏漏，那么，无论是全祖望、王国维还是谭其骧，其说法固然后出转密，但毕竟于秦已在千载之下，其疏漏之处，自然在所难免。也因此，如欲准确求得2000多年前秦郡的实际数目，彻底揭开秦郡总数这个历史之谜，显然具有相当大的难度。

十二金人：无影无踪的瑰宝

秦王扫六合，虎视何雄哉！挥剑决浮云，诸侯尽西来。
明断自天启，大略驾群才。收兵铸金人，函谷正东开。
铭功会稽岭，骋望琅邪台。刑徒七十万，起土骊山隈。
尚采不死药，茫然使心哀。连弩射海鱼，长鲸正崔嵬。
额鼻象五岳，扬波喷云雷。鬐鬣蔽青天，何由睹蓬莱？
徐市载秦女，楼船几时回。但见三泉下，金棺葬寒灰。

诗仙李白这首咏史诗中的"收兵铸金人"，指的是秦始皇在统一六国之后，铸造十二个巨大的铜人，立于都城咸阳阿房殿前一事。此所谓"金人"，其实乃青铜所铸，只是因为古人称铜为金，所以被冠以"金人"之名。

秦始皇何以要铸造十二金人，对此，自古以来就众说纷纭。贾谊《过秦论》以为其目的在于"弱黔首之民"；贾氏此说，后来不但为司马迁《史记》所沿用，而且为历代诸多文人所信从，譬如元代诗人陈孚《博浪沙》诗云：

一击车中胆气豪，祖龙社稷已惊摇。
如何十二金人外，犹有民间铁未销？①

时至今日，秦始皇为强化中央集权、巩固政治统治而收缴、销毁民间兵器以铸造十二金人的说法，更是几乎成为不易的定论。班固的理解则与贾谊迥然不同，其《汉书·五行志》声称秦始皇的意图是为了纪念当时出现于临洮的祥瑞：

史记秦始皇帝二十六年，有大人长五丈，足履六尺，皆夷狄服，凡十二人见于临洮。天戒若曰，勿大为夷狄之行，将受其祸。是岁始皇初并六国，反喜以为瑞，

① （清）顾嗣立编：《元诗选·二集》卷6陈孚《博浪沙》，影印文渊阁《四库全书》本。

19

销天下兵器，作金人十二以象之。①

　　近来，日本学者泷川资言在所作《史记会注考证》中，推测其意在于仿效大禹铸造九鼎；②而王双怀先生则以为秦始皇此举乃是当时多种因素综合作用的结果：一则，战国末年旷日持久的兼并战争使得各国的兵器总数多达一千五百万件以上，在秦朝统一之后，这些兵器成了过剩物品，一旦处理不当，势必对统一局面产生消极影响；二则，出现于临洮的"祥瑞"，至少在时人的心目中颇为神圣，必须加以宣传、纪念；三则，秦始皇在缔造大一统帝国之后萌生了偃武修文的内在冲动。③正是在这些因素的综合作用下，十二金人也就顺理成章地呱呱坠地了。

　　不但十二金人的"出世"是个谜团，而且它们的模样同样扑朔迷离。有人认为它们就是翁仲，或者说反映了翁仲的形象。相传翁仲身高一丈三尺，异于常人，也因此，受秦始皇之命守卫临洮，并威震匈奴，他死后，又被铸成铜像立于咸阳宫司马门外，据说匈奴人见后，犹以为生。然而，由于所有重要的传世典籍都没有提到十二金人与翁仲有关，也没有秦人根据翁仲模样铸造金人的任何记载，因此，断言二者之间有联系的说法不足凭信。近来，王双怀先生据《汉书·五行志》有关十二金人"皆夷狄服"的记载，以及秦汉时期的人们常常把十二金人称作"金狄"或"铜狄"，推断"金人"并非汉人，其服饰和相貌应该带有当时少数民族的某些特征。④但王先生的这个推论，受到了莫金山先生的质疑。莫先生指出："狄"在秦汉时期并非"夷狄"之意，而是专指司夜的胥徒；金人之所以被称为"金狄"，是因为他们像卫兵一样日夜守卫宫殿。

　　对于金人的姿态，有人曾经根据《淮南子》《太平广记》等书的相关记载，断定是立姿；也有人根据《三辅黄图》有关十二金人"坐高三丈"之说，转而认定是坐姿。相比较而言，后说可能更接近事实。这一方面是因为，《汉书·王莽传》明确记载王莽曾经梦见"长乐宫铜人五枚起立"；另一方面是因为，古人席地而坐，金人身高五丈，坐高三丈，正合比例；此外，《史记》曾说秦始皇在铸成金人后，将之"置"于宫廷中，在此，司马迁用"置"而不用"立"，也颇能说明问题。

　　对于金人的重量，相关的文献记载也颇有分歧。其中，《史记·秦始皇本纪》说是"各重千石"，相当于十二万斤；而《三辅旧事》则作"各重二十余万斤"。相

---

①《汉书》卷 27 下之上《五行志七下之上》，中华书局 1962 年版，第 1472 页。

②《史记会注考证》（贰），（西汉）司马迁著，（日本）泷川资言会注考证，新世界出版社 2009 年版，第 29 页。

③ 王双怀：《"十二金人"考》，《陕西师范大学学报》1996 年第 3 期，第 122—128 页。

④ 王双怀：《"十二金人"考》，《陕西师范大学学报》1996 年第 3 期，第 122—128 页。

对而论，《三辅旧事》的记载比较可信。因为秦代阿房、大夏诸殿都以规模宏大著称，在这种情况下，假如金人体积过小，那么，将之置于大殿前必然不相称。

这些庞然大物，难道仅仅是祥瑞的纪念品吗？对此，学界的认识也颇有出入。考《史记·秦始皇本纪》云："收天下兵，聚之咸阳，销以为锺鐻金人十二，重各千石。"由于这段史料含义模糊，使得后人或者以为钟鐻、金人同物，或者认为是不同的物品。汪受宽先生据考证，推定十二金人乃是人形的钟鐻，换言之，秦始皇铸造十二金人的用意，不仅仅是为了纪念出现于临洮的祥瑞，更主要的还在于使之承担锺鐻的功用。所谓钟鐻，就是用以支撑乐钟的立柱，它在先秦、秦汉时期，既有木质、铜质之分，其形状又不一致，一般是带座立柱，也有作成动物或人物形状的。用铜人作锺鐻并非秦始皇的发明，譬如 1978 年出土于湖北随县的战国编钟，就是由六具锺鐻铜人承托的。那么，十二金人所承托的又是哪一类钟呢？汪受宽先生认为是编钟，且其数多达一百二十八枚。① 对于汪先生的这个推论，王双怀先生不以为然。在他的理解中，既然金人高度相同，就不适宜承托编钟；假如它们承托的果真是编钟，那也无法解释承托着编钟的它们为何被置于宫殿之前。因此，王先生推论金人承托的物品理当是特制的"千石之钟"，而且有可能是两人一组。不过，虽然文献之中多次提到秦始皇铸造"千石大钟"，但王先生的这个推论是否属实，仍不得而知。

高大伟岸的十二金人，作为秦代最大的青铜器，既代表了当时铸造业的最高成就，也有其特殊的政治意义。可惜的是，今人已见不到它们的踪影了。事实上，很久以来，对于十二金人的下落颇有猜测，而且迄今为止依然聚讼纷如。有人推测，当年西楚霸王项羽在攻克咸阳、火烧阿房宫时，这十二个铜人也一道被烧毁了。但是，此说因为得不到史料的佐证，所以予以赞同者甚少。

有部分学者则认为十二金人先后毁于董卓、苻坚之手。据他们考证，时当东汉末年董卓率兵攻入长安之际，嗜财成性的他，将其中的十个销毁并铸成铜钱，同时将剩下的两个迁至长安城清门里；后来魏明帝曹睿在位年间，两个铜人虽曾被运往首都洛阳，但在运抵溺城时，由于实在太重而不得不中止搬运；降及东晋十六国，它们又被后赵石季龙运送至邺城；但不幸的是，硕果仅存的这两个铜人最终难逃厄运，在前秦天王苻坚统一北方后，被运至长安销毁。

另有一种说法却比较乐观，说是十二金人并未被毁掉，由于它们是秦始皇生前的喜爱之物，因而在秦始皇陵墓完工后，与其他奇珍异宝一道被随葬在陵墓之中；一旦能够解决发掘秦始皇陵墓的技术方面的问题，这些传世瑰宝也将重见天日。但愿如此！

---

① 汪受宽：《"钟鐻金人十二"为宫悬考》，《文史》第 40 辑，中华书局 1994 年版，第 43—49 页。

"孟姜女哭长城"的流传：从传闻到学术

　　相传秦始皇在位年间，为防范匈奴的入侵，强拉壮丁修筑长城。当时，新婚宴尔的范喜良也在被征之列，参与修建山海关一带的长城，而且不久之后，就因为不堪饥寒、劳累的双重折磨而撒手西去，其尸骨被埋在城墙之下；其妻孟姜女思夫心切，遂身负寒衣，长途跋涉来至山海关，但得知的却是其夫君的噩耗，于是放声痛哭了三天三夜，结果不但哭倒了八百里长城，而且于绝望之中投海自尽。

　　这则与《白蛇传》《牛郎织女》《梁山伯与祝英台》并称为中国四大民间传说的故事，两千多年来以各种文艺形式广为流传，不但国人耳熟能详，而且颇为海外学人所瞩目。

　　然而，好端端的长城，竟然被一位妇女哭塌了城墙，这种说法未免过于荒诞，因而至少百余年来，此一凄美动人的传说，其真实性受到了日益广泛的质疑。这其中，绝大多数人认为它纯属虚构。因为史书明确记载，山海关一带的长城修建于秦始皇身后；既然秦始皇时代山海关一带尚无长城之存在，那么，孟姜女哭倒长城之事，自然是子虚乌有。

　　不过，在顾颉刚先生看来，孟姜女哭倒长城这个故事虽然荒诞，却并非无稽之谈，于是独辟蹊径，转而深入地考察并剖解其演变的轨迹，遂有《孟姜女故事研究》之问世。

　　在《孟姜女故事研究》一书中，顾先生言之凿凿地宣称，流传至今的孟姜女哭倒长城的故事，其实是历代文人以历史事实为底稿，不断加以润饰后的产物。顾先生认定这则故事的原型，就是《左传》所记载的杞梁之妻哭城一事：齐庄公四年（前550），齐人杞梁在随军攻打莒国（今山东莒县）时被俘而死，齐庄公仅仅派人在郊外凭吊而已，杞梁之妻孟姜认为这不合礼仪，于是在她的哭诉下，齐庄公亲自跑到她家中去吊唁杞梁的亡灵；但时至西汉，一代大儒刘向在所撰《说苑》及《列女传》中，不知何据，在这则史实的基础上，分别添加了杞梁之妻"闻之而哭，城为之阤，而隅为之崩""挥涕十日，而城为之崩，……遂赴淄水而死"的细节，顾先生说这是孟姜女故事演变的第一阶段。第二阶段乃在唐代，始则有曲子词，为之增添了"送寒衣"的情节，继而有贯休和尚，在所作《杞梁妻》一诗中，首度将杞梁夫妇的故事与秦始皇修长城之事联系在一起：

> 秦之无道兮四海枯，筑长城兮遮北隅。
>
> 筑人筑土一万里，杞梁贞妇啼呜呜。
>
> 上无父兮中无夫，下无子兮孤复孤。
>
> 一号城崩塞色苦，再号杞梁骨出土。
>
> 疲魂饥魄相逐归，陌上少年莫相非。[①]

在顾先生看来，北宋一代实乃孟姜女故事嬗变过程中的关键阶段，因为当时文人对于这一故事的记载，不但"演成万千言"（郑樵《通志·乐略》），而且说法不一，或云杞梁姓"范"，也有说是姓"万"的。顾先生进而指出，也主要因为宋人的传唱，在宋代以后，孟姜女的故事通过评词话本、歌曲杂弹等形式得以广泛传布，随之，孟姜女竟然被神化为"贞烈女神"，成为上自达官贵人、下至平民百姓顶礼膜拜的神明，因而在全国各地涌现出为数众多的"孟姜女庙"。[②]

顾氏的这一推论，虽然得到了包括钟敬文先生在内的诸多知名学者的认同，却也并未被普遍接受。譬如路工先生，就否认在孟姜女传说与杞梁妻史实之间存在着必然的联系，因为从春秋战国一直到明代，在这漫长的岁月中，对于长城的修建增补工作几乎从未停顿，其间有无数民夫被强迫参与修补，所以任何时候都有可能产生像孟姜女这样的故事。路先生据此认为，孟姜女哭倒长城的传说，与其说是从杞梁之妻的史实演化而来的，不如说是千百年来劳动大众在承受无限度的劳役中集体创作的结晶；它集中地反映了千百万民众被劳役逼得家破人亡、妻离子散的灾难，并以故事的形式控诉了统治阶级的暴虐，同时表达了民众不畏强暴、坚贞不屈的精神。

又如苏联汉学家鲍·李福清，在所著《万里长城的传说与中国民间文学的体裁问题》一书中，同样认为顾颉刚先生的推论有待商榷。据他考证，孟姜女万里寻夫、哭倒长城的传闻，最早见于唐人所留《琱玉集》所转载的《同贤记》，而且《同贤记》的记载较诸如今的说法多有不同。其大意是：时当秦始皇强征民夫修筑

---

① （唐）释贯休：《阐月集》卷1《杞梁妻》，四部丛刊本。

② 顾颉刚：《顾颉刚中山大学时期民俗学论集》，王霄冰、黄媛选编，中山大学出版社2018年版，第3—19页。

长城之际，戍卒杞良因为不堪忍受筑城之苦而出逃，仓皇中逃入孟家后园，无意间撞见了正在洗澡的孟仲姿小姐。羞愧至极的孟小姐为了清白，只得嫁给杞良，不过，婚后夫妻感情甚笃。但好景不长，杞良不仅又被强征至修城工地，而且被活活打死，抛尸于城墙之中。闻讯赶来的孟仲姿悲痛欲绝，竟然哭倒了长城。鲍·李福清的最终结论是，不能机械地将传闻中的人事与历史人物、历史事实相比附；孟姜女传说最初其实形成于民间，尔后才被文人笔之于书，进而由于具体历史条件的变迁，其故事情节也相应地发生了变化。

尽管顾颉刚先生的推论存在着这样或者那样的问题，但他从发生学的角度，梳理"孟姜女哭倒长城"故事的嬗变流程及其历史动因，这种思路绝对正确。进而言之，虽然这则故事本身并不可信，但附丽于故事之上的传统文化习俗的变迁，却值得倍加关注，并可根据这些不同的文化习俗，推想"孟姜女哭倒长城"故事在不同历史时段之所以如此变更的原因。譬如故事中所提到的孟姜女的放声痛哭，可能与战国时期齐都临淄盛行哭调有关；又如孟姜女的哭城而墙崩，也可能杂糅了西汉天人感应理论。

由此，基本上可以确认的是，"孟姜女哭倒长城"的故事，应该是随着历代习俗文化的变化而不断演变而成的。至于这则故事是否可信？又究竟何时兴起？诸如此类的问题，相比较而言并不重要，实际上也很难予以准确的解答。

曾有文人在孟姜女塑像前感慨万千，奋笔题写楹联一副，高度讴歌她对爱情的忠贞不渝："秦皇安在哉，万里长城筑怨；姜女未亡也，千秋片石铭贞。"也曾经有人张冠李戴，宣称"孟姜女哭倒长城"的故事，完全是孔孟之徒出于尊儒反法的需要，加以凭空杜撰而成。很显然，研究历代以来对这则民间传说的不同评判及隐藏于评判背后的各种文化心态，又远比单纯探讨"孟姜女哭倒长城"流传之谜重要得多。

人工挖就还是天然形成：秦淮河的由来

金陵自古帝王都，秦淮历来多风流。全长 100 余公里、流域面积多达 2630 平方公里的秦淮河，作为南京文明的发祥地，历代以来既是兵家必争之地，也是王孙公子们宴饮游乐的繁华之区，更是墨客骚人流连忘返的人间乐土，并因此留下了诸如罗隐《金陵夜泊》诗之类的美文佳构：

冷烟轻霭傍衰丛，此夕秦淮驻断蓬。
栖鸟远惊沽酒火，乱鸦高避落帆风。
地销王气波声急，山带秋阴树影空。
六代精灵人不见，思量应在月明中。①

但千百年来，世人对于这条声名远扬的河道的由来，却不甚了了。于是，也就有诸多好事者，纷纷翻检故纸，试图揭开这一历史之谜。

作为其中的考证成果，秦淮河被认为是秦始皇诏令民众开凿的产物，其主要依据，乃虞溥《江表传》的相关记载，其词云：

（张）纮谓（孙）权曰："秣陵，楚武王所置，名为金陵。地势冈阜连石头，访问故老，云昔秦始皇东巡会稽经此县，望气者云金陵地形有王者都邑之气，故掘断连冈，改名秣陵。今处所具存，地有其气，天之所命，宜为都邑。"权善其议，未能从也。后刘备之东，宿于秣陵，周观地形，亦劝权都之。权曰："智者意同。"遂都焉。②

较诸《江表传》的模糊，无名氏《舆地志》与孙盛《晋阳秋》，表达更加明确，

---

① （明）高棅编：《唐诗品汇》，影印文渊阁《四库全书》本。
② 《三国志》卷 53《吴书·张纮传》注引虞溥《江表传》，中华书局 1982 年第 2 版，第 1246 页。

《太平御览》录其佚文云：

> 《舆地志》云："秦始皇巡会稽，凿断山阜，此淮即所凿也，亦名秦淮。"孙盛《晋春秋》亦云是秦所凿，王导令郭璞筮，即此淮也。又称："未至方山，有直渎，行三十许里，以地形论之，淮发源诘屈，不类人功，则始皇所掘，宜此渎也。"[1]

降及唐宪宗元和中，李吉甫在撰《元和郡县图志》时，不但信从《江表传》之说，而且于该书卷25《江南道一·润州》，又从而实之曰：

> 秦始皇时望气者云："五百年后，金陵有都邑之气。"故始皇东游以厌之，改其地曰秣陵，堑北山以绝其势。……方山，在（上元）县东南七十里。秦凿金陵以断其势，方石山垅，是所断之处也。[2]

于是，随着《江表传》《舆地志》及《元和郡县图志》的流布，秦淮河为秦始皇所凿之说，也就不胫而走，广为人知，信以为真的北宋文人杨修，甚至为此特地作诗，对传说中秦始皇"堑北山以绝其势"之举，极尽冷嘲热讽之能事：

> 一气东南王斗牛，祖龙潜为子孙忧。
> 金陵地脉何曾断，不觉真人已姓刘。[3]

时至今日，这种说法不但流传更广，而且为几部权威的工具书所采用，譬如商务印书馆出版的《中国古今地名大辞典》"秦淮"条断言："秦时所凿，故曰秦淮。"又如中华书局出版的《辞海》，亦称秦淮河因"秦时所开，故名"。有学者还进一步指明，今方山桥头以西秦淮河东，尚留有开凿的痕迹，其断处还隐约可辨。

假如秦淮河为秦始皇所凿之说准确无误，那么，按照《江表传》的说法，其时应该是在秦始皇东巡会稽的公元前211年。对于秦始皇这次东下会稽的行程，《史记·秦始皇本纪》记载甚详：

> 三十七年十月癸丑，始皇出游。左丞相（李）斯从，右丞相（冯）去疾守。少

---

[1] 《太平御览》卷65"秦淮水"条，中华书局1960年版，第310页。
[2] （唐）李吉甫撰：《元和郡县图志》卷25，贺次君点校，中华书局1983年版，第594—595页。
[3] 《六朝事迹编类》卷上江河门第五"秦淮"条，台湾广文书局1970年版，第101页。

子胡亥爱慕请从，上许之。十一月，行至云梦，望祀虞舜于九嶷山。浮江下，观籍柯，渡海渚。过丹阳，至钱唐。临浙江，水波恶，乃西百二十里从狭中渡。上会稽，祭大禹，望于南海，而立石刻颂秦德。……还过吴，从江乘渡。并海上，北至琅邪。……自琅邪北至荣成山，弗见。至之罘，见巨鱼，射杀一鱼。遂并海西。至平原津而病。①

按理说，开凿秦淮河并非小事，假如果有其事，理当为史官所录。但令人费解的是，《秦始皇本纪》与《史记》的其他纪传，却未曾有哪怕是片言只语的记载。也因此，早就有人怀疑秦始皇开凿秦淮河之说有误，譬如唐人许嵩虽在所撰《建康实录》正文中，抄录了"当始皇三十六年，始皇东巡，自江乘渡，望气者云：'五百年后，金陵有天子气。'因凿锺阜，断金陵长陇以通流，至今呼为秦淮"等文字，却又不敢予以全信，遂于小字夹注中指出：

其淮本名龙藏浦，其上有二源：一发自华山，经句容西南流；一发自东庐山，经溧水西北流，入江宁界，二源合，自方山埭西注大江。其二源分派屈曲，不类人功，疑非秦始皇所开。古老相传，方山西渎江土山三十里，是秦始皇开，又凿石硊山，西而疏决此浦，后人因名秦淮也。②

许嵩对于秦淮河"疑非秦始皇所开"的推测，近年来得到地质研究专家的证实。通过实地考察，地质研究者指出：秦淮河流域是一块完整的盆地，不但地势开阔，而且呈南高北低之势；秦淮河流经之处，沿途并无高岗和丘陵，因而无须人工开凿，便可自然北流；而在方山附近，也根本找不到有任何劈山引水的痕迹。因而据此完全可以认定秦淮河实际上是一条天然河流，而非人工河。

然而，尽管早在唐代，高阳人许嵩就曾怀疑秦淮河并非秦始皇所凿，且其说后又迭经张敦颐《六朝事迹编类》、周应合《景定建康志》、张铉《至大金陵新志》诸书的辗转抄录而为世人所熟知，但仍有学者认为：秦始皇虽未凿方山，却很可能凿过金陵山下的长垄，用以宣泄山水，使之注入秦淮河，1949年中华书局版《南京小志》的下段论说，即是其中的典型实例："淮水一称龙藏浦。唐以前未有呼曰秦淮者。自唐以后，旧传秦始皇凿方山，断长垄为渎入于江，俗呼曰秦淮，而诗人因之以入诗，后遂沿称秦淮至今。其实淮经方山，不缘凿引。而秦所凿者为金陵山，

① 《史记》卷6《秦始皇本纪》，中华书局1959年版，第260—264页。
② （唐）许嵩：《建康实录》卷1，张忱石点校，中华书局1986年版，第2页。

断其长垄，导流下于淮，此一段为之秦淮耳，今不之辩。"

由此看来，至少目前，无论是断言秦淮河乃秦始皇所凿，抑或确定秦淮河天然自成，都过于草率。秦淮河的由来是否与秦始皇有关？如若有之，又有何干系？诸如此类的问题，不但在目前，即便是在可以预见的将来，仍将困扰每一位对历史感兴趣的好学者。

武将与文具的契合：毛笔的发明

　　与墨、纸、砚并称"文房四宝"的毛笔，这一我国特有的书写、绘画工具，据说是秦代大将蒙恬的发明。相传蒙恬驻防边关时，经常要向秦始皇汇报军情，而当时的文字一般用刀契刻而成，速度之慢，可想而知，因而无法满足战时的急需。有一次，蒙恬急中生智，随手撕下一撮红缨绑在竹竿上，然后蘸上颜色，在白色的丝绫上书写，这就极大地加快了写字的速度。由此尝到甜头的他，尔后又利用北方狼、羊较多之便，因地制宜地使用狼毛和羊毛做笔头，制成了早期的狼毫笔和羊毫笔，并因此被奉为中国制笔行业的祖师爷。时至今日，位于浙江湖州善琏村西的用于供奉蒙恬及其夫人卜香莲的蒙公祠，依然香火甚盛；每逢蒙恬、卜香莲生日（农历三月十六日与九月十六日），世代以制笔为业的善琏人，都会在蒙公祠中举行隆重的祭扫仪式，以纪念这位传说中的造笔始祖。

　　"蒙恬造笔"这则旧闻不但在民间流传甚广，而且早在西晋时期，就已经被张华载入所撰《博物志》之中。不过，"蒙恬造笔"之说虽然流传得既广且早，却也遭到诸多学者的质疑，例如几乎与张华同时代的崔豹，在所撰《古今注》中就曾指出：

　　牛亨问曰："自古有书契以来，便应有笔，世称蒙恬造笔，何也？"答曰："蒙恬始造即秦笔耳，以枯木为管，鹿毛为柱，羊毫为被，所谓苍毫，非兔毫竹管也。"[1]

　　又如南宋眉山人史绳祖，在所撰《学斋占毕》中断言：

　　传记小说多失实，只如《事始》谓"蒙恬造笔、蔡伦造纸"，皆未必然。蒙恬

---

　　[1] （晋）崔豹：《古今注》卷下《问答释义第八》，焦杰校点，辽宁教育出版社 1998 年版，第 17 页。

乃秦时人，而《诗》中已有彤管，谓女史所载之笔，又《传》谓"史载笔"，又孔子作《春秋》，"笔则笔，削则削，绝笔于获麟"。又《尚书·中候》云："玄龟负图出，周公援笔以时文写之。"又《尔雅》及《说文》云："秦谓之笔，楚谓之律，吴谓之不律，燕谓之弗，其来尚矣。"马大年乃附会以为简牍之笔乃今竹笔，非毫也，至蒙恬而始用兔毫耳，殊不知《庄子》书中有舐笔和墨之句，则以毫染墨明矣。竹笔岂可舐耶？庄子在秦之前，笔非造于蒙恬明矣。①

史绳祖等人有关"造笔不始蒙恬"的论断，近来得到考古发现的证实。譬如在距今六七千年的西安半坡遗址所出土的彩陶上，绘有许多颜色协调的诸如人面纹、鱼纹、三角纹、波折纹等动物图案和几何纹饰，这些古朴典雅而又线条流畅的图案，显然只有用类似于毛笔的工具才能完成；又如在商代的一些甲骨文上，残留着已写但未经契刻的朱、墨字迹，这些字迹不但笔画圆润，而且明显可见方、圆、肥、瘦之变化，显然也是用毛笔描绘出来的。同样的情形出现在一块出土于安阳的商代陶片中，该陶片上赫然有一个用笔墨书写的大字"祀"。据此完全可以断定：早在蒙恬之前，毛笔就已经存在。

迄今所能见到的最早的毛笔，乃是战国时代的产品。其一出土于湖南长沙左家公山的战国古墓，另一出土于河南信阳长台关的战国古墓。其中，信阳长台关的那支毛笔在 1958 年出土时，被贮于小型工具箱内，箱内还放有锯、刀、削等物；而1954 年 6 月出土于长沙左家公山的那支毛笔，被认为是迄今所见世界上最早的毛笔，其笔头系用上好的兔箭毛制成，笔杆则为竹制，长 18.5 厘米，直径 0.4 厘米。② 其笔头与笔杆的连接方法与现代毛笔的制法不同，它不是把笔毫插入杆腔之中，而是把笔毛夹在劈开的竹竿端部，用丝缠扎而成。虽外表看起来不及今天的毛笔精巧，但如用它写字绘画，依然得心应手。从业已出土的这两枝毛笔实物来看，可见战国时期的毛笔制作工艺大体上具有如下特点：首先将笔杆的一头分成几片，夹住笔的毛夹，然后用细线缠住，再在笔杆外面涂上一层漆。这时的毛笔，虽然只适合在竹木上书写，但它诞生的年代，要比传说中蒙恬发明毛笔的时间早得多。

"造笔不始蒙恬"之说，不但为考古发现所证实，而且有史为证，如据《史记》记载，在齐、魏马陵之战前夕，齐国大将孙膑见"马陵道陕，而旁多阻隘，可伏兵，乃斫大树白而书之曰'庞涓死于此树之下'"。其后正如孙膑所料："庞涓果夜

---

① （宋）史绳祖：《学斋占毕》卷 2 "纸笔不始于蔡伦蒙恬"条，影印文渊阁《四库全书》本。
② 湖南省文物管理委员会：《长沙左家公山的战国木椁墓》，《文物参考资料》1954 年第 12 期。

至斫树下，见白书，乃钻火烛之。读其书未毕，齐军万弩俱发，魏军大乱相失。"[①] 最终齐军大获全胜。由此可见，"庞涓死于此树之下"这八个大字，理当用笔蘸墨所写，否则，若用刀刻，昏夜岂能辨识？

至此完全可以断言：流传久远的"蒙恬造笔"之说其实有误。事实上，不但早就有人怀疑此说之非是，而且试图探究其缘起，这其中，唐代大学问家徐坚等人曾经推测说：

> 盖诸国或未之名，而秦独得其名，（蒙）恬更为之损益耳。故《说文》曰："楚谓之聿，吴谓之不律，燕谓之拂，秦谓之笔。"是也。[②]

徐氏的这一"改良"说，后来得到乾嘉考据学大师赵翼的遥相呼应："或恬所造精于前人，遂独擅其名耳。"[③]

近来，诸多学者认为徐坚、赵翼的这种推测，大体上是正确的。在他们看来，蒙恬对毛笔的发明虽然不拥有专利权，但他对笔杆、笔毛的用料和制法确实做了较大的改进，从而使得此后的毛笔刚柔相济，便于书写。部分学者甚至认定：1972年出土于甘肃武威磨咀子东汉中期墓葬中的那支毛笔，就是经过蒙恬改进后的毛笔的典型实例。因为该笔形制近似于秦笔，笔杆前端中空以纳笔头，杆外扎丝髹漆以加固，但其笔芯及笔锋却采用黑紫色的硬毛制成，其外又覆以较软的黄褐色毛。

既然千百年来，蒙恬与毛笔的发明被紧密联系在一起，那么，大致可以肯定的是：在毛笔的发展历程中，蒙恬应当发挥过重要的作用，至于他是否起过如徐坚、赵翼等人所推测的那种作用，这就如同我们无法确定毛笔的发明者，恐怕也很难找到准确的答案。

时代在变，我们的书写工具也在不断改变。如今，毛笔虽然已不再是主要的书写工具，但它所特有的神韵显然是任何其他书写工具都无法替代的。因而我们有理由坚信：毛笔作为传统文化的不可分割的组成部分，仍将作为一份重要的文化遗产被永远地继承下去。

---

① 《史记》卷65《孙子吴起列传》，中华书局1959年版，第2164页。
② （唐）徐坚等：《初学记》卷21，中华书局2004年版，第514页。
③ （清）赵翼：《陔余丛考》卷19"造笔不始于蒙恬"条，栾保群、吕宗力校点，河北人民出版社2007年版，第349页。

指鹿为马：赵高乱秦之谜

在中国历史上，宦官不但早就有之，而且不乏劣迹斑斑的祸国殃民的权阉，东汉的张让、唐代的高力士、明末的魏忠贤、清季的李莲英，就是其中的"知名人士"。假如非得给这个特殊群体指定一个祖师爷的话，那么，指鹿为马的秦代权阉赵高，理当是不二人选。"指鹿为马"这则典故，大抵出自《史记·秦始皇本纪》，其文曰：

> （三年）八月己亥，赵高欲为乱，恐群臣不听，乃先设验，持鹿献于二世，曰："马也。"二世笑曰："丞相误邪？谓鹿为马。"问左右，左右或默，或言马以阿顺赵高。或言鹿，高因阴中诸言鹿者以法。后群臣皆畏高。[①]

赵高，这个中国宦官专权现象的始作俑者，本是宫中刑徒之子，其出身相当卑贱。然而，由于在宫中年久，接触了一点治狱之道，而且又长得身强体壮，因而被破格提拔为中车府令。对此，《史记·蒙恬列传》言之甚明：

> 赵高者，诸赵疏远属也。赵高昆弟数人，皆生隐宫，其母被刑僇，世世卑贱。秦王闻高强力，通于狱法，举以为中车府令。[②]

中车府令专门掌管宫廷车舆，同时兼掌符玺文书，算得上是一个比较贴身的亲随，赵高也因此得以接近公子胡亥。

公元前210年，秦始皇最后一次出巡云梦、会稽、琅邪等地，从行的除李斯外，还有胡亥、赵高等人。归途中秦始皇病重，自知难免一死，于是诏令赵高作书通知远在上郡监军的长子扶苏，让他火速赶回咸阳主持丧礼，实际上就是让扶苏做

---

① 《史记》卷6《秦始皇本纪》，中华书局1959年版，第273页。
② 《史记》卷88《蒙恬列传》，中华书局1959年版，第2566页。

接班人。可是，还未等诏书发出去，就驾崩于沙丘。

秦始皇病逝时，身边随行的文臣武将本就不多，而丞相李斯唯恐政局突变，又采取了严密封锁消息的措施，所以当时知道秦始皇已死者不过区区五六人，这就极大地诱惑了赵高。于是，在权力欲的驱使下，赵高开始上蹿下跳，他始则不费吹灰之力，就取得了胡亥无条件的支持，尔后又威逼利诱，迫使老奸巨猾的李斯就范，与他一起伪造了一份大行皇帝的遗诏，最终不但使得胡亥不无意外地成为秦帝国的二世皇帝，而且使得他本人如愿以偿地做了皇宫内的总管和皇帝的首席顾问。

据《史记·齐太公世家》记载，当年一代名相管仲病危之际，齐桓公问道：宦官竖刁能否做他的接班人？奄奄一息的管仲，立马予以断然否决："自宫以适君，非人情，难亲。"① 其言下之意就是：以太监的性态、心理、观念，不宜参与国家管理，更不适合执掌朝政。管仲的这种认识，很有见地，赵高在专权之后的胡作非为，就是生动的注脚。也正因为他的倒行逆施，不但使得"群臣人人自危，欲畔者众"，② 而且最终引发了陈胜、吴广的揭竿而起，遂使秦帝国二世而亡。

长期以来，学界内外普遍接受了司马迁《史记》的观感，认定赵高对秦朝的速亡负有不可推卸的责任。也正是出于对赵高乱秦的愤怒，后人故意颠倒史实，将赵高弑秦王子婴，改编成为秦始皇托梦子婴、子婴因此诛赵高的离奇故事：

> 秦王子婴立，凡百日，郎中赵高谋杀之。子婴寝于望夷之官，夜梦有人身长十丈，须鬓绝青，纳玉舄而乘丹车，驾朱马而至宫门，云欲见秦王子婴，阍者许进焉。子婴乃与言。谓子婴曰："余是天使也，从沙丘来。天下将乱，当有同姓者欲相诛暴。"翌日乃起，子婴则疑赵高，囚高于咸阳狱，悬于井中，七日不死；更以镬汤煮，七日不沸，乃戮之。③

这一传奇故事，虽然荒诞不经，却因为契合于国人潜意识中的因果报应观念，因而长期以来广为流传。

但时至清代，《史记》对于赵高乱秦的记载，受到考据学大师赵翼的质疑。赵氏独辟蹊径，转而从六国子遗反秦复国的角度解释赵高乱秦之谜：

---

① 《史记》卷32《齐太公世家》，中华书局1959年版，第1492页。
② 《史记》卷87《李斯列传》，中华书局1959年版，第2553页。
③ （晋）王嘉：《拾遗记校注》卷4《秦始皇》，（萧梁）萧绮录，齐治平校注，中华书局1981年版，第105页。

赵高之窃权覆国，备载《李斯传》中，天下后世固无不知其奸恶矣。然《史记索隐》谓高本赵诸公子，痛其国为秦所灭，誓欲报仇，乃自宫以进，卒至杀秦子孙而亡其天下。则高直以勾践事吴之心，为张良报韩之举，此又世论所未及者也。①

赵翼的这种说法影响颇大，就连郭沫若主编的《中国史稿》也信从之，认为"赵高原是赵国远支宗室的后代，因其父犯罪被处宫刑，当了宦官，……骗取了秦始皇的信任"。

尽管如此，更多的学者还是倾向于否定赵翼的这种解释，其主要依据，便是今本《史记索隐》并无这方面的记载；在他们看来，即便退一万步说，赵翼果真见过《史记索隐》的"孤本秘籍"，但他的这种解释也仍然难以令人信服，这其中的关键，就在于它和《史记》原文存在着很大的出入，而唐人司马贞所撰的《史记索隐》，其史料价值难与《史记》相提并论。

对赵翼的推论持否定意见的学者进而分析说，赵翼的问题就在于他错误地将《史记·蒙恬列传》所谓的"诸赵疏远属"理解为"赵诸公子"。其实，"诸赵"犹如《史记》《汉书》中所常见的"诸吕""诸窦"，乃姓氏而非国名，而"诸赵"系指秦王室，因为秦王室虽姓嬴，却又以赵为氏，此则《史记》言之甚明：

太史公曰：秦之先为嬴姓。其后分封，以国为姓，有徐氏、郯氏、莒氏、终黎氏、运奄氏、菟裘氏、将梁氏、黄氏、江氏、修鱼氏、白冥氏、蜚廉氏、秦氏。然秦以其先造父封赵城，为赵氏。②

其典型实例，就是《史记·秦始皇本纪》所提到的秦始皇"名为政，姓赵氏"。由此可见，所谓"诸赵疏远属"，其实是指赵高乃秦王室的枝属成员。

此外，诸多学者对赵翼所谓的赵高因"痛其国为秦所灭，誓欲报仇，乃自宫以进"之说，也予以激烈抨击，认为赵氏此误，显然是不曾注意到《史记索隐》下段文字所致：

刘氏云："盖其父犯宫刑，妻子没为官奴婢，妻后野合所生子皆承赵姓，并宫

---

① （清）赵翼：《陔余丛考》卷41"赵高志在复仇"条，栾保群、吕宗力校点，河北人民出版社2007年版，第848页。

② 《史记》卷5末"太史公曰"，中华书局1959年版，第221页。

之，故云'兄弟生隐宫'。谓'隐宫'者，宦之谓也。"[1]

由此可见赵高之所以成为"宫人"，其实是受累于其父犯宫刑；既然赵高并非"自宫"，那么，"痛其国为秦所灭，誓欲报仇"而乱秦政之说的虚妄，也就不证自明。

平心而论，当下学界对于赵翼之说的驳斥，可谓言之有据，然而，毕竟赵翼并不是喜欢胡说八道的欺世盗名之徒，学识渊博而又学尚"征实"的他，既然如此肯定地认为赵高为报国仇家耻而搅乱秦政，那么，他的这个推论自然有其一定的道理而不宜加以一棍子打死。也因此，对于赵高为何乱秦的这个历史之谜，仍需做深入细致的探讨。

---

① 《史记》卷 88《蒙恬列传》，中华书局 1959 年版，第 2566 页。

"闾左"的身份：亡命者抑或贱民

据考，"闾左"一词，首见于《史记·陈涉世家》："二世元年七月，发闾左適戍渔阳"，但司马迁并未具体说明其社会身份。其后，班固《汉书》虽曾多次述及"闾左"，却也始终不曾予以交代。唯其如此，后世史家只能根据自己的理解，推测"闾左"的社会身份，也因此，既有的解释相互间颇有出入。

在唐初知名学者颜师古看来，在所有的对"闾左"社会身份的解释中，东汉末年的应劭的理解最为准确，《汉书·食货志上》注引应劭之说云：

> 秦时以適发之，名適戍。先发吏有过及赘婿、贾人，后以尝有市籍者发，又后以大父母、父母尝有市籍者。戍者曹辈尽，复入闾，取其左发之，未及取右而秦亡。①

换言之，应劭认为"闾左"其实就是普通的平民百姓。应劭的这种理解虽然深得颜氏的嘉许，但比较通行于 20 世纪中叶的解释，却是为唐人司马贞《史记索隐》所引述的第二种说法。

对于"闾左"的社会身份，司马贞在撰述《史记索隐》时曾经引述了两种旧说，其一以为"闾左"就是"复除者"，也就是居住在闾里左侧的被免除徭役的人，其二则称"闾左"乃是指贫弱的百姓：

> 闾左谓居闾里之左也。秦时复除者居闾左。今力役凡在闾左者尽发之也。又云，凡居以富强为右，贫弱为左。秦役戍多，富者役尽，兼取贫弱者也。②

"闾左"乃贫弱百姓的这一解释，之所以比较通行于 20 世纪中叶，主要是因为

---

① 《汉书》卷 24 上《食货志上》注引"应劭曰"，中华书局 1962 年版，第 1126—1127 页。
② 《史记》卷 48《陈涉世家》司马贞《索隐》，中华书局 1959 年版，第 1950 页。

在强调阶级出身的当时，完全符合人们为陈胜、吴广等农民起义者所设定的阶级属性。也部分因此之故，在改革开放之初的 20 世纪 70 年代末，这一说法随即受到卢南乔先生的质疑乃至事实上的否定。在卢南乔先生看来，"闾左"就是"流徙他乡的亡命之人"：

> 我们知道，晁错、应劭说到秦时"七科之谪"，都提出了"闾左"，而《史记·大宛列传》注张晏说"七科之谪"，却是"吏有罪一，亡命二，赘婿三，贾人四，故有市籍五，父母有市籍六，大父母有籍七：凡七科"。二者对照一下，有六科全同，只有一科不同，此为"闾左"，彼为"亡命"。如果彼此不可互通，那么，秦的谪发竟是八科而非七科了。然而"七科谪"之称，一直到汉武帝天汉四年还是沿用着的，"而发天下七科谪"，因此，我们有理由断定张晏所说的"亡命"就是《史记》所说的"闾左"。①

但卢先生的这种说法，在辛德勇先生的理解中，"与其说是解释这一问题，不如说对此提出了一种十分合理的猜想"②。至于王育成先生，更是明确断定卢氏此说无法成立。③

在卢南乔《"闾左"辨疑》问世后不久，田人隆先生紧密结合出土于湖北云梦睡虎地的秦律竹简，比较深入地探讨了"闾左"的社会身份，推测"闾左"应该是"六国之民被迁徙后强制分配给军功贵族的一种封建依附农民"，他们集中居住在某一固定的区域，"受法律或习惯的限制和排斥"，"地位卑贱"，"接近于刑徒和奴婢"。④ 不过，他的这种解释面世后不久就遭到王好立《"闾左"辨疑》的否定。⑤

相比较而言，在问世于 20 世纪 70 年代末 80 年代初的所有相关研究成果中，王子今先生的《"闾左"为"里佐"说》显得格外特别。因为此文认定"闾左"当为"里左"之讹称，也就是秦代基层组织"里"的佐事吏目。⑥ 但这一引人注目的论说，也遭到辛德勇先生的批评。在辛先生看来，《史记·陈涉世家》"发闾左適戍渔阳"中的"適戍"，其意乃是"罚民戍边"。由此出发，辛先生驳斥了除卢南乔

① 卢南乔：《"闾左"辨疑》，《历史研究》1978 年第 11 期，第 71—74 期。
② 辛德勇：《闾左臆解》，《中国史研究》1996 年第 4 期，第 147—151 页。
③ 王育成：《闾左贱人说初论——兼说陈胜故里在宿州》，《中国国家博物馆馆刊》1998 年第 2 期，第 14—23 页。
④ 田人隆：《"闾左"试探》，《中国史研究》1979 年第 2 期，第 67—76 页。
⑤ 王好立：《"闾左"辨疑》，《中国史研究》1980 年第 4 期，第 45—51 页。
⑥ 王子今：《"闾左"为"里佐"说》，《西北大学学报》1985 年第 1 期，第 63—69 页。

《"闾左"辨疑》之外的其他所有推论：

> 既然是因责罚而征发，就要罪出有名，可是贫弱本身并没有罪过；国家强制分配给军功地主的依附农民，也没有理由反过来受国家的惩罚；被朝廷免除徭役同样没有什么罪过；因做"里佐"为朝廷服务而遭受惩治更不近情理；而不问青红皂白先左后右地责罚闾里居民，当然尤为荒诞不经。由此看来，除了卢南乔先生之外，前人对"闾左"所作的解释，似乎都很难成立。①

事实上，将"適戍"训为"罚民戍边"，不但是辛先生用以批评其他解释的前提，同时也是其赖以立论的基础。正是在这一基础上，辛先生通过比对陈胜、吴广、葛婴三人的籍贯及其迁居地的不同，将他们定性为"宾萌"，也就是寄居他乡的流民，进而断定"闾左"只能解作流徙他乡的"宾萌"。

对辛德勇先生有关"闾左"社会身份的这种解释，王育成先生并不以为然。王先生首先否定了《闾左臆解》的两条论据，也就是"闾左"亡命说、陈胜故里阳城在今河南登封，尔后严肃地指出："我们认为在探讨秦谪戍和闾左含义时：第一要尊重史实，材料有缺就不必强努为文；第二要仔细查阅被谪者的自身特点；除此外，还要重视主动发谪者即当权者的行径，研究一下谪戍的历史过程。否则笔下生花也会使古人蒙冤。"在此基础上，王先生和盘托出了自己对于"闾左"社会身份的理解：

> 闾左者，表明字意即是指居住在闾里左侧的人，……闾左既然是一种方位观念，显然也只有从方位角度入手才能合理地追溯出它的来源或谓深层含义。……秦人是尚右卑左的，在这种观念下闾里之左就带有卑微、卑下的意思，甚至出现左为受制、不祥的意识。……就秦代最小的行政单位闾里而言，闾里左侧处所即为贱人所居之地，闾左即是当时社会等级压迫与习惯信仰的混合产物，其本意就是指居住在闾里左方的社会最底层的贱人。②

简言之，在王育成先生看来，所谓"闾左"，就是集中居住在闾里左侧，同时又处于社会最底层的贱民。

---

① 辛德勇：《闾左臆解》，《中国史研究》1996 年第 4 期，第 147—151 页。

② 王育成：《闾左贱人说初论——兼说陈胜故里在宿州》，《中国国家博物馆馆刊》1998 年第 2期，第 14—23 页。

综观既有的相关研究成果，其实不难发现：虽然具体表述颇有出入，但对于"闾左"社会身份的界定，大体上可分为亡命者和贱民两类。尽管亡命者、贱民都处于社会下层，其身份仍有所差异。至于"闾左"，究竟属于亡命者还是贱民，显然有待进一步考辨。

造反派先驱：陈胜的籍贯

曾几何时，不可一世的秦始皇，自信他所创立的帝国必将与日月共长久，因而豪情万丈地宣布："朕为始皇帝。后世以计数，二世三世至于万世，传之无穷。"[1] 谁曾料想，其尸骨尚未寒透，大泽乡那头便有人揭竿而起，声讨万恶的秦皇朝。而由他们所点燃的星星之火，竟在转瞬间发展成为燎原之势，未久，就葬送了仅仅传了二世的大秦帝国。更令人难以置信的是，中国郡县时代的第一次造反运动的领袖，竟然是一个姓"陈"名"胜"字"涉"的乡巴佬（？—前208），而在若干年前，这个乡巴佬还只是一个受人雇佣从事耕作的贱民。因而唐末诗人周昙有诗赞曰："秦法烦苛霸业隳，一夫攘臂万夫随。王侯无种英雄志，燕雀喧喧安得知。"[2]

"中国历史之父"司马迁不但为陈胜作了专门的传记，而且在其所撰《史记·陈涉世家》中，详细地记录了陈胜"首事"的缘起和缘灭：秦二世元年（前207）七月，一群被强征前往渔阳屯戍的贫苦农民，遇雨受阻于蕲县大泽乡，而按照当时的法律规定，已经无法如期抵达渔阳的他们，无论如何都将被处死，于是为了争取哪怕一丁点的生存机会，压抑已久的陈胜、吴广等人终于彻底爆发了，他们不但攻打城池、烧毁官府，而且建立了自己的政权。正是在陈胜等人的刺激下，同样被压抑得喘不过气来的六国贵族及其他闲散分子，这时也纷纷造反，或者加入陈胜的队伍，或者另起炉灶，从而以排山倒海之势，予秦朝的统治以极大的冲击。但令人痛心的是，曾经自称有着"鸿鹄之志"的陈胜，却彻底陶醉于眼前的胜利成果而变得目光短浅、心胸狭窄，既拒故人于千里之外，又唯小人是用，最终成为孤家寡人，并因此走向生命和事业的尽头。

不过，《史记·陈涉世家》虽然重墨勾画了陈胜"首事"的来龙去脉，但对于他的家庭背景却甚少着墨，仅云"陈胜者，阳城人也，字涉"，这就给了如今那些有意探寻陈胜故里的研究者带来了极大的困难，因而只能主要根据历代地方志的记

---

① 《史记》卷6《秦始皇本纪》，中华书局1959年版，第236页。
② 周昙：《陈涉》，《全唐诗》卷729，中华书局1999年增订本，第8431页。

40

载和地下考古发现加以推测，进而导致了推测结果的多样化和不确定性。

目前，学界对于陈胜故里"阳城"的推测结果大抵有五种。这其中，有学者认为《史记·陈涉世家》所谓的"阳城"位于今安徽宿县，[①]其依据之一，便是《宿州志》记载说宿县阳城乃陈胜的出生地；其二，宿县阳城与造反地点大泽乡（今安徽宿县东南刘村集）相距不过二十里，从其所处的地理位置来看比较符合；其三，陈胜麾下的骨干成员，都是今安徽淮北人氏，陈胜既然与他们同时被征发，其老家当然也应该在附近一带；其四，据说陈胜后来穷途末路时有意撤退至大泽乡，其目的显然是想召集乡亲以期东山再起。

对陈胜故里在宿县的这种推测，颇有学者予以质疑。在这些学者看来，《宿州志》有关阳城历史沿革的记载，不但取材极不严谨，而且多有穿凿附会，因而根本不能用作陈胜故里在今安徽宿县的论据；此外，史书诚然提到陈胜穷途末路时有意撤退至宿县，却不能据此断定宿县乃陈胜故里，对于陈胜的这个打算，理当从战略需要的角度加以理解。在驳斥旧说的基础上，他们转而认定陈胜故里其实就在今河南省登封市的告成镇，[②]其论据即是《史记·陈涉世家》所录《史记索隐》及《史记正义》的下段文字：

> 索隐韦昭云（阳城）属颍川，《地理志》云属汝南。不同者，按郡县之名随代分割。盖阳城旧属汝南，今为汝阴，后又分隶颍川，韦昭据以为说，故其不同。……正义即河南阳城县也。[③]

又据他们考证，西汉时期帝国境内有两个阳城，一属颍川郡，一属汝南郡，其中汝南郡的阳城县建置于陈胜出生后一百多年的汉宣帝在位年间，因而"陈胜者，阳城人也"中的"阳城"，必是颍川阳城无疑，也就是今河南省登封市的告成镇。不过，陈胜故里在河南登封的这种论点，同样没有得到学界的普遍接受。其因主要在于：这个结论显然建立在对上段文字断章取义的基础上。

于是，又有学者推测陈胜故里应该是旧属楚地的汝阴阳城，也就是今安徽省的阜阳县。此说的依据，显然是中国第一个臭名昭著的太监赵高诋毁丞相李斯的谗言。众所周知，"楚上蔡人"李斯是赵高和胡亥阴谋篡位的唯一知情者，因而被赵高视为非除去不可的眼中钉。据《史记·李斯列传》记载，也就在陈胜等人造反后

---

① 冯道魁、黄丰林：《陈胜究竟是哪里人》，《光明日报》1959 年 5 月 21 日。
② 杨国宜：《陈胜生地阳城考》，《光明日报》1959 年 8 月 20 日。
③ 《史记》卷 48《陈涉世家》，中华书局 1959 年版，第 1949 页。

不久，李斯的长子三川郡守李由，因为未能有效阻挡吴广大军的西征而被查办，于是赵高乘机一再在秦二世面前，诬陷李斯父子有私通陈胜、背叛朝廷的嫌疑，其中提道："丞相长男李由为三川守，楚盗陈胜等皆丞相傍县之子，以故楚盗公行，过三川，城守不肯击。"①由于汝阴阳城在战国时期为楚国领土，又与李斯的故乡上蔡相邻；主张陈胜故里乃汝阴阳城的学者，就以赵高的"楚盗陈胜等皆丞相傍县之子"为据，故作此论。不过，这一推论的牵强附会，也由此可见一斑。

此外，尚有学者断言南阳郡的旧城县（今河南方城县）乃陈胜故里所在。②在他们看来，旧城之所以应该被认定是陈胜的故乡，这一方面是因为陈胜乃楚国人氏，另一方面是因为旧城不但旧属楚国，且其地理条件与史书所记载的陈胜的生前活动范围最相吻合。显而易见的是，这个推论犯了与"汝阴阳城"说同样的逻辑错误。

而在所有的推论中，今河南商水县扶苏村被认为最有可能是陈胜的故里。例如由周予同先生所主编的迄今仍为诸多高校历史系采用的教材《中国历史文选》，就做如是观。扶苏村之所以最被看好，一则因为《史记·陈涉世家》明确记载陈胜等人造反时，曾经假借公子扶苏、楚将项燕的名头：

> 陈胜曰："天下苦秦久矣。吾闻二世少子也，不当立，当立者乃公子扶苏。扶苏以数谏故，上使外将兵。今或闻无罪，二世杀之。百姓多闻其贤，未知其死也。项燕为楚将，数有功，爱士卒，楚人怜之。或以为死，或以为亡。今诚以吾众诈自称公子扶苏、项燕，为天下唱，宜多应者。"吴广以为然。③

其后，《大清一统志》卷170《陈州府·山川·扶苏城》又从而实之曰："扶苏城在商水县西南三十五里。《寰宇记》，又王象之《舆地纪胜》：在县南十二里。秦二世时，陈涉诈称公子扶苏。此城盖涉所筑，故名。"二则因为该地曾经出土了一件上戳"大胥司工"之印的文物，据专家考证，其意为"扶苏司空"；于是，该出土文物被用以实证陈胜造反时不但曾经假借扶苏的名头，而且曾经刻制官名印章。

不过，陈胜故里在商水县扶苏村的这种说法，基本上不可信，因为此说存在着严重的逻辑错误，那就是：无论是《太平寰宇记》还是《舆地纪胜》，都只说扶苏城"盖（大概）"陈胜所筑；即便退一万步讲，陈胜造反时确实曾经建造扶苏城，

---

① 《史记》卷87《李斯列传》，中华书局1959年版，第2559页。
② 谭其骧：《陈胜乡里阳城考》，《社会科学战线》1981年第2期，第147—149页。
③ 《史记》卷48《陈涉世家》，中华书局1959年版，第1950页。

那么，该城理当建于大泽乡，也就是今安徽宿县刘村集，而几乎不可能造在今商水县扶苏村。因此，完全可以断言：迄今为止，陈胜故里究竟在何处的这个历史之谜，仍然没有确切的谜底。

"张楚"意指：王号、国号、年号抑或兼而有之？

因着秦末农民起事而为世人所熟知的"张楚"一词，在司马迁的《史记》中，先后出现过三次。其中，《秦始皇本纪》云：二世元年"七月，戍卒陈胜等反故荆地，为"张楚"，胜自立为楚王"；《高祖本纪》则曰："秦二世元年秋，陈胜等起蕲，至陈而王，号为'张楚'。"而《陈涉世家》也记载说，陈胜在攻占陈县后，"号令召三老、豪杰与皆来会计事。三老、豪杰皆曰：'将军身被坚执锐，伐无道，诛暴秦，复立楚国之社稷，功宜为王。'陈涉乃立为王，号为张楚。"不过，世人对于"张楚"一词虽然耳熟能详，但对于"张楚"内涵的理解，相互之间却颇有出入。

这其中，诸多学者主张"张楚"实为陈胜的"王号"。譬如吕振羽的《中国简明通史》说："农民军占领淮阴，建号大楚，共奉陈胜为张楚王"；至于翦伯赞的《中国史纲要》，亦云"陈胜自立为'张楚王'"。

而在既有的绝大多数学术论著中，譬如刘泽华《中国古代史》、白寿彝《中国通史纲要》、孙达人《中国古代农民战争史》，"张楚"被解释成为陈胜农民政权的国号。这其中，田昌五《中国古代农民革命史》的解释，虽与前列诸书略有差异，却也认定"张楚"显系国号，而且是陈胜农民政权继"大楚"之后的第二个国号。

然而，无论国号说抑或王号说，均未能为学界所普遍接受。部分学者倾向于认为"张楚"既不是农民政权的国号，也并非陈胜的王号。譬如鲍善淳、赵德祥，皆称"张楚"是一个动宾词组，其义就是"张大楚国"。这一则是因为古时"号"与"名"相通，"号为张楚"，"乃是名声要张大楚国的意思"；二则是因为古人李奇就曾将"张楚"解释为"张大楚国"；三则是因为陈胜起义于楚国故地，"以张大楚国为号召，正是势在必行之事"。在将"张楚"解释为"张大楚国"的基础上，鲍善淳、赵德祥又不约而同地指出：陈胜所建立的政权是楚国而非张楚国；至于其王号，乃是"楚王"和"陈王"。[①]

---

① 鲍善淳：《"张楚"非国号辨》，《文史哲》1979年第5期，第80页；赵德祥《"张楚"小议》，《辽宁师范学院学报》1981年第2期，第63页。

坚持"国号"说的王锁先生，曾撰文驳斥"张楚"既非国号也非王号的说法，认为出现在《史记》中的"张楚""指的都是国号"，所谓"张楚"，其实就是"大楚"。也就是说，"张楚"实际上是一个偏正词组，而非动宾词组。其依据之一，便是在中国历史上，国号之前从不加动词，因而将"张楚"解释成为"张大楚国"，完全不符合中国的语言习惯和政治传统；其依据之二，则是"张""将"两字的上古发音均属阳部，这两字不但音近（今日湖南、浙江等地的某些方言，"张""将"不分），而且义通，在古汉语中都有"大"的含义，因而可以断言"'大''张''将'三词，词形不同而义可通用，其间或许存在着某种方言的歧异"。王先生进而推测说："张楚"的国号可能会在比较正式的场合下被偶尔使用，在通常情况下，陈胜政权自称"楚"，这就好比是"大汉""大唐"，通常简称"汉""唐"。①

"张楚"乃陈胜政权之国号的这种理解，由于长沙马王堆三号汉墓帛书《五星占》等书的出土，似乎得到了考古发现的证实。因为在《五星占》的五星行度表及刑德佚书的干支表中，在秦三十八年下写着"张楚"二字，而未书秦二世的纪年。刘乃和先生遂据此断定"这是至今已见的历史文物中关于'张楚'国号的最早记录"。②

从《五星占》等帛书中，刘乃和先生解读出"张楚"乃陈胜政权之国号；同样以《五星占》等帛书为据，张政烺先生却得出另外一种结论。在其所作《关于"张楚"问题的一封信》中，张先生首先指出"张楚"二字在当时被用作名词，而非动宾词组；其次，认为"张楚"既是陈胜的王号，又是其政权的国号，同时也被用以纪年；在文末，张先生分析说：由于陈胜起事历时短暂，而且未曾统一全国，因而导致诸书记载纷纭、名称不一，从而使得后人对"张楚"内涵的理解会有如此大的出入。③

无独有偶的是，田余庆先生秉持与张政烺先生相近的观点，其《说张楚——关于"亡秦必楚"问题的探讨》，在综述历代史家的相关解释之余断言：

> 张楚词义，古今学者为之诠释，颇不乏人。《史》《汉》注家用训诂成法释张楚，从张字生解，谓张楚犹言张大楚国。王先谦据《广雅·释诂》"张，大也"，直谓张楚就是大楚。……张晏认为张是弛的反义词，谓楚为秦灭，是已弛；陈胜立楚，遂为张，故号张楚。这个解释虽嫌迂拗，但涵盖了秦楚关系，包含了张楚目

---

① 王锁：《"张楚"词义辨释》，《文史知识》1981 年第 3 期，第 97—98 页。
② 刘乃和：《帛书所记"张楚"国号与西汉法家政治》，《文物》1975 年第 5 期，第 35—37 页。
③ 张政烺：《关于"张楚"问题的一封信》，《文史哲》1979 年第 6 期，第 76 页。

的，有它的长处。的确，由于楚有可张之势，张楚旗号非常有利于反秦活动，陈胜张楚才具有不平常的意义。……我想，当时制度，国君纪元以数计，称某王某年，所以说张楚既是王号、国号，又用以纪年，是合乎情理的。[①]

简言之，在田余庆先生看来，"张楚"既是陈胜的王号，又是农民政权的国号，同时也被用以纪年。

由此看来，"张楚"究竟是陈胜的"王号""年号"，还是其政权的"国号"，抑或三种含义兼而有之，至少在目前情况下仍然无法加以准确地解答。或许真该责怪司马迁，正是主要因为他的语焉不详，后人在探求"张楚"内涵问题上才会如此劳而少功——玩笑而已，切勿当真！

---

① 田余庆：《说张楚——关于"亡秦必楚"问题的探讨》，《历史研究》1989 年第 2 期，第 134—150 页。

千年谬传：项羽火烧阿房宫

中国古代文学的变迁，大抵可以被扼要地表述为汉赋、六朝骈文、唐诗、宋词、元曲、明清小说。不过，唐代虽然是诗的黄金时代，却也并不妨碍诞生诸如杜牧《阿房宫赋》之类的大手笔。之所以断言这篇作于唐敬宗宝历元年（825）的文赋是一篇大手笔，一方面是因为该文骈散兼行、词采瑰丽、声调和谐，一扫汉赋平板单调的通病，也因此千百年来广为传诵：

六王毕，四海一。蜀山兀，阿房出。覆压三百余里，隔离天日。骊山北构而西折，直走咸阳。二川溶溶，流入宫墙。五步一楼，十步一阁。廊腰缦回，檐牙高啄。各抱地势，钩心斗角。……歌台暖响，春光融融；舞殿冷袖，风雨凄凄。一日之内，一宫之间，而气候不齐。……戍卒叫，函谷举，楚人一炬，可怜焦土。[①]

另一方面是因为：主要得益于《阿房宫赋》浓墨重彩的渲染，阿房宫才会如此广为人知。

据《史记·秦始皇本纪》记载，阿房宫始建于秦始皇统一六国后的第九年（前212），是拟建中的行政中心，用以显示大一统帝国的气魄和威严：

始皇以为咸阳人多，先王之宫廷小，……乃营作朝宫渭南上林苑中。先作前殿阿房，东西五百步，南北五十丈，上可以坐万人，下可以建五丈旗。……阿房宫未成，成，欲更择令名名之。作宫阿房，故天下谓之阿房宫。[②]

此外，《史记·项羽本纪》又说项羽在攻占咸阳后不久，"烧秦宫室，火三月不

---

① （唐）杜牧：《樊川文集》卷1《阿房宫赋》，陈永吉校点，上海古籍出版社2009年版，第1—2页。

② 《史记》卷6《秦始皇本纪》，中华书局1959年版，第256页。

灭"。正是《史记》的这些记载，给了杜牧无穷的想象，从而断言阿房宫乃项羽所烧毁。而杜氏此论出笼之后，也就不胫而走，最终成为不易的确说而为后人所信从，譬如清人丁尧臣《阿房》诗云：

> 百里骊山一炬焦，劫灰何处认前朝。
> 诗书焚后今犹在，到底阿房不耐烧。[①]

即便时至今日，不少史学论著和几乎所有的教科书，也仍然传播着这样的知识。平心而论，对于与秦国有着亡国之恨、丧亲之痛的项羽来说，即便果真烧了阿房宫，其实也并不"反常"。不过，"项羽火烧阿房宫"这一长期以来颇为盛行的说法，因着近来考古发掘的推进，受到了空前严峻的挑战。

2003 年，考古工作者在渭河南岸找到了传说中的阿房宫前殿的遗址。那是一座平整坚实的夯土台，其台基东西长 1270 米，南北宽 426 米，夯土层厚度一般为5 至 15 厘米，夯窝直径约 5 至 8 厘米，夯土总面积达 54 万多平方米。但令人意外的是，阿房宫前殿遗址并无遭受大火焚烧的蛛丝马迹。难道挖掘地点有误或者所挖面积不够宽广？为确保万无一失，考古人员又进一步扩大了挖掘的范围，但最终结果依然是：在所能勘探的 35 万平方米范围内，仍旧没能发现阿房宫曾遭焚烧的任何迹象。

既然发掘地点准确无误，发掘方法也很科学，而且遗址下层从未遭到外力之破坏，在这种情况下，仍然百觅而不见有红烧土、木炭等火烧痕迹，这只能得出一个虽然令人震惊却无疑是事实的结论：断言阿房宫为项羽所烧毁的传统说法，纯属无稽之谈。而随着发掘工作的深入开展，一个更加震撼人心的事实被揭示出来：不但项羽未曾焚烧过阿房宫，而且秦代根本就不曾建成阿房宫。因为在阿房宫前殿遗址中，尽管考古人员费尽了九牛二虎之力，却始终未能发现秦代的瓦当或瓦当残块等建筑遗物。

对于考古发现与《阿房宫赋》之间的矛盾冲突，诸多学者认为这种矛盾并不妨碍考古发现的正确性，因为《阿房宫赋》固然华美生动，却毕竟只是文学创作，并不具有史料价值，更何况杜牧写作此赋的意图，并非如实记载阿房宫的建造过程及其建筑规模，而在于规劝唐敬宗不要像秦始皇那样因为营造阿房宫而种下亡国的祸根。为了进一步说明问题，有关学者重新解读了《史记》的相关记载，并从中摘录出两条史料。其一，便是《秦始皇本纪》的下列记载：

---

① （民国）徐世昌编：《晚晴簃诗汇》卷 167 丁尧臣《阿房》，中华书局 2018 年版，第 7291 页。

阿房宫未成，成，欲更择令名名之。作宫阿房，故天下谓之阿房宫。……（元年）四月，二世还至咸阳，曰："先帝为咸阳朝廷小，故营阿房宫。为室堂未就，会上崩，罢其作者，复土骊山。骊山事大毕，今释阿房宫弗就，则是章先帝举事过也。"复作阿房宫。①

正是依据这段史料，诸多学者认为：从秦二世元年（前209）四月重新开工修建，到公元前206年秦朝亡国，在这历时短暂而又动荡不堪的时期内，秦朝政府根本不可能建成规模如此宏伟庞大的阿房宫，因此，《史记·秦始皇本纪》所谓"先作前殿阿房，东西五百步，南北五十丈，上可以坐万人，下可以建五丈旗"云云，充其量只是一个设计规划，而非已经投入使用的豪华宫殿；其二则是《史记·高祖本纪》称鸿门宴后，项羽挥师西进，"屠烧咸阳秦宫室，所过无不残破"。据此，有关学者断言项羽其实并未火烧阿房宫，他只是在都城咸阳大肆焚烧虐杀，烧毁了所有的秦朝宫殿建筑。

平心而论，诸多学者有关阿房宫乃蓝图而非实物的论断至为正确，他们为此而做的分析也相当透辟。不过，他们的这个结论其实并不新颖，因为早在南宋时期，徽州人程大昌（1123—1195），在所撰《雍录》中，就曾在条列《阿房宫赋》讹误之余，断言《秦始皇本纪》对于阿房宫的描述实际上只是一种构想：

杜牧赋阿房，其意远，其辞丽，吴武陵至以王佐誉之。今用秦事参考，则其所赋，可疑者多。……阿房终始皇之世未尝讫役，工徒之多，至数万人，二世取之，以供骊山，未几周章军至戏，则又取此役徒以充战士，则是歌台舞榭，元未落成，宫人未尝得居也，安得有脂水可弃，而涨渭以腻也。其曰"上可坐万人，下可建立五丈旗"者，乃其立模，期使及此，……而（杜）牧皆援渭北所载以实渭南，岂非误欤！②

但遗憾的是，程大昌的这种与众不同而又富有智慧的声音，在很长一段时间内没能引起人们应有的重视，以至于千百年来，西楚霸王项羽无端地蒙受了这一不白之冤。

在发表于《中国国家地理》2005年第6期的一篇题为《一座想象的宫殿：项羽火烧阿房宫属无稽之谈》的文章中，作者徐卫民认为《史记》之所以如此重墨勾

---

① 《史记》卷6《秦始皇本纪》，中华书局1959年版，第256、268—269页。
② （宋）程大昌：《雍录》卷1"阿房二"条，黄永年点校，中华书局2002年版，第19—20页。

画尚未建成的阿房宫，其意即欲借此论证秦始皇的过度役民与秦帝国解体之间的因果关联；而杜牧写作《阿房宫赋》的动机，也正在于借古讽今。因此，"阿房宫概念不过是不同时代的人们为满足基本相同的心理需求而创造出来的"。徐先生的这一分析，真的很有意思！

英雄末路：项羽不肯过江东

公元前三世纪，在中州大地一片金戈铁马、刀光剑影之中，一代雄主秦王政"续六世之余烈，振长策而御宇内，吞二周而亡诸侯"，[①] 构建起旷古未有的庞大帝国。但当始皇帝及其左膀右臂为他们的丰功伟绩弹冠相庆之际，喁喁黔首却痛苦地发现他们的生存条件较诸此前似乎更趋艰难，因而有足够的理由怀念昔日岁月。在某种意义上可以说：如果时人对于自由的渴望未尝被遏制得如此苍白，那么，秦帝国即便不能传之万世，也绝不至于昙花一现般地二世而亡。拒绝假设的历史，遂将秦末社会的分崩离析和群雄逐鹿的壮丽呈现于世人面前，而无数的勇将谋士及无数的或慷慨悲歌或豪兴勃发的故事，都缘此而生。

他，曾经立马中原、执戟问天，恣意汪洋地挥洒着万丈豪情；他，曾经眼看着要注定成为胜利的符号；但最终，却倒仆在那个历史时代的墓地。他，就是曾经主导秦汉之际中国历史发展方向的西楚霸王项羽（前232—前202）。

无论对项羽还是对刘邦来说，垓下之战无疑都是其生命中最重要的一场战役。从此，刘邦从容迈向铺展着锦绣的壮丽河山，而项羽则亲手葬送了奔雷驱电的美好岁月，不久，就在"力拔山兮气盖世，时不利兮骓不逝。骓不逝兮可奈何，虞兮虞兮奈若何"[②] 的悲叹中，横剑自刎于乌江之畔。

千余年后，天才的南宋女词人李清照（1084—1155后），以其悲壮激烈的胸怀，吟诵出千古绝唱《乌江》诗：

生当作人杰，死亦为鬼雄。
至今思项羽，不肯过江东。[③]

---

① 《史记》卷6《秦始皇本纪》，中华书局1959年版，第280页。
② 《史记》卷7《项羽本纪》，中华书局1959年版，第333页。
③ （明）田艺蘅辑：《诗女史》卷11，《原国立北平图书馆甲库善本丛书》第942册，国家图书馆出版社2013年版，第344页。

尽管易安居士挥就这首不朽诗篇的目的，在于激励与她同时代的男儿为救国难而义无反顾，甚至不惜慷慨赴死，却在不期然间渲染出项羽"宁为玉碎，不为瓦全"的英雄气概。于是此后，不少文人学士顺着她的思路，讴歌项羽宁可悲壮而死却绝不苟且偷生的英雄行为，譬如清人汪绍焻《项王》诗云：

> 骓马虞兮可奈何，汉军四面楚人歌。
> 乌江耻学鸿门遁，亭长无劳劝渡河。①

即便戏谑如《聊斋志异》作者蒲松龄（1640—1715），也心诚意笃地夸他是"有志者，事竟成，破釜沉舟，百二秦关终属楚"，复叹他岂不闻"苦心人，天不负，卧薪尝胆，三千越甲可吞吴"！

尽管古往今来评说项羽不肯过江东者不胜枚举，但在解释项羽为何不肯过江东的问题上，却是仁者见仁、智者见智，相互间颇有歧异。这其中，影响最为深远的评述，当属司马迁的"羞见江东父老"之说：

> 于是项王乃欲东渡乌江。乌江亭长檥船待，谓项王曰："江东虽小，地方千里，众数十万人，亦足王也。愿大王急渡。今独臣有船，汉军至，无以渡。"项王笑曰："天之亡我，我何渡为！且籍与江东子弟八千人渡江而西，今无一人还，纵江东父兄怜而王我，我何面目见之？纵彼不言，籍独不愧于心乎？"乃谓亭长曰："……吾骑此马五岁，所当无敌，尝一日行千里，不忍杀之，以赐公。"乃令骑皆下马步行，持短兵接战。……身亦被十余创。……乃自刎而死。②

对于太史公的这种解释，颇有人深信不疑，并以此作为立论的依据或论述的背景，譬如那位钟情秦楼楚馆青青柳色、喜欢描摹花荫曲径点点桃红的杜牧（803—852），就曾在所作《题乌江亭》诗中，"埋怨"项羽不渡江而东、重整旗鼓：

> 胜败兵家事不期，包羞忍耻是男儿。
> 江东子弟多才俊，卷土重来未可知。③

---

① （清）沈德潜编：《清诗别裁集》卷26汪绍焻《项王》，上海古籍出版社1984年版，第1083页。又小字注："鸿门之遁，为避祸也。……此诗抑倒沛公，能为项王吐气。"
② 《史记》卷7《项羽本纪》，中华书局1959年版，第336页。
③ （唐）杜牧：《樊川文集》卷4《题乌江亭》，陈永吉校点，上海古籍出版社2009年版，第72页。

此外，唐代诗人胡曾的"乌江不是无船渡，耻向东吴再起兵"，①也同样认定项羽不肯过江的原因，就在于"羞见江东父老"。不过，这种观点近来遭到张子侠先生的质疑。这是因为在张先生看来，在乌江自刎之前，项羽其实有多次羞愧自杀的"机会"，譬如被围垓下、"虞姬死而子弟散"时，又如身旁仅余二十八骑且"自度不得脱"时；但在如此窘迫的情况下，项羽都未曾动摇其东山再起的决心，何以好不容易溃逃至乌江边，却突然萌生羞愧之心而自刎呢？因而张先生认为，无论于情于理，"羞见江东父老"之说均未能切中肯綮。②

或许是有感于"羞见江东父老"的这一解释难以自圆其说，或许纯粹是为了标新立异、独树一帜，南宋学者刘子翚转而主张项羽因疑亭长有诈而拒不渡江，其《屏山集》卷4云：

> 项羽引兵欲渡乌江，亭长舣舟待，请羽急渡，羽不渡，乃战死。盖是时汉购羽千金、邑万户，亭长之言甚甘，羽疑其欺己也。羽意谓丈夫途穷宁战死，不忍为亭长所执，故托以江东父老之言为解尔。……所以去垓下者，犹冀得脱也。乃为田父所绐，陷于大泽，羽知人心不与己，安知亭长不出田父之计哉？此羽之所以战死也。

不过，诚如张子侠先生所指出的那样：第一，假如项羽确尝怀疑亭长有诈，就绝对不可能将心爱的坐骑赠送给亭长；第二，既然项羽自小生活在水乡泽国，而且并无任何史料说他不会驾船，那么，假如他唯恐"为亭长所执"，完全可以杀人夺船、渡江而东。因此，"疑亭长有诈"之说，显然也难以成立。

近来，吴仰湘等先生认为项羽之所以不渡乌江而东，是因为他当时清醒地认识到长期的内战给民众带来了无穷的苦难，从而产生了牺牲自我以终止楚汉相争的念头，故当乌江亭长劝他东渡为王，他却毅然决然地选择了自刎而死。③诚然，《史记·项羽本纪》曾经提道："楚汉久相持未决，丁壮苦军旅，老弱罢转漕。项王谓汉王曰：'天下匈匈数岁者，徒以吾两人耳，愿与汉王挑战决雌雄，毋徒苦天下之民父子为也。'"④但据此，仅能解读出项羽欲战不能时的焦急心态，而无从得出项羽同情民众疾苦的结论。更何况，项羽自从起兵造反以来就杀戮成性，仅在新安城

---

① （唐）胡曾：《乌江》，《全唐诗》卷647，中华书局1999年增订本，第7482页。

② 张子侠：《项羽"不肯过江东"吗？》，《文史知识》1994年第9期，第112—117页。

③ 吴仰湘：《项羽自杀原因新探》，《晋阳学刊》1994年第3期，第65—68页。

④ 《史记》卷7《项羽本纪》，中华书局1959年版，第328页。

南就坑杀秦军降卒二十余万，此则史书班班可考，在这种情况下，称项羽因念民生疾苦而欲罢兵而自刎，无异于痴人说梦。

此外，尚有学者认为项羽之所以宁愿自杀而不肯过江以图卷土重来，是因为身为楚人的他，深受楚地兵败自杀传统的熏陶，因而在眼见复国无望之后，也就选择了自杀。

相比较而言，张子侠先生的分析似乎更为合情合理。在张先生看来，项羽并非不想渡江而王，也不是因为羞见江东父老而不肯渡江，但是，时当他行至乌江之畔，却发现对岸的政治形势和民心向背已经发生了不利于他的重大变化：一方面，会稽郡人已经佐汉反楚，另一方面，上柱国陈婴也已叛楚自立。此则诚如北宋改革家王安石《乌江亭》诗所论，当时的项羽实际上已经失去了江东民众的拥戴：

百战疲劳壮士哀，中原一败势难回。
江东子弟今虽在，肯与君王卷土来？ ①

张先生进而分析说：既然退守江东以重整旗鼓的希望已然破灭，穷途末路的西楚霸王，若要保全名节、免遭阶下之囚的羞辱，唯有自杀而别无他途。不过，张子侠先生的这种推测，是否完全吻合项羽当年的所思所想，当然已经不得而知了。

项羽为何不过江东的真正答案，或许沉埋在乌江之底。乌江，这条见证了西楚霸王横剑引颈自刎的古河，如今依旧静静地流淌着，淡看云卷云舒，听任那段足以铄金淬血的故事被追忆者的涟涟清泪染渍成一行行不胜唏嘘的文字。

---

① 王水照主编：《临川先生文集》卷33《乌江亭》，《王安石全集》第五册，复旦大学出版社2016年版，第660页。

出身贫贱的开国皇帝：汉高祖的名字

对于刘邦，稍具历史知识的人大概都知道，他是中国历史上最伟大的帝国——汉朝——的开国君主；而以史学研究尤其是秦汉史研究为职业者，相比较而言，更了解他的底细，知道这位出身贫贱的开国皇帝，不仅一身泥气息、土滋味，而且沾染着太多的流氓习气。

但令人费解的是，西汉史家司马迁在他的《史记·高祖本纪》中，对本朝开国皇帝的名字却语焉不详，但云"高祖，沛丰邑中阳里人，姓刘氏，字季"。其后，东汉史家班固（32—92）虽然对《史记》将汉朝诸帝"编于百王之末，厕于秦、项之列"[①] 的这种措置深致不满，但其《汉书》对于刘邦姓氏的记载，却更为简略，不但不载其"名"，甚至连仅仅"字"也给省略了。[②] 从传世史料的相关记载来看，最早明确记全汉朝开国皇帝名字的，乃是东汉末年的荀悦（148—209），其《汉纪·高祖皇帝纪》云："汉高祖讳邦，字季。"

其实，早在唐司马贞著《史记索隐》时，对《史记·高祖本纪》不书汉高祖之"名"，就颇予怀疑，并推测说：

> 按：《汉书》"名邦，字季"，此单云字，亦又可疑。按：汉高祖长兄名伯，次名仲，不见别名，则季亦是名也。故项岱云："高祖小字季，即位易名邦，后因讳邦不讳季，所以季布犹称姓也。"[③]

降及清代，崔适《史记探源》卷3则以为："案刘氏兄弟三人，但以长少而称伯仲季，非名也。高祖微时，但称刘季，后称沛公，后称汉王，后称皇帝，终其身无所谓名与字也。'讳邦'者，后世史臣所拟耳。否则，汉王二年二月，立汉社樱，

---

① 《汉书》卷100下《叙传》，中华书局1962年版，第4235页。
② 《汉书》卷1上《高帝纪上》，中华书局1962年版，第1页。
③ 《史记》卷8《高祖本纪》，中华书局1959年版，第342页。

当为祭文，或为造名之始欤？"不过，在刘新光先生看来，无论是司马贞的汉高祖"姓刘名季"说，抑或崔适的"后世史臣所拟"说，都有待商榷，并为此特撰《汉高祖名邦字季略说》一文加以考辨。①

在这篇论文中，刘先生首先引经据典，考察了"名"与"字"的关系，其结论是：无论文化程度高低，也不管社会身份贵贱，为人父母者总会遵照传统习俗，在儿子出生后不久便为之起名，当其成年后又为之取"字"；不但名在先而后有字，而且名为本、字为末。

其次，刘先生在检阅《史记》全书之后，发现该书多处直书"刘季"二字，可见"季"字在汉代不必避讳，而"邦"字也或避或不避。据此，刘先生断言《史记》不载汉高祖之名的原因，并非因为避讳的关系。

其三，在刘先生看来，"季"之于汉高祖，既非《史记·高祖本纪》所谓的"字"，更不是《史记索隐》所推测的"名"，而是项岱所断言的"小字"，它其实源自汉高祖在其兄弟中的排行。这一则因为中国人历来就有用"伯""仲""季"以论兄弟长幼之序的传统，二则因为《史记》《汉书》都曾明确记载汉高祖"长兄伯""次兄仲"。

在此基础上，刘新光先生进而认为：刘季也就是刘家老三的这样一个称呼，虽然与一代开国君主的身份极不相称，却也十分合乎历史事实：汉高祖既出身贫寒之家，其父母又没有什么文化，那么，他被随便起个名字以便称呼，于情于理皆可；更何况"邦"之字义，在古汉语中与"国"互通，"刘邦"者，可训为"刘家之天下"，在这种情况下，其父母即便胆大妄为，也绝不至于将其子命名为"刘邦"。

对于汉人项岱所谓的"高祖小字季，即位易名邦"的这种说法，刘新光先生既颇以为然，同时又嫌其语词过于简略，因为其中的"即位易名"，既可被理解成刘邦是即汉王之位时"易名"，又可被理解成为刘邦是即皇帝之位"易名"。对于这两种可能，刘先生倾向于后者：

> 汉高祖起身微细，无名无字，带着仅有的小名开始了自己的创业历程。在锄诛暴秦、平定四海之兵荒马乱的年月里，无名的问题还可以沛公、汉王等称号代替。然高祖垓下一役，败死项王、身自成为天下共主。作为天下共主却没有正式的名字，怎么向天地祷告祈福？怎么示教化于天下？如此等等的诸多问题，一时并现出来。皇帝要有自己的名字的问题，遂迫在眉睫。"刘邦"之名即在此时应运而生。②

---

① 刘新光：《汉高祖名邦字季略说》，《史学月刊》1999 年第 4 期，第 111—112 页。

② 刘新光：《汉高祖名邦字季略说》，《史学月刊》1999 年第 4 期，第 111—112 页。

相形之下，前一种可能性在刘先生看来"于理欠长"。这是因为，按照当年楚怀王"先入定关中者王之"的约定，最先进据关中的刘季，应当被封为"关中王"或者"秦王"，但结果却被西楚霸王项羽分封在偏远的汉中地区，而刘季对此虽然心有怨恨，却又迫于实力不济，不但即刻赶赴南郑就任"汉王"之职，而且还听从属下的建议，烧绝栈道以示无东向之意。换言之，以刘季当时的沮丧心情、唯恐项羽猜忌的心态，绝对不可能易名为刘邦。

在文末，刘新光先生又做了两点补充说明：其一，司马迁《史记》之所以不书"刘邦"而改书"刘季"，这一方面是因为"邦"本非汉高祖原名，而是后来所拟，既是后来所拟，自然不必书之，何况书之又有触讳之嫌，另一方面大概是因为"刘季"已成为当时流行且约定俗成的称呼；其二，清人崔适所推测的"'讳邦'者，后世史臣所拟耳"，于理不通，这主要是因为假如"刘邦"果真是汉代史臣所拟，那就不可能不见载于史册，何况汉代史臣岂敢为开国皇帝拟名。刘先生此文的结论是："在家人、朋友圈内，以及当时的社会上，大家习称汉高祖为'刘季'，即'刘三''刘家老三'；'刘邦'之名大概是在公元前202年刘季即皇帝位时，为体现自己的尊严而特取的，并从此成为他行之于后世的'大名'。"

平心而论，刘新光先生的这篇大作，虽然不是探讨汉高祖名字的开山之作，却是迄今为止最为深入系统的考察成果。不过，《汉高祖名邦字季略说》尽管足以自圆其说，但美中不足的是，作为一篇考证性质的论文，却更多地运用了推理乃至推测的方法。也因此，我们只能说，在找到足以实证此一问题的传世史料或文物之前，汉高祖的名字，仍然是一个尚未完全解决的历史之谜。

《九章律》的制定者：萧何抑或他人

西汉法典《九章律》，之所以在中国古代法制史上占有如此重要的地位，是因为这部法典既上承战国时期魏国李悝的《法经》，又下启魏晋历代诸律，进而为后世所参照，成为中国中古法律制度的奠基石。这部对后世法制建设有着深远影响的法典，一般被认为是西汉开国功臣萧何所制定。

出身"刀笔吏"的萧何（？—前193），为刘季创立不世功业立下了汗马功劳，其功绩主要有：在刘季攻占咸阳而诸将竞相抢夺财物之际，他却"入收秦丞相御史律令图书藏之"，从而为刘季后来统一天下提供了诸如山川险要、府县户口等重要资料；在楚汉交战期间，他不但慧眼识英才，力荐"国士无双"的韩信为大将，而且鞠躬尽瘁，为刘季建立了巩固的根据地和补给线。也因此，被汉高祖誉为"发踪指示"的"功人"，并受封为酂侯。[①]

对于萧何这个人，司马迁曾评论说："萧相国何于秦时为刀笔吏，录录未有奇节。及汉兴，依日月之末光，何谨守管钥，因民之疾秦法，顺流与之更始。"[②] 而清人高树程在其所作《萧相国》诗中，亦作如是观：

> 英雄犹想入关初，相国功勋世莫如。
> 独狠未离刀笔吏，只收图籍不收书。

也就是说，尽管萧何曾为西汉建国立下了汗马功劳，却因为出身"刀笔吏"，因而缺乏高瞻远瞩的战略眼光。平心而论，诸如此类的评说，大抵符合历史事实。但换个角度来看，以萧何的这一知识结构及其能力和兴趣，完全有可能制订《九章律》。

倘若追本溯源的话，称萧何制订《九章律》的这种说法，实乃西汉扬雄所首

---

① 《史记》卷53《萧相国世家》，中华书局1959年版，第2014—2015页。
② 《史记》卷53"太史公曰"，中华书局1959年版，第2020页。

倡，其《解嘲》云："甫刑靡敝，秦法酷烈，圣汉权制而萧何造律，宜也。"① 对于扬雄此说，东汉史家班固颇予信从，并略加改编而录于所撰《汉书·刑法志》之中：

> 汉兴，高祖初入关，约法三章曰："杀人者死，伤人及盗抵罪。"蠲削烦苛，兆民大说。其后四夷未附，兵革未息，三章之法不足以御奸，于是相国萧何捃摭秦法，取其宜于时者，作律九章。②

也主要因为《汉书》流传较为广泛的关系，萧何制订《九章律》之说几乎成为定论而为后世所信奉，譬如泰始三年（267），晋武帝在一份诏书中就曾提道："昔萧何以定律令受封，叔孙通制仪为奉常。"③ 而重修于唐代初年的《晋书·刑法志》，又在《汉书·刑法志》的基础上做了进一步的阐发：

> （李）悝撰次诸国法，著《法经》。以为王者之政，莫急于盗贼，故其律始于《盗贼》。盗贼须劾捕，故著《网捕》二篇。其轻狡、越城、博戏、借假不廉、淫侈、逾制以为《杂律》一篇，又以《具律》具其加减。是故所著六篇而已，然皆罪名之制也。商君受之以相秦。汉承秦制，萧何定律，除参夷连坐之罪，增部主见知之条，益事律《兴》《厩》《户》三篇，合为九篇。④

观《晋书·刑法志》之意，也即认为《九章律》乃萧何以李悝《法经》六篇为基础，新增户律、兴律、厩律三篇而成。此后，《唐六典》《唐律疏议》不但遵从《晋书·刑法志》此说，而且详细地阐述了《兴》《厩》《户》的内容。

但与此同时，又有人认为《九章律》并非萧何所制。最早提出此说者，乃是与班固同时代的王充，其《论衡·谢短篇》云：

> 问曰："《九章》谁所作也？"彼闻皋陶作狱，必将曰："皋陶也。"诘曰："皋陶，唐、虞时，唐、虞之刑五刑，案今律无五刑之文。"或曰："萧何也。"诘曰："萧何，高祖时也。孝文之时，齐太仓令淳于（德）[意]有罪，征诣长安，其女缇萦为父上书，言肉刑一施，不得改悔。文帝痛其言，乃改肉刑。案今《九章》象刑，非肉

---

① 《扬子云集》卷4《解嘲》，影印《四库全书》本。
② 《汉书》卷23《刑法志》，中华书局1962年版，第1096页。
③ （唐）房玄龄等：《晋书》卷30《刑法志》，中华书局1974年版，第927页。
④ （唐）房玄龄等：《晋书》卷30《刑法志》，中华书局1974年版，第922页。

刑也。文帝在萧何后，知时肉刑也。萧何所造，反具肉刑也？而云《九章》萧何所造乎？"①

也就是说，在王充看来，称萧何制定《九章律》的说法之所以有误，其关键就在于：据《史记·孝文本纪》记载，汉文帝前元十三年，齐太仓令淳于意获罪被押解长安，其女缇萦上书愿代父受刑，文帝感其孝心，下诏废除肉刑，并写入律典；既然肉刑被明令废止于汉文帝时期，那么，五十多年前的萧何，也就绝对不可能制定尚未废除肉刑的《九章律》。

对于《九章律》的制定者究竟是谁的问题，虽然王充并未给出明确的答案，但从《论衡·谢短篇》的相关记载来看，可见当时人们对此意见不一，《汉书·刑法志》的"萧何定律"之说，充其量只是其中之一。然则班固之说是否属实呢？胡银康先生倾向于认定其说不确。

首先，胡先生认为，如果西汉初年萧何确实曾经制定《九章律》，那么，此事作为当时政治生活中的一件大事，必然会在史料中有所反映。然而，在博学强识、实事求是的史学大师司马迁所撰的《史记》中，仅仅见有"叔孙通定礼仪"之记载，却未曾只字提及萧何定律。会不会是司马迁一时疏忽漏载此事、后为班固所补呢？对此，胡银康先生予以断然否认，其理由是《汉书》对西汉前期历史的记载基本上袭用《史记》旧文，《汉书·萧何传》和《史记·萧相国世家》的内容基本一致，都没有萧何定律的记载，因而《汉书·刑法志》的"萧何定律"之说，当是班氏采用了当时众多说法中的一种而已，并不一定属实。

其次，在胡先生看来，《晋书·刑法志》所谓的"汉承秦制，萧何定律，除参夷连坐之罪，增部主见知之条"中的"除参夷"，其实就是颁行于吕后在位年间的"除三族罪"，而"连坐"则是指颁行于汉文帝时的"除收律、相坐法"，至于"部主见知之条"，乃是指汉武帝时期张汤、赵禹所作的知情不报应连坐的条规。这些法令均颁行于萧何身后，因此，断言《九章律》为萧何所作，显然难以自圆其说。

再者，胡先生认为《九章律》中的《户》《兴》《厩》三篇，大致是有关赋税、擅兴徭役、畜牧马牛之事的法规，是政府强迫农民提供无偿劳役，受其超经济剥削的法律手段。从汉初形势来看，不但经济凋敝、诸侯割据，而且统治者慑于秦二世而亡的前车之鉴，奉行无为而治、休养生息的政策。在这种政治形势下，汉廷既不可能大肆征用民力，也就不可能颁行《九章律》。只有到了汉武帝时，随着社会经

---

① 《论衡校注》卷12《谢短篇》，（东汉）王充著，张宗祥校注，郑绍昌标点，上海古籍出版社2010年版，第259页。

济的复苏、中央集权的强化，武帝本人又好大喜功、穷兵黩武，户、兴、厩三篇才有可能上升为正律。

最后，胡银康先生一方面按照汉朝"前主所是著为律，今主所是疏为令"的习惯，另一方面根据《九章律》中有关象刑非肉刑的解释，推定《九章律》制定于汉武帝罢黜百家、独尊儒术之后，且出自儒生之手。[①] 至于这个推论能否成立，则仍然有待做深入细致的调查研究。

---

① 胡银康：《萧何作九章律的质疑》，《学术月刊》1984 年第 7 期，第 44—46 页。

韩信的死因：自取其祸还是兔死狗烹

　　淮阴人韩信（？—前196）理当被视为天生的战神，这一则因为史书既没有提及他的师承关系，也没有关于韩信寒窗苦读、修成正果的记载，二则因为还在他就职汉军统帅之初，就通过运用"明修栈道、暗度陈仓"的战术，使久未尝胜果的汉军获得了出人意料而又合乎情理的胜利，这就不但以其非凡的战争艺术征服了汉军上下，而且为逐鹿关东构筑了稳固的战略后方。

　　此后，乘胜追击的汉军主力一度浩浩荡荡地开进防守空虚的楚都彭城，当时，前亭长的强项显然并不在于领兵作战，他的洋洋得意几乎招致全军覆没的恶果，在雄勇强悍的楚军的追击下，尚未克服"恐楚症"的汉军将士接连"表演"丢盔弃甲的把戏，这就使得楚汉相争的局势很可能发展成为：被迫逃入关中的汉师将彻底丧失再次东征的机会。当此之际，韩信力挽狂澜，不仅有效地阻止了楚人的追击，而且构筑了一条北起荥阳、南到南阳、西自洛阳、东至外黄的纵横各数百里的正面战场，从而将楚汉战争引至相持阶段。

　　为了解除来自魏国的威胁，韩信挥师北伐，始则设疑临晋、潜渡夏阳，继而从侧翼奔袭安邑，终乃一举灭魏。在破魏之战后，他又高瞻远瞩，创造性地提出并实施了开辟北方战场的战略。这一战略的要点是：在渐次歼灭代、赵、燕、齐的基础上，形成两面夹击楚军的态势，以便最终会师荥阳，彻底击溃项羽。其后，第二战场的开辟尽管困难重重，却也进展神速，尤其是在井陉之战后，更是捷报频传，常人根本无法想象的战术，韩信却能信手拈来，开创了许多为后人津津乐道的战例和同样耳熟能详的成语故事，从而在短短的一年零四个月时间内，东进两千里，降灭五国，不仅一统河北大部，而且胜利完成了对楚军的战略包围，可谓前无古人、后无来者了。这就使得其后的垓下之战，在某种程度上只是例行公事。总之，在泱泱汉邦的建立过程中，智勇双全、国士无双的韩信堪称汉朝的第一功臣，北宋史家司马光因此感叹地说："汉之所以得天下者，大抵皆（韩）信之功也。"[①]至于明代学者

---

　　① 《资治通鉴》卷12汉高帝十一年条"臣光曰"，中华书局1956年版，第390页。

茅坤，更是毫不吝啬地冠之以"兵家之仙"："予少谓苏子瞻之于文，李白之于诗，韩信之于兵，天各纵之以神仙轶世之才，而非世之问学所及者。"①

然而，这位为刘季创立不世功业立下汗马功劳的军事奇才，在功成名就之后却未能寿终正寝，最终被吕后诱杀于长乐宫的钟室。

关于韩信被杀的原因，历来就有不同的解释。这其中，部分学者根据《史记·淮阴侯列传》的下段记载，认为韩信死于图谋作乱：

> 陈豨拜为巨鹿守，辞于淮阴侯。……淮阴侯曰："公之所居，天下精兵处也；……吾为公从中起，天下可图也。"陈豨……曰："谨奉教！"汉十年，陈豨果反。上自将而往，信病不从。阴使人至豨所，曰："弟举兵，吾从此助公。"信乃谋与家臣夜诈诏赦诸官徒奴，欲发以袭吕后、太子。部署已定，待豨报。其舍人得罪于信，信囚，欲杀之。舍人弟上变，告信欲反状于吕后。……吕后使武士缚信，斩之长乐钟室。②

有学者进而分析了韩信作乱的原因：第一，权迷心窍，利令智昏；第二，长期的压抑、羞辱，使之在悲愤之余铤而走险。对于这种解释，厦门大学中文系的易中天教授亦深信不疑。易教授近年来因为评说三国故事而名声大噪，也因此，称韩信死于图谋作乱的这种说法，在当下学界内外比较流行。

不过，韩信死于图谋作乱的这种推论，却也并未为学界所普遍接受，郭广生的《韩信"谋反"被杀之我见》更是予以断然否定。在这篇文章中，郭先生首先认定韩信既"无做皇帝的野心异志"，也"不会忘恩负义去谋反"；其次，郭先生分析说，韩信之所以被杀，与他多次"犯上"有关，而汉高祖诛杀韩信的目的，则在于"稳定皇权"；在文末，郭先生断言"韩信遭杀也是自取其祸"：

> 韩信不懂得伴君如伴虎、"高处不胜寒的道理"，更不明白自己的"勇略震主者危，功盖天下者不赏"的处境，自认为无私便无罪过可言，想说什么说什么，想干什么干什么，毫无顾忌。在被刘邦盯上之后还与其叫板，惨遭杀身之祸也就在所难免了。③

---

① （明）茅坤：《东坡文钞引》，《唐宋八大家文钞校注集评》之《东坡文钞》，高海夫主编，三秦出版社1998年版，第4561页。

② 《史记》卷92《淮阴侯列传》，中华书局1959年版，第2628页。

③ 郭广生：《韩信"谋反"被杀之我见》，《石家庄职业技术学院学报》2004年第5期，第1—3页。

平心而论，郭先生的这篇论文虽然考述比较全面，却几乎无所新创，大多是对既有成说的因袭；文章的前半部分，大抵是"兔死狗烹说"的翻版，而文末的"自取其祸说"，则又是学界近来颇为盛行的解释。

"兔死狗烹说"曾经长期而又广泛地流传，甚至被不少文人学者奉为圭臬，其要点是：韩信之所以被杀，就因为他戴震主之威、挟不赏之功，却又不知急流勇退。在秉持此论的学者看来，所谓韩信与陈豨里应外合云云，其实是欲加之罪、何患无辞。这一则因为即便韩信确有此意，那么，仅以告密者的身份（舍人之弟），显然无从得悉内幕；二则因为，韩信当初在最能背叛刘邦的时候尚且忠贞不贰，也就绝不可能在最不可能反叛时涉嫌反叛；三则因为韩信被捕之后，即刻被斩于长乐宫钟室，这实际上无异于暗杀，否则其手段根本无须如此卑鄙；四则因为史书明确记载陈豨之乱被平定于高帝十年十二月，在这种情况下，韩信又怎么可能在次年正月谋反。历代以来，诸多文人学士在同情其遭遇之余，或如唐人许浑，于所作《韩信庙》诗中为之辩诬：

> 朝言云梦暮南巡，已为功名少退身。
> 尽握兵权犹不得，更将心计托何人。①

或如唐人刘禹锡（772—842），对汉高祖刘邦无端诛戮功臣的行径，不但予以痛斥，进而指出了这一行径对后世的恶劣影响："将略兵机命世雄，苍黄钟室叹良弓。遂令后代登坛者，每一寻思怕立功。"②

至于"自取其祸说"，虽然部分认可"兔死狗烹说"，却更强调韩信本人的主观因素。这其中，肖振宇倾向于认定："韩信被杀，固然有刘邦等人猜忌残忍的因素，但笔者认为，任何事情的发生，都不是单一原因所促成。韩信被杀，就其自身来讲，确也有致死之因。首先是政治思想的模糊。……其次是位置关系的混乱。……再次是性格心理的高傲。……复次是报复意念的强烈。"③其后，刘玲娣亦尝断言："韩信之死令千古叹惋，探究其悲剧成因可谓代不乏人，但人们论证的焦点，或集中于对封建统治者及其专制制度的责难，或是对韩信反叛与否的辩驳，都未能真正揭示出其悲剧的实质。其实，韩信悲剧的构成，以刘邦为首的封建统治者的残酷是一个方面，但这是外在因素，最直接的原因当在韩信自身，在其自身的人格缺陷。"

---

① （唐）许浑：《韩信庙》，《全唐诗》卷538，中华书局1999年增订本，第6188页。

② （唐）刘禹锡：《韩信庙》，《全唐诗》卷365，中华书局1999年增订本，第4128页。

③ 肖振宇：《试谈韩信被杀的自身原因》，《张家口师专学报》1999年第1期，第35—37页。

在刘先生看来，这类缺陷主要表现为下列三点：热衷于裂土封王，政治理想落后；贪欲自私，利令智昏；居功自傲，恃才轻人。①

倘若追本溯源的话，大体上可以认为：对于韩信人生悲局之因的探讨，其实源自司马迁；一方面，他在《史记·淮阴侯列传》中条列了诸如"弟举兵，吾从此助公"之类的官方记录；另一方面，又在传末"太史公曰"中表达了对韩信人生悲剧的万分惋惜和无限同情："假令韩信学道谦让，不伐己功，不矜其能，则庶几哉，于汉家勋可以比周、召、太公之徒，后世血食矣。不务出此，而天下已集，乃谋畔逆，夷灭宗族，不亦宜乎！"这就在很大程度上导致了后人对韩信死因的不同理解，即便时至今日，仍然难以最终确定韩信究竟是自取其祸还是兔死狗烹。

① 刘玲娣:《人格缺陷与韩信之死》,《河北学刊》2003 年第 5 期，第 195—197 页。

急流勇退的开国元勋：留侯张良的归宿

自古乱世多英雄！也主要得益于秦汉之际的社会动乱，韩国没落贵族张良（？—前185）遂能成长为"汉初三杰"之一。作为刘邦智囊团的核心成员，张良在楚汉相争期间，为刘邦折冲樽俎，运筹帷幄，多次使之转危为安、反败为胜：收买项伯，使刘邦自鸿门宴全身而退；借箸前谋，谏阻刘邦立六国之后。尤其是在韩信"右投则汉王胜，左投则项王胜"[1]的关键时刻，又是他和陈平二人极力敦促刘邦满足韩信封王的意愿，从而使得政治形势朝着有利于刘邦的方向发展，对此，《史记·淮阴侯列传》载之甚详：

> 汉四年，（韩信）遂皆降平齐。使人言汉王曰："齐伪诈多变，反复之国也，南边楚，不为假王以镇之，其势不定。愿为假王便。"当是时，楚方急围汉王于荥阳，韩信使者至，发书，汉王大怒，骂曰："吾困于此，旦暮望若来佐我，乃欲自立为王！"张良、陈平蹑汉王足，因附耳语曰："汉方不利，宁能禁信之王乎？不如因而立，善遇之，使自为守。不然，变生。"汉王亦悟，因复骂曰："大丈夫定诸侯，即为真王耳，何以假为！"乃遣张良往立信为齐王，征其兵击楚。[2]

张良的这一谋划，诚如南宋文士杨万里《读子房传》诗所论："笑赌乾坤看两龙，淮阴目动即雌雄。兴王大计无寻处，却在先生一蹑中。"[3]

明代学者锺惺在所撰《留侯论》中认为："留侯一生作用，着着在事外，步步在人先，其学问操放，全在用人。"[4]姑且不论此说是否准确，张良对于刘邦创建西汉帝国，确实起到了极其重要的辅助作用，也因此被刘邦誉为"运筹策帷帐之中，

---

① 《史记》卷92《淮阴侯列传》，中华书局1959年版，第2622页。
② 《史记》卷92《淮阴侯列传》，中华书局1959年版，第2621页。
③ （南宋）杨万里：《诚斋集》卷21《读子房传》，影印文渊阁《四库全书》本。
④ （明）贺复徵编：《文章辨体汇选》卷402，影印文渊阁《四库全书》本。

决胜千里之外"①的人杰，并在西汉建国之后，因功被封为留侯。不过，张良在中国历史上之所以享有如此高的声誉，其因并不在于他是秦汉之际的政坛风云人物，而在于他宦成名立后的急流勇退。

张良的急流勇退，实乃出自防患于未然的现实考虑，这是因为在他看来，刘邦显然只是一个可以同患难而难以共安乐的勾践式帝王。事实表明他对刘邦的了解极为深刻，诸多为之扫六合、并八荒的股肱重臣，确曾惨遭刘邦毒手而不得善终，譬如韩信，就冤沉在由刘邦"编剧"、吕雉"导演"的一出平叛诛逆的闹剧之中。正是基于此种考虑，张良早在汉初大封功臣之际，就深存降挹、避盈居损，主动请求改封留侯，此则《史记·留侯世家》言之甚明：

> 汉六年正月，封功臣。良未尝有战斗功，高帝曰："运筹策帷帐中，决胜千里外，子房功也。自择齐三万户。"良曰："始臣起下邳，与上会留，此天以臣授陛下。陛下用臣计，幸而时中，臣愿封留足矣，不敢当三万户。"

尔后，时当刘邦从其计而定都关中，张良又"道引不食谷，杜门不出岁余"。②而诸如此类的明哲保身之举，最终使之得以避免重蹈"狡兔死，走狗亨；高鸟尽，良弓藏；敌国破，谋臣亡"③的悲惨下场。

对于张良的晚年行迹，《史记·留侯世家》和《汉书·张陈王周传》所载大体相同，其中《汉书》云：

> 良乃称曰："……今以三寸舌为帝者师，封万户，位列侯，此布衣之极，于良足矣。愿弃人间事，欲从赤松子游耳。"乃学道，欲轻举。高帝崩，吕后德良，乃强食之，曰："人生一世［间］，如白驹之过隙，何自苦如此！"良不得已，强听食。后六岁薨。谥曰文成侯。④

曾经，有人根据这段史料中的"欲从赤松子游耳"，断言张良此后不辞而别、潜心学道；这种论调，至今仍因京剧《张良辞朝》的传唱而颇为流行。然而，此说显然是对上段文字断章取义的产物。从这段史料来看，它无疑包含两层意思，其一

---

① 《汉书》卷1下《高帝纪下》，中华书局1962年版，第56页。
② 《史记》卷55《留侯世家》，中华书局1959年版，第2044页。
③ 《史记》卷92《淮阴侯列传》，中华书局1959年版，第2627页。
④ 《汉书》卷40《张陈王周传》，中华书局1962年版，第2037页。

便是张良本人有意淡出政坛，其二则是在吕后的挽留下，张良其实并未归隐。而吕后之所以加以盛情挽留，则是因为张良曾经为她出谋划策，确保了其子刘盈的皇位继承权。那还是在高帝在位年间，刘邦因为宠幸戚夫人，于是爱屋及乌，有意改立戚夫人之子赵王刘如意为皇储，吕后因此惶恐不安却又无计可施，最终只好拜托张良。张良建议她派人恳请"商山四皓"出山辅佐刘盈：

> 顾上有所不能致者四人。四人年老矣，皆以上嫚侮士，故逃匿山中，义不为汉臣。然上高此四人。今公诚能毋爱金玉璧帛，令太子为书，卑辞安车，因使辩士固请，宜来。来，以为客，时从入朝，令上见之，则一助也。[①]

结果诚如张良所料，刘邦在目睹刘盈得到"商山四皓"辅助之后，从此打消了废立太子的念头。也正因为有着这层关系，对张良心存感激的吕后，在掌权之后予以尊崇有加。

事实上，有关张良的历史之谜，并非辞职归隐或者居官善终，而是究竟下葬于何地。从现存史料来看，最早提及张良墓地所在者，当属《史记·留侯世家》，该篇传记称张良死后下葬于济北（今山东济水之北）谷城山下黄石，据说隋代范阳人卢思道曾在该地见过张良墓，并即刻赋诗一首加以凭吊，其《春夕经行留侯墓》诗云：

> 少小期黄石，晚年游赤松。
> 应成羽人去，何忽掩高封。
> 疎芜枕绝野，逦迤带斜峰。
> 坟荒随草没，碑碎石苔浓。
> 狙秦怀猛气，师汉挺柔容。
> 盛烈芳千祀，深泉闭九重。
> 夕风吟宰树，迟光落下春。
> 遂令怀古客，挥泪独无踪。[②]

不过，时当北齐魏收撰《魏书·地形志中》，却又说徐州彭城郡留县有张良冢、祠。[③] 而魏氏此说，亦非信口开河，这一则因为张良曾经受封于彭城一带，完全有可能归葬于封地；二则因为成书于唐代的《括地志》也曾明确记载说："汉张良墓

---

① 《汉书》卷40《张陈王周传》，中华书局1962年版，第2033—2034页。
② 《文苑英华》卷306卢思道《春夕经行留侯墓》，中华书局1966年版，第1566页。
③ （北齐）魏收：《魏书》卷106中《地形志中》，中华书局1974年版，第2538页。

在徐州沛县东六十五里，与留城相近也。故城在徐州沛县东南五十五里，今城内有张良庙。"① 三则因为据宋人赵明诚《金石录》卷 19 记载，该地曾有"汉张侯残碑"之出土；四则因为晚至明代初年，"于天文、地理、律历、医卜无不究览"② 的南昌人胡俨，也曾在徐州城北六十里处见过张良墓，并作《子房墓》诗感慨道："辟谷何劳禄万钟，功成志就却辞封。分明古墓埋青草，始信空言托赤松。"③

入清以来，有关张良墓地所在的说法更见其多。或如《大清一统志》卷 129，称兖州府"微山上有留侯墓"，或如《陕西通志》卷 70 引旧志，称张良墓"在咸阳县东北三十五里"，或如《山西通志》卷 172 云："汉张良墓，相传在（襄陵）县东四十里龟山之麓。"时至今日，在河南兰考县曹辛庄车站南侧、湖南湘西张家界、山东济宁微山西麓、徐州沛县、陕西汉中等地，皆有张良墓地之发现。而各地主要出于发展旅游业之需要，自然不肯放弃张良这个历史名人，因而纷纷宣称本地的张良墓货真价实，这就更加混淆了视听。

由刘於义等人监修的雍正《陕西通志》曾经分析说："子房隐商山，其家葬其衣冠黄石。后为赤眉所发，黄石亦失，则留侯墓本无确据，必求其地以实之，则凿矣。"④ 此说可谓的论。所有意欲探究张良墓所者，或当铭记于心。

---

① （清）阎若璩:《潜邱札记》卷 3，影印文渊阁《四库全书》本。
② 《明史》卷 147《胡俨传》，中华书局 1974 年版，第 4127 页。
③ （明）胡俨:《颐庵文选》卷下，影印文渊阁《四库全书》本。
④ 雍正《陕西通志》卷 70 附录疑冢小字注，影印文渊阁《四库全书》本。

吕后和戚姬的争斗：汉高祖终不改立皇储之谜

汉高祖刘邦的发妻吕雉（前241—前180），原本是山阳郡单父（今山东单县）人氏，只是其父为逃避仇人的报复而投奔好友、当时任职沛令的某某，这才举家移居沛郡属下的沛县。也正因为是县令大人的座上宾，所以一时间吕家门庭若市，前来拜谒的沛县头面人物络绎不绝，这其中就包括泗水亭长刘季。

刘季虽然后来成了天意的代言人、世俗政权的最高统治者、政治伦理道德的楷模，但在当时，却不仅只是个微不足道的区区亭长，更是个好吃懒做而又劣迹斑斑的混混。不过，就是这个沾染了太多低级趣味的家伙，在"好相人"的吕雉之父看来，却是将来必成大器的伟男子。也因此，他全然不顾老婆的反对，执意将宝贝女儿许配给眼前这个未见任何发迹希望的刘季。而刘季本人，大概连做梦都没有想到他首次登门造访吕府，竟然无须破费，就当场定下了这门亲事。

吕雉过门后的表现相当贤惠，她不但烧饭洗衣、织布耕田、养儿育女，而且对于刘季与狐朋狗友的厮混乃至夜不归宿毫无怨言，时当刘季因为私自释放刑徒而被迫亡命于"芒、砀山泽间"[①]之际，更是独力承担起支撑家庭的重任，还不时长途跋涉，为丈夫送去衣物及食品。

然而，吕雉在秦朝末年的这种清贫生活，较诸她在楚汉交战期间的遭遇，又不啻小巫见大巫。据史书记载，在楚汉战争中，吕雉自从公元前205年夏被项羽俘虏以后，一直被扣为人质，直至公元前203年秋楚汉罢兵言和、中分天下，才回到刘季的身边，这期间所遭遇的艰辛和苦难，自不待言。而她后来之所以如此多疑、刻毒，应当说，与她的这段人生经历不无关系。

公元前202年农历二月甲午，刘季"即皇帝位于汜水之阳"，[②]是为汉高祖。同日，吕雉被立为皇后，其子刘盈被立为皇储。然则此后，吕雉虽然贵为皇后，却也并未因此苦尽甘来；因为戚姬的关系，其子刘盈的皇储地位在相当长时期内，至少

---

① 《汉书》卷1上《高帝纪上》，中华书局1962年版，第8页。
② 《汉书》卷1下《高帝纪下》，中华书局1962年版，第52页。

70

从表面上看来并不稳固，随时都有被废黜的可能。

据《史记·吕太后本纪》记载，定陶人戚姬（？—前194）嫁给刘季，时在公元前206年农历二月刘季被封为汉王之后。由于年轻美貌、能歌善舞，戚姬长期为刘季所宠幸，而刘如意作为他俩爱情的结晶，始则于高帝七年（前200）被封为代王，尔后又于高帝九年（前198）改封为赵王。

但戚姬显然清醒地认识到：仅凭姿色，虽可博得一时的宠幸，却终非长久之策；要想长保富贵，唯有改立亲子为皇储。也正是基于这种考虑，她多次趁机诱使刘邦废黜刘盈。而刘邦，一则难免爱屋及乌，喜欢戚姬之喜欢，讨厌戚姬之讨厌，二则也因为刘盈"为人仁弱"，与自己的性情大相径庭，故而"常欲废太子"。他的这一念头，在刘如意改封赵王之后更是日趋强烈，以至于刘如意"几代太子者数矣"。①

但正如我们所熟知的那样，刘如意最终并没能取代刘盈，成为大汉帝国的第二代君主。对于这其中的缘故，如今的绝大多数学者倾向于将之归结为"商山四皓"出山辅佐刘盈。

所谓"商山四皓"，就是隐居在商山（位于今陕西商县东南）的四位德高望重的饱学之士，也就是东园公（姓庾字宣明）、角里先生（姓周字元道）、绮里季、夏黄公（姓崔字少通）。这四位高人听说刘邦向来不太尊重知识、尊重人才，又喜欢不干不净地骂人，所以一再拒绝刘邦的征召，搞得刘邦很不爽。

据《史记》《汉书》等史书记载，吕后在得知刘邦有意废立太子之后，很焦急同时却又苦无对策，最终只好求助于张良。在吕后使者的恳求下，张良建议说：只需请出"商山四皓"辅佐太子殿下，便可高枕无忧。于是，无计可施的吕后依计行事，让刘盈派人"卑词厚礼"以迎"四皓"。其后事态的发展，正如《汉书·张陈王周传》所云：

及宴，置酒，太子侍。四人者从太子，年皆八十有余，须眉皓白，衣冠甚伟。上怪，问曰："何为者？"四人前对，各言其姓名。上乃惊曰："吾求公，避逃我，今公何自从吾儿游乎？"四人曰："陛下轻士善骂，臣等义不辱，故恐而亡匿。窃闻太子仁孝，恭敬爱士，天下莫不延颈欲为太子死者，故臣等来。"上曰："烦公幸卒调护太子。"四人为寿已毕，趋去。上目送之，召戚夫人指视曰："我欲易之，彼四人为之辅，羽翼已成，难动矣。吕后真乃主矣。"②

①《史记》卷9《吕太后本纪》，中华书局1959年版，第395页。
②《汉书》卷40《张陈王周传》，中华书局1962年版，第2035—2036页。

从这段记载来看，刘邦确实是在目睹"商山四皓"甘愿辅佐刘盈之后最终放弃改立皇储念头的，近来诸多学者也主要以此为据，断定刘盈之所以能够继承乃父的衣钵，正得益于"商山四皓"的出山辅佐，否则，戚姬早就如愿以偿了。

不过，在笔者看来，"商山四皓"的出山对于刘盈确保皇储地位诚然有功，但若因此断言刘盈继位源自"商山四皓"的辅佐，却也未免过于浮浅，至少不够全面。

笔者认为，汉高祖显然是一个乐于吸取历史经验教训者，也因此，他曾经诏令陆贾"试为我著秦所以失天下，吾所以得之者，及古成败之国"。后当陆贾撰成《新语》十二篇，"每奏一篇，高帝未尝不称善"。[1] 至于秦朝之速亡，其因固然不一而足，但皇位传承非人，也即二世皇帝不堪承嗣，乃是其中显而易见的重要因素。对此，刘邦既不容不知，也理当引以为戒，从而在废立太子问题上慎之又慎。唯其如此，他虽然出于情感因素，有意改立刘如意为皇储，却又鉴于前史，不敢贸然废黜刘盈。因而刘邦虽然一再向戚姬许诺，但实际上却是口惠而实不至。他的这种心态，大概与时下的绝大多数婚外恋者相似。此其一。

其二，尽管吕雉已然年老色衰而失宠，然而，一则因为她毕竟是与刘邦共患难同忧戚的结发夫妻，二则又曾"佐高祖定天下，所诛大臣多吕后力"，[2] 更为重要的是，吕雉无论个人能力还是政治势力，都远非戚姬所能比拟（周昌的冒死力谏，张良的暗中出谋划策，皆其显例）。由此而导致的结果则是：从情感因素来看，刘邦对于吕雉及其子刘盈，不可能完全没有感情；从利害关系来说，一旦废黜刘盈，势必牵一发而动全身，甚而破坏对草创未久的大汉帝国最迫切需要的稳定局面，而这种结局显然不是历经千辛万苦方才化家为国的刘邦所乐见的。

因而笔者认为：刘盈之所以能够保有其太子身份，其关键并不在于"商山四皓"的相助，而是刘邦在权衡利弊之后而加以选择的结果。

作为这场不见硝烟的皇位继承权争夺战的失败者，戚姬在刘邦驾崩之后，顺理成章地被恨之入骨的吕后幽禁在永巷。不过，吕后最初似乎仅仅将之幽禁而已，毕竟失去刘邦保护的戚姬，已经难以构成威胁。但问题在于，曾经无限风光的戚姬对于现状颇有怨言，每日一边做苦力一边唱歌："子为王，母为虏，终日舂薄暮，常与死为伍！相离三千里，当谁使告女？"[3] 她的这种埋怨彻底激怒了吕后，从而使之将长期的积怨不可阻遏地发泄出来，始则强征赵王刘如意进京并伺机加以毒死，

---

① 《史记》卷97《郦生陆贾列传》，中华书局1959年版，第2699页。
② 《史记》卷9《吕太后本纪》，中华书局1959年版，第396页。
③ 《汉书》卷97上《外戚列传上》，中华书局1962年版，第3937页。

尔后又残忍地"断戚夫人手足，去眼，煇耳，饮瘖药，使居厕中"。[①]

据《史记·吕太后本纪》记载，吕后在将戚姬处理成"人彘"后数日，拉着汉惠帝刘盈前去欣赏。但当刘盈得知茅厕中那血肉模糊的怪物乃戚夫人时，不仅失声痛哭，而且深自愧疚，并"以此日饮为淫乐，不听政，故有病也"，[②] 因而仅仅做了七年皇帝，就驾崩了。执此而论，吕后其实也并非这场帝位争夺战的真正赢家。

历代以来，颇有文人认定汉惠帝之死未必不是吕后所希冀的，因为此后，她就可以名正言顺地成为帝国的最高统治者。但诸如此类的评说，其实似是而非。这一则因为，吕后既然千方百计地保住了刘盈的帝位，于情于理，也绝不可能巴望亲子早死；二则因为，假如吕后有意操控朝政，也完全可以利用刘盈的柔弱性格加以幕后操纵。事实上，在失去汉惠帝之初，她对于朝政的控制由于失去了法理依据而一度陷于相当微妙的处境之中。

众所周知，在吕后驾崩之后，她的娘家人据说有意篡夺汉家天下，唐代诗人杜牧（803—852）遂以此为据，认为商山四皓当年真该拒绝出山辅佐刘盈，否则，既不会有吕后的专权，更不会有"诸吕之乱"，其《题商山四皓庙一绝》云：

> 吕氏强梁嗣子柔，我于天性岂恩仇。
> 南军不袒左边袖，四老安刘是灭刘。[③]

杜氏此法看似合理，其实颇为荒唐；相比较而言，他对这一问题的认识，远不如清代女诗人袁绥所作的《咏史》诗："四皓安刘非助吕，戚姬空自泪纵横。若教如意为天子，未必能如孝惠明。"[④] 确实很难想象，假如戚姬母子是这场帝位争夺战的胜利者，那么，刘邦所创立的西汉皇朝（前202—8）能否像我们所知的那样，存续二百余年之久。

---

① 《史记》卷9《吕太后本纪》，中华书局1959年版，第397页。
② 《史记》卷9《吕太后本纪》，中华书局1959年版，第397页。
③ （唐）杜牧：《题商山四皓庙一绝》，《全唐诗》卷523，中华书局1999年增订本，第6034页。
④ （民国）徐世昌辑：《晚晴簃诗汇》卷187袁绥《咏史》，中华书局2018年版，第8496页。

贾谊的人生路：怀才不遇抑或少年得志

洛阳人贾谊（前200—前168），是西汉初年才华横溢的政论家。其《过秦论》《治安策》等鸿篇巨制，既洋溢着对政治现实深邃的洞察力，也提出了诸多足以解决时弊的卓越见解。然而，正如自古红颜多薄命，少年英才亦夭寿。这位年轻政论家的生命也同样非常短促，年仅三十三岁就与世长辞。

与后来那些由"经明行修"模铸而成的士大夫们明显不同的是，贾谊在西汉政治生活史上，无疑是以文才见长的士人的典型代表。他早年因为"颇通诸家之书"而被征入汉廷，成为当时最年轻的博士官，尔后又在较短的时间内，迅速超迁为太中大夫，参与一系列仪法、制度的拟定。但是，就在贾谊深得文帝信用并被准备提拔到更高职位的时候，却遭到了周勃、灌婴、张相如、冯敬等开国勋贵的排斥和诋毁，被诬陷为"年少初学，专欲擅权，纷乱诸事"。[①] 尽管当时文帝完全清楚贾谊在弱化诸侯王势力、加强中央集权问题上出力甚多，却因为不愿得罪周勃等人，故而逐渐疏远贾谊，最终将之贬为长沙王太傅。后来，文帝虽也曾将贾谊由长沙召至京师，但随即又把他外放，此则《史记·屈原贾生列传》记载甚详：

> 后岁余，贾生征见。孝文帝方受厘，坐宣室。上因感鬼神事，而问鬼神之本。贾生因具道所以然之状。至夜半，文帝前席。既罢，曰："吾久不见贾生，自以为过之，今不及也。"居顷之，拜贾生为梁怀王太傅。[②]

而贾谊此去，实际上也走上了不归路；数年后，因为梁怀王在骑马时不慎摔死，贾谊自伤作为太傅未能尽职，常常哭泣自责，一年后亦死。

综观贾谊一生，其人生轨迹完全可以贬官长沙为界分为前后两段。很显然，贾谊在遭受了这一挫折之后，他曾经所有的积极进取的政治作风和意气风发的精神面

---

① 《汉书》卷48《贾谊传》，中华书局1962年版，第2222页。
② 《史记》卷84《屈原贾生列传》，中华书局1959年版，第2502—2503页。

貌几乎荡然无存，取而代之的则是多愁善感和敏感纤细，而在赶赴长沙、途径湘水之时，他的这种抑郁难释的情怀，终于迸发为千古奇文《吊屈原赋》：

> 共承嘉惠兮，俟罪长沙。侧闻屈原兮，自沈汨罗。造托湘流兮，敬吊先生。遭世罔极兮，乃陨厥身。呜呼哀哉，逢时不祥！……凤皇翔于千仞之上兮，览德辉而下之；见细德之险（微）[征]兮，摇增翮逝而去之。彼寻常之污渎兮，岂能容吞舟之鱼！横江湖之鱣鲸兮，固将制于蝼蚁。①

在该文中，贾谊既追怀屈原，又自我伤悼身世，进而由自己的身世遭遇而感慨时世的不祥不淑，由自己的不遇、失宠而责备、谴责整个时代的无理。假如说《吊屈原赋》所抒发的只是遭谗被贬的愤懑心情，那么此后，他的愤世嫉俗的情怀却也日益消退，逐渐蜕变成为消沉，最终在失意困顿、自以为怀才不遇的哀伤中，走向生命的尽头。

事实上，不但贾谊本人自以为怀才不遇，而且后世诸多史家、文人也倾向于将贾谊视为怀才不遇者的典型代表。例如司马迁的《史记》，显然认为贾谊虽有忠君爱国之志、济世经邦之才，却由于生不逢时、无以施展抱负，因而将之与伟大的爱国诗人屈原列入同一篇传记之中，是为《屈原贾生列传》。与此同时，也正出于对贾谊怀才不遇的同情，历代以来颇有诗人为贾谊打抱不平，甚至因此声讨汉文帝的刻薄寡恩，而此类诗作在唐代尤为盛行，譬如刘长卿《长沙过贾谊宅》诗云：

> 三年谪宦此栖迟，万古惟留楚客悲。
> 秋草独寻人去后，寒林空见日斜时。
> 汉文有道恩犹薄，湘水无情吊岂知。
> 寂寂江山摇落处，怜君何事到天涯。②

至如李商隐的七绝诗《贾生》，更是用辛辣的笔调，将汉文帝贬为刻薄寡恩的昏君：

> 宣室求贤访逐臣，贾生才调更无伦。

---

① 《史记》卷 84《屈原贾生列传》，中华书局 1959 年版，第 2493—2495 页。
② （唐）刘长卿：《刘随州集》卷 9，影印文渊阁《四库全书》本。

可怜夜半虚前席，不问苍生问鬼神。①

千载而下，李义山的这种观感，得到了清人袁枚的遥相呼应："不问苍生问鬼神，玉溪生笑汉文君。请看宣室无才子，巫蛊纷纷死万人。"②

然而，尽管贾谊本人自诩为怀才不遇的政治失意者，虽然自古以来也确有不少学者文人颇予认同，但与此同时，质疑贾谊怀才不遇之说者，历史上也大有人在。其理由主要是贾谊的早夭虽然带有悲剧性，但他的许多政治主张，诸如削弱侯国势力、严定等级制度、重农务本、崇礼化俗、抚御外族等，实际上已为汉初统治者所接受并被付诸实施。从纵向来看，最早主张贾谊实非怀才不遇者，当属东汉史家班固，其《汉书·贾谊传》卷末"赞曰"：

刘向称"贾谊言三代与秦治乱之意，其论甚美，通达国体，虽古之伊、管未能远过也。使时见用，功化必盛。为庸臣所害，甚可悼痛。"追观孝文玄默躬行以移风俗，谊之所陈略施行矣。及欲改定制度，以汉为土德，色上黄，数用五，及欲试属国，施五饵三表以系单于，其术固以疏矣。谊（以天）[亦天]年早终，虽不至公卿，未为不遇也。③

对于班固的这个评论，北宋政治家王安石既颇有同感，进而又赋诗一首遥相呼应，其与唐李商隐所作同名诗《贾生》云：

一时谋议略施行，谁道君王薄贾生？
爵位自高言尽废，古来何啻万公卿。④

诚如王安石《贾生》诗所云，帝王对臣子施恩之厚薄，其实并不在于所赐官职爵位之高低，而在于是否采纳他们有利于国计民生的政治主张；如果加以采纳并予以颁行，就是恩深；否则，即使所赐予的官爵再高，也只能算是薄恩。

时至今日，秉持贾谊少年得志之说的学者，其数亦复不少，譬如于迎春先生就在所著《秦汉士史》一书中指出："平心而论，以三十三岁的生命，就贾谊所涉足

① （唐）李商隐：《贾生》，《全唐诗》卷540，中华书局1999年增订本，第6261页。
② （清）袁枚：《随园诗话》卷16"文帝问鬼神"条，崇文书局2017年版，第188页。
③ 《汉书》卷48《贾谊传》，中华书局1962年版，第2265页。
④ 王水照主编：《临川先生文集》卷32《贾生》，《王安石全集》第五册，复旦大学出版社2016年版，第647页。

的政坛和已有的政治经历，不能说是不幸的。他的浓郁的'不遇'之感，他的难以摆脱的内心抑郁，与其说是对其仕途升迁、朝廷论议的客观事实的评估，不如说是来自他高度的自视、自期与遭廷臣短损之间所形成的强烈的挫折感。对于发生于他志得意满之时的这一挫折，这位才能秀美之士缺乏精神准备，无力撑持自己，他几乎是哀怨至极地面对了他残存的命运。"①

　　对于贾谊生前遭际的这两种观感，既如此泾渭分明，也势必在可以预计的将来长期并立共存。贾谊究竟是怀才不遇抑或少年得志，这一历史之谜的起因，显然在于解读者的立场和视角的差异；其实，我们今天所谓的许多"历史之谜"，又何尝不是如此呢？！

---

　　①　于迎春：《秦汉士史》，北京大学出版社 2000 年版，第 208 页。

鱼龙混杂：贾谊《新书》的真伪

西汉文帝在位年间，虽然政局粗安，却内有诸侯王国势力的潜在威胁，外有匈奴的不断侵扰。于是，有识如贾谊者，有针对性地提出了一系列意见和建议，以期"建久安之势，成长治之业"。[①] 而其《新书》所录，就是他在奏策时另作的抄疏，据说原收政论、散文72篇，后经刘向整理，删定为58篇。

贾谊此书在《汉书·艺文志》被录为"贾谊五十八篇"，其"新书"之名实乃后起，或以为乃刘向校理后奏上时所题，或以为始于南朝刘勰所著的《文心雕龙·诸子篇》。至于其卷数，亦有所出入，其中《隋书·经籍志》《新唐书·艺文志》《中兴馆阁书目》《郡斋读书志》等录为10卷，《旧唐书·经籍志》录为9卷，《崇文总目》录为19卷，《直斋书录解题》录为11卷，目前仅存10卷56篇（详见下表）。人们通常将两宋之前各类典籍所著录的有关《新书》篇目内容称为古本《新书》，而将宋代开始流行的《新书》版本称为今本《新书》。

今本《新书》目录

卷一	过秦上、过秦下、宗首、数宁、藩伤、藩强、大都、等齐、服疑、益壤
卷二	权重、五美、制不定、审微、阶级
卷三	俗激、时变、瑰玮、孽产子、铜布、壹通、属远、亲疏危乱、忧民、解县、威不信
卷四	匈奴、势卑、淮难、无蓄、铸钱
卷五	傅职、保傅、连语、辅佐、问孝（阙）
卷六	礼、容经、春秋
卷七	先醒、耳痹、谕诚、退逊、君道
卷八	官人、劝学、道术、六术、道德说
卷九	大政上、大政下、修政语上、修政语下
卷十	礼容语上（阙）、礼容语下、胎教、立后义、传

---

① （西汉）贾谊：《新书》卷1《数宁》，辽宁教育出版社1998年版，第6页。

由于今本《新书》与古本《新书》无论篇目抑或内容都有所出入，因而有人就怀疑其真伪。首先发难者当属南宋目录学家陈振孙："贾子十一卷，汉长沙王太傅洛阳贾谊撰。《汉志》五十八篇，今书首载《过秦论》，末为《吊湘赋》，余皆录《汉书》语，且略节《谊》本传于第十一卷中。其非《汉书》所有者，辄浅驳不足观，决非谊本书也。"① 继陈振孙之后的怀疑派，一类以姚鼐为代表，视《新书》为伪作，其《惜抱轩文集》卷5《辨贾谊新书》云：

贾生书久不传矣，世所有云《新书》者，妄人伪为者耳。班氏所载贾生之文，条理通贯，其辞甚伟，及为伪作者分晰，不复成文，而以陋辞联厕其间，是诚由妄人之谬，非传写之误也。②

姚鼐不但认为《新书》乃"妄人伪为"，而且断定作伪者乃"魏晋后人"。其依据主要是《新书·等齐》有关"天子妃，号曰后。诸侯妃，号曰后。然则诸侯何损而天子何加焉？……天子卑号皆称陛下，诸侯卑号称陛下，……然则所谓主者安居，臣者安在"的这段记载，在他看来，至少存在以下两处常识性错误："易王后曰妃，自魏、晋始。……若皇帝，臣下称之曰陛下，此是秦制，周末列国诸王所未有，则汉诸侯王必不袭用秦皇帝之制，而使其国臣称曰陛下，而伪为贾生书及之，此必后人臆造，非事实也。"③ 另一类则以《四库全书总目》为代表，以为"其书不全真，亦不全伪"，而"不全真"的主要根据，在于"其书多取谊本传所载之文，割裂其章段，颠倒其次序，而加以标题，殊瞀乱无条理"。④

不过，无论是姚鼐的"伪作"说，还是四库馆臣的"不全真"说，都受到了后代学者的批评，前者如卢文弨，以为《新书》"非贾生所自为也，乃习于贾生者萃其言以成此书耳"，进而认定"萃而为之"者，"其去贾生之世不大相辽绝"，"其规模节目之间，要非无所本而能凭空撰造者"，"魏晋人绝不能为"，基本肯定《新书》乃贾谊所作；⑤ 后者如余嘉锡《四库提要辨证》卷10云：

① （南宋）陈振孙：《直斋书录解题》卷9，徐小蛮、顾美华点校，上海古籍出版社1987年版，第270页。

② （清）姚鼐：《惜抱轩诗文集·文集》卷5《辨贾谊新书》，刘季高标校，上海古籍出版社1992年版，第71页。

③ （清）姚鼐：《惜抱轩诗文集·文集》卷5《辨贾谊新书》，刘季高标校，上海古籍出版社1992年版，第71页。

④ 《四库全书总目》卷91"《新书》十卷"提要，中华书局1965年版，第771页。

⑤ （清）卢文弨：《抱经堂文集》卷10《书校本贾谊新书后（己亥）》，王文锦点校，中华书局1990年版，第141—142页。

　　案班固于谊本传录其《治安策》，先言"谊数上疏陈政事，多所欲匡建，其大略曰"云云，夫曰大略，则原书固当更详于此矣。《传赞》又曰："……凡所著述五十八篇，掇其切于世事者，著于传。"颜师古《注》亦曰："谊上疏言可为长太息者六，今此至三而止，盖史家直取其要切者耳。"然则班固于其所上之疏，凡以为疏而不切者，皆不加采掇。其他泛陈古义，不涉世事者，更无论也。故凡载于《汉书》者，乃从五十八篇之中撷其精华，宜其文如万选青钱。后人于此数篇，童而习之，而《新书》则读者甚寡。其书又传写脱误，语句多不可解，令人厌观。偶一涉猎，觉其皆不如见于《汉书》者之善，亦固其所。……则班固之掇五十八篇之文，翦裁镕铸，煞费苦心。试取《汉书》与《新书》对照，其间斧凿之痕，有显然可见者。①

　　换言之，在余先生看来，《新书》中的《事势》篇显然为贾谊自著，至于《连语》《杂事》诸篇，则为其"与门人讲学之语"及"平日所称述诵习者"，"皆不必贾生手著"。②

　　综上可见，有关贾谊《新书》的真伪之争虽然由来已久，但争论的焦点无非是《新书》今本、古本在篇目及内容上的差异。这些差异的产生，一方面源自班固《汉书》对《新书》连缀增饰，另一方面来自《新书》本身在流传过程中产生的遗漏和错讹。迄今为止，尽管怀疑派暂处劣势，但若就此断定这场学术争论已可结束，却又未免为时尚早。不论怀疑派还是肯定派，要想真正说服对方，显然都还需要提供充分而又确凿的论据。

　　相比较而言，王洲明《〈新书〉非伪书考》一文的观点虽然因袭了卢文弨、余嘉锡的旧说，但较诸卢、余的考辨和论述，却更为详尽。首先，王洲明认为姚鼐的"伪作"说之所以错误，一是因为他误解了"妃"字在《新书·等齐篇》中的含义，二是因为他没有估计到汉承秦制的事实和诸侯王越轨自僭的可能性；其次，《〈新书〉非伪书考》在纵向考察历代典籍有关《新书》的著录情况之后，指出今本《新书》和古本《新书》应当出于同一个系统，完全可作为研究贾谊思想及其文学成就的根据。为了证明《新书》不是一部伪书，不是后人割裂《汉书》拼凑而成，《〈新书〉非伪书考》还具体地对比了《汉书》和《新书》的相关章节，发现前者所载，既不如《新书》合理，又有明显删削《新书》的斧凿痕迹。王洲明最后从贾谊的学术渊源、《新书》遣词造句多有重出之例这两个方面试图说明：不但《事势》部分

---

　　① 余嘉锡：《四库提要辨证》卷10，云南人民出版社2004年版，第459—461页。

　　② 余嘉锡：《四库提要辨证》卷10，云南人民出版社2004年版，第467页。

出自贾谊之手，即便是《连语》《杂事》部分，也基本上出自贾谊之手，而绝非后人所伪造。①

---

① 王洲明：《〈新书〉非伪书考》，《文学遗产》1982 年第 2 期，第 17—28 页。

统御万方的威仪:"万岁"何时专称皇帝

众所周知,在中国的帝制时代曾经响彻云霄的"万岁",这个至高无上的代称,乃是专制皇权在形式上的一种表现,两千多年来,除了皇帝本人,谁也不敢将自己与"万岁"联系在一起,即便是权倾朝野的明代大宦官魏忠贤,虽然把黄袍当内衣穿,却也只以"九千岁"自居,而不敢再越雷池一步。

"万岁"作为皇帝的代称,"考古逮周,未有此礼"①。而张淏《云谷杂纪》,也说"万岁之称不知起于何代,商周以前不复可考"。②事实上,不但西周之前未曾有"万岁"之称呼,即便是在西周中晚期,也不见有"万""岁"两字连用的实例。

不过,西周中晚期"万""岁"两字虽尚未连用,但已经出现了大体上与"万岁"同义的词语,诸如"眉寿无疆""万年无疆""万寿"等等。据王春瑜《"万岁"考》考证,这类词语主要有三种用途,③其一便是被解释成为"传之子孙后代、永远私有"的意思,这在当时的金文中时或可见,譬如"眉寿周邦,是保其万年无疆,子子孙孙,永保永享",又如"唯黄孙子系君叔单作鼎,其万年无疆,子孙永宝享";其二,用作祝福语,例如《小雅·南山有台》云:

南山有台,北山有叶。乐只君子,邦家之基。乐只君子,万寿无期。……南山有桑,北山有杨。乐只君子,邦家之光。乐只君子,万寿无疆。

其三,用作欢呼语,譬如《诗经·豳风·七月》中的"跻彼公堂,称彼兕觥,万寿无疆",它描写了人们在历经一年的辛勤劳作之后举行欢庆仪式的场面,此处的"万寿无疆",正是人们举杯痛饮时所发出的欢呼语。

---

① (北宋)高承:《事物纪原》卷1"万岁"条,(明)李果订,金圆、许沛藻点校,中华书局1989年版,第34页。

② (南宋)张淏:《云谷杂纪》卷2,影印文渊阁《四库全书》本。

③ 王春瑜:《"万岁"考》,《历史研究》1979年第9期,第89—91页。

时至战国时期，随着时间的推移和语言学的发展，出现于西周中晚期的“万年无疆”等词语，不但逐渐简化成为“万岁”，而且日益频繁地为人们所使用。从战国到西汉初年的应用情况来看，“万岁”一词主要包含两层含义。

第一层，保存了它原有的用途，被用于表达庆贺欢呼之情，这与俄语中的“乌拉”一词颇为相近。譬如战国后期，冯谖受孟尝君之派遣，前往薛（今山东滕州南）收取债息，到薛后，始则“使吏召诸民当偿者悉来合券”，尔后又自作主张，“因烧其券”，结果“民称万岁”；① 又如《史记·廉颇蔺相如列传》记载说，时当蔺相如手捧稀世珍宝和氏璧“奏秦王，秦王大喜，传以示美人及左右，左右皆呼万岁”；② 再如西汉建国之初，陆贾奉诏撰写《新语》，“每奏一篇，高帝未尝不称善，左右呼万岁”③。

第二层，被用作“死亡”的讳称。如《战国策·楚策一》记载，那年楚王游云梦，仰天而笑曰：“寡人万岁千秋之后，谁与乐此矣？”安陵君对曰：“大王万岁千秋之后，愿得以身试黄泉，蓐蝼蚁，又何如得此乐而乐之？”④ 又如汉高祖刘邦在定都关中后曾说：“吾虽都关中，万岁之后吾魂魄犹思沛。”⑤ 显而易见的是，无论是楚王的“寡人万岁千秋之后”，还是刘邦在眷恋故乡时所说的“万岁之后”，都是讳称死亡。这种用法，较诸卒、逝、谢世、盍世、不讳、不禄、殒命、捐馆舍、弃堂帐、启手足之类，虽略显特别，却与后来被神圣化了的“万岁”词意大相径庭。

那么，“万岁”一词究竟从何时开始成为皇帝的代称？对此，学界众说纷纭。这其中，穆福田先生在其大作《“万岁”的称谓和威仪》中，认为时在西汉建国之初。⑥ 据《史记·刘敬叔孙通列传》记载，当时，叔孙通建议汉高祖刘邦应该立即制定一整套朝廷礼仪，否则不利于维护皇帝的尊严，结果他的这个建议被刘邦欣然采纳，并负责制定相应的制度规范。令汉高祖惊喜万分的是，在这套礼仪颁行之后，每逢早朝，“殿上群臣皆呼万岁”，朝廷上下显得井然有序，刘邦因此感叹道：“吾乃今日知为皇帝之贵也。”⑦ 此后，叔孙通所制定的这套礼仪制度，又被不断地补充、

---

① 《战国策笺证》卷11《齐策四》，（西汉）刘向集录，范祥雍笺证，范邦瑾协校，上海古籍出版社2018年版，第621页。

② 《史记》卷81《廉颇蔺相如列传》，中华书局1959年版，第2440页。

③ 《史记》卷97《郦生陆贾列传》，中华书局1959年版，第2699页。

④ 《战国策笺证》卷14《楚策一》，（西汉）刘向集录，范祥雍笺证，范邦瑾协校，上海古籍出版社2018年版，第766—767页。

⑤ 《汉书》卷1下《高帝纪下》，中华书局1962年版，第74页。

⑥ 穆福田：《“万岁”的称谓和威仪》，载《人民日报》理论版短文选《放言录》，四川人民出版社1985年版，第290—293页。

⑦ 《史记》卷99《刘敬叔孙通列传》，中华书局1959年版，第2723页。

修订而愈益完善。也因此，穆福田先生认定"万岁"成为皇帝的专称，始于汉高祖刘邦。

与此同时，王春瑜《"万岁"考》又认为"万岁"成为皇帝的代名词，始于汉武帝刘彻，是刘彻精心炮制的政治谎言。王先生此说直接的史料依据，则是《汉书·武帝纪》的下列记载：

> （元封元年）春正月，行幸缑氏。诏曰："朕用事华山，至于中岳，……翌日亲登嵩高，御史乘属、在庙旁吏卒咸闻呼万岁者三。登礼罔不答。其令祠官……独给祠，复亡所与。"……（太始三年二月）幸琅邪，礼日成山。登之罘，浮大海。山称万岁。[①]

其旁证则是：从此以后，不但皇帝宝座前的"万岁"之声不绝于耳，而且不少儒生将"万岁"视为皇帝的御用品，极力反对他人使用，一旦冒用，则目为大逆不道。譬如《后汉书·韩棱传》记载说，大将军窦宪在汉和帝的诏令下，赶到长安祭祀西汉帝陵，当时"尚书以下议欲拜之，伏称万岁"，而韩棱却严肃地指出："夫上交不谄，下交不黩，礼无人臣称万岁之制。"结果"议者皆惭而止"。[②]

然而，无论是穆福田先生的主张，还是王春瑜先生的观点，都似乎不尽与史实相吻合。因为在汉武帝身后，"万岁"其实并未成为皇帝的专称。从史书的相关记载来看，两汉时期除皇帝外，皇太子同样也可以"万岁"自居，东汉和帝的胞弟刘万岁更是以"万岁"为名。事实上，在汉唐之际，称人臣为"万岁"的事例，可谓不胜枚举。例如名士李固在汉桓帝即位初年被无罪释放后，"京师市里皆称万岁"[③]。又如唐代宗永泰元年（765）十月，郭子仪与回纥会盟，执酒为誓，子仪酹地曰："大唐天子万岁！回纥可汗亦万岁！两国将相亦万岁！有负约者，身殒陈前，家族□□。"[④]

事实上，时至北宋，"万岁"才被严格地用作皇帝的专称。据《宋史·寇准传》记载，宋太宗淳化年间，同知枢密院事寇准某日出行，途遇一精神病患者"迎马呼

---

① 《汉书》卷6《武帝纪》，中华书局1962年版，第190、206—207页。
② （南朝宋）范晔：《后汉书》卷45《韩棱传》，（唐）李贤等注，中华书局1965年版，第1535页。
③ （南朝宋）范晔：《后汉书》卷63《李固传》，（唐）李贤等注，中华书局1965年版，第2087页。
④ 《资治通鉴》卷223唐代宗永泰元年条，中华书局1956年版，第7181—7182页。

万岁"，①结果被其政敌告发，随即被降为青州知州。大臣被人误称万岁，尚且要受降职处分，而一旦老百姓自称"万岁"，其后果更是不堪设想。《宋史·曹利用传》记载说，曹利用从子曹汭，有一天因为饮酒过度，"令人呼万岁"，结果被人检举后杖责而死。②不过，"万岁"在北宋一代究竟何时被严格用作皇帝的专称，却似乎难以考证。

由此可见，"万岁"一词从出现到最终成为皇帝的专称，实际上经历了一个长期而又复杂的演变过程。这一过程的长期性和复杂性，从一个侧面反映出皇权和士权在不同历史阶段的强弱转换；而这一过程的完成，则又表明皇帝在与朝臣的权力争夺中最终取得了压倒性的胜利，中国历史也由此过渡到专制皇权高度强化的阶段。然而，也正由于权力斗争的相对隐蔽及其难以被量化，因而后人很难断定"万岁"究竟何时为皇帝所独占，从而使得这个问题成为难以解答的历史之谜。

---

① 《宋史》卷281《寇准传》，中华书局1977年版，第9528页。

② 《宋史》卷290《曹利用传》，中华书局1977年版，第9708页。

未能如愿的西汉名将：李广为何不得封侯

西汉名将李广（？—前 119），戎马一生，与匈奴大小七十余战，却位不得封侯、官不过九卿，终以"失道后期"①被责，遂乃愤而自杀。对此，历代以来，世人莫不惜其才，哀其遇，为之扼腕叹息。于是，每当外敌压境、边帅无能时，人们想起了他："但使龙城飞将在，不教胡马度阴山。"②而每当吏治黑暗、赏罚不明之时，世人又往往借其不幸，抒发自己的不平之鸣："汉室需材访隐沦，贩缯屠狗各求伸。可怜风雪南山下，别有当年射虎人！"③元人黄缙（1277—1357）的这首《独坐漫书》诗，即其显例。

据《史记·李将军列传》记载，李广生前，曾对自己为国效劳却不得封侯的处境耿耿于怀，某日与算命先生王朔的闲谈中问道："自汉击匈奴而广未尝不在其中，而诸部校尉以下，才能不及中人，然以击胡军功取侯者数十人，而广不为后人，然无尺寸之功以得封邑者，何也？岂吾相不当侯耶？且固命也？"而王朔回答说："祸莫大于杀已降，此乃将军所以不得侯者也。"④李、王二人的这段对答，虽然因为充斥着过多的天命及因果报应的观念而不值得予以特别关注，却在事实上开启了后世对"李广为何不得封侯"问题的探讨。

这其中，"初唐四杰"之一的王勃，在所撰《滕王阁诗序》中，将个中原因归结为汉武帝的不予重用及卫青的压制。不过，王勃的这一感性认识，虽然近来得到了诸如宋怀仁《李广不得封侯考辨》、萧平汉《军功不够是"李广难封"的根本原因》诸文的遥相呼应，却也正如王夫之所论有违史实：

广出塞而未有功，则曰"数奇"，无可如何而姑为之辞尔。……卫青之令出东

---

① （南朝宋）范晔：《后汉书》卷 28 下《冯衍传下》注引《史记》，（唐）李贤等注，中华书局 1965 年版，第 984 页。

② （唐）王昌龄：《出塞》，《全唐诗》卷 18，中华书局 1999 年增订本，第 184 页。

③ 《元音》卷 7 黄缙《独坐漫书》，影印文渊阁《四库全书》本。

④ 《史记》卷 109《李将军列传》，中华书局 1959 年版，第 2873—2874 页。

道避单于之锋，非青之私也，阴受武帝之戒而虑其败也。方其出塞，武帝欲无用，而固请以行，士大夫之口啧啧焉，武帝亦聊以谢之而姑勿任之，其知广深矣。……置广于不用之地，姑以掣匈奴，将将之善术，非士大夫流俗之所测，固矣。东出而迷道，广之为将，概可知矣。①

近来，高兵先生更是以凿实的史事为依据，加以断然否定："李广有子三人，长子为郎早死；李广在世时武帝就拜其次子椒为代郡太守，也先广而死；三子敢以校尉从骠骑将军击胡有功，赐爵关内侯，食邑二百户。李广死后代广为位列九卿的郎中令。汉武帝对李广的后人尚且如此重用，一旦立功即封侯赐爵，待以不次之位，难道他单单排挤李广了吗？……从卫青一贯的为人处事即可得出结论，……卫青对李广毫无排挤可言。"②而在北宋学者何去非看来，其因则在于李广治军不严，其《何博士备论》卷上"李广论"条云：

昔者，李广之为将军，其才气超绝，汉之边将无出其右者。自汉师之加匈奴，广未尝不任其事，……而广每至于败衂废罪，无尺寸之功以取封爵，卒以失律自裁，以当幕府之责。当时后世之士，莫不共惜其材而深哀其不偶也。窃尝究之，以广之能而遂至于此者，由其治军不用纪律，此所以勋烈爵赏皆所不与，而又继之以死也。

对于诸如此类的推测，宋人黄震颇不以为然，转而认定李广之所以"困踬终身"而不得封侯，其因就在于他"每战辄北"。③然则黄氏此言，亦非至论，这是因为：假如李广果真"每战辄北"，又何以"匈奴闻之，号曰'汉之飞将军'，避之数岁，不敢入右北平"？④但即便如此，迄今仍有不少论著，譬如吕锡生先生的《略论卫青的出身、战功、将才》，仍将黄氏此说奉为圭臬。

与唐、宋学者略有不同的是，能文能武的元初重臣张弘范（1238—1280），在其所作《读李广传》诗中，认为李广虽则生不封侯，却并无遗恨可言：

弧矢威盈塞北屯，汉家飞将气如神。

① （清）王夫之：《读通鉴论》卷3，舒士彦点校，中华书局1975年版，第63页。
② 高兵：《也谈李广难封的原因》，《齐鲁学刊》1995年第1期，第94—98页。
③ 黄震：《黄氏日抄》卷47《读史二·汉书》，《黄震全集》第五册，张伟、何忠礼主编，浙江大学出版社2013年版，第1590—1591页。
④ 《史记》卷109《李将军列传》，中华书局1959年版，第2871页。

　　但教千古英名在，不得封侯也快人。①

　　张弘范的这种认识，虽自出心裁、不落恒蹊，却也并未减弱今人探讨"李广为何不得封侯"问题的兴趣。

　　当下学界对"李广为何不得封侯"问题的考辨，大抵始于高敏《"李广难封"的原因何在？》。只是这篇文章，实际上仅仅重申了与唐人王勃相类似的观点。②其后，姚小鸥在质疑高敏之说的同时，认为李广难封的直接原因是其积功未达到封侯的标准。③姚小鸥此说虽为萧平汉《军功不够是"李广难封"的根本原因》所因袭，却也遭到高兵先生的驳斥。在高兵先生看来，李广的"自负其能"才是他终身不得封侯的关键所在；他的这种"自负其能"，特出地表现在领兵作战时徒逞匹夫之勇，而不善于调兵遣将以发挥整体作战功能。④至如张继文《试论李广终不得封的原因》，则从以下四个方面加以解释：一是当时官府用人"论资排辈"而非以德才取人；二是封建世袭制度及裙带关系；三是李广老实忠厚，不会阿谀奉承，左右逢源；四是嫉贤妒能之辈对李广的陷害。⑤

　　此外，姬源的《一位浪漫主义将领的悲剧——析李广难封》，虽然重弹了诸如"汉武帝的压制和迫害乃李广不得封侯的关键所在"之类的老调，却又同时归因于李广与时代潮流背道而驰的疾恶如仇、敢死好名、廉洁爱士的性格特征；⑥而孙敏的《"李广难封"之谜》，则以调侃的笔法，从厚黑学的角度，探讨了李广不得封侯的原因，也就是"不会讨圣上之好""不谙官场之道""不会搞裙带，不懂人际关系学"。⑦

　　相比较而言，任怀国先生的《李广难封原因探析》，在迄今为止所有的相关论述中可能最为全面。在这篇刊于《昌潍师专学报》1999 年第 6 期的大作中，任先生首先从考察汉武帝时期受封列侯者的受封原因入手，得出以军功封侯乃当时军人取得社会政治地位的主要途径和价值取向的结论，在此基础上，他又钩稽相关史料，条列出李广的主要军事活动，由此认定军功不足只是李广不得封侯的浅层原

---

　　① （元）张弘范：《淮阳集》，影印文渊阁《四库全书》本。

　　② 高敏：《"李广难封"的原因何在？》，《光明日报》1987 年 4 月 8 日。

　　③ 姚小鸥：《什么是"李广难封"的真正原因？》，《东北师大学报》1991 年第 1 期，第 50—53 页。

　　④ 高兵：《也谈李广难封的原因》，《齐鲁学刊》1995 年第 1 期，第 94—98 页。

　　⑤ 张继文：《试论李广终不得封的原因》，《殷都学刊》1994 年第 1 期，第 41—43 页。

　　⑥ 姬源：《一位浪漫主义将领的悲剧——析李广难封》，《唐都学刊》1997 年第 2 期，第 42—45 页。

　　⑦ 孙敏：《"李广难封"之谜》，《中国职工教育》1995 年第 2 期，第 39 页。

因，其深层原因则在于缺乏敏锐的政治洞察力、性格上的缺陷、不懂用兵之术，以及汉武帝的偏见和卫青的排挤。而在文末，任先生又睿智地指出："太史公以赞美与同情的笔触，描述了李广悲壮的一生，激起了人们千百年来对他的广泛同情。但是，当我们今天重新审视李广这个历史人物时，决不能用感情代替理智，不能为'李广难封'的表象所障，而应当从史实出发，从对历史人物命运的分析中，总结出符合历史逻辑的结论。"[1] 平心而论，任氏对于李广不得封侯的原因的探析，未必完全合乎历史事实，但他的这一呼吁，却不但至为精到，而且发人深省。

---

① 　任怀国：《李广难封原因探析》，《昌潍师专学报》1999 年第 6 期，第 61—66 页。

汗血宝马：神奇的坐骑

在中古时代，马既是轻便耐劳的畜力，又是行军作战的重要工具，因而备受关注；传说中能够日行 4000 公里的汗血宝马，也难怪被推崇备至了。

中国史书有关汗血宝马的记载，最早可见《史记·大宛列传》："大宛在匈奴西南，在汉正西，去汉可万里。其俗土著，耕田，田稻麦。有蒲陶酒。多善马，马汗血，其先天马子也。"[①] 张骞出使西域回国后，向汉武帝形容了大宛国的这种宝马，武帝听后急欲得之，随即派遣百余人的使团，带着一具用黄金做的马模型前去大宛国都贰师城（今土库曼斯坦阿斯哈巴特城），希望以重礼换回此马。不料，大宛国王一则因为爱马心更切，二则又觉得本国远离中土，即便不给谅必汉朝也无计可施，遂予以断然拒绝。随后，汉朝使者在归途中被劫杀于大宛国境内。汉武帝因此极为恼火，于公元前 104 年，诏令大将李广利率领骑兵数万人远征大宛。但这次西征，不仅无功而返，而且损失了大批人马。于是三年后，汉武帝再次委任李广利劳师远征。参与这次军事行动的，除了六万步兵，还有三万骑兵部队和两名相马专家。最终，在兵临城下的汉军的武力逼迫下，大宛贵族无可奈何地废黜了国王，与汉朝议和，不但允许汉军自行选马，而且约定以后每年向汉朝选送两匹良马。为此兴奋不已的汉武帝，特地作了《太一之歌》："太一贡兮天马下，沾赤汗兮沫流赭。骋容与兮跇万里，今安匹兮龙为友。"[②]

然而，尽管大宛马的引进极大地改良了中土的马种，但作为这次西征的战利品之一的汗血马，却因为没有生育能力，不久便绝种于中土，只是有关汗血马的传闻，非但没有销声匿迹，反而更加激发了世人对它的种种猜想乃至杜撰。时至今日，更因为武侠小说《射雕英雄传》的关系而几乎妇孺皆知。

对于汗血马能够日行 4000 公里的这种说法，诸多专家颇予以质疑。这其中，中国农业大学的刘少伯教授，更是予以断然否定。因为一般的马匹只能日行 150 公

---

① 《史记》卷 123《大宛列传》，中华书局 1959 年版，第 3160 页。

② 《史记》卷 24《乐书》，中华书局 1959 年版，第 1178 页。

里左右，最多也就 200 多公里。

汗血宝马当然也并不是所谓的"天马子"，史称它实乃野马和伊犁马交配而生的混血马，《汉书音义》对此言之甚明："大宛国有高山，其上有马，不可得，因取五色母马置其下，与交，生驹汗血，因号曰天马子。"[①] 而《通典》也作如是观："城北有颇犁山，南崖穴中有神马，国人每牧马于其侧，时产名驹，皆汗血焉。"[②]

近来，养马史研究专家谢成侠教授则认为，从产地名称、体形特征来看，汗血马的原型其实是如今的阿哈马。阿哈马头细颈高，四肢修长，高大英武，体壮强悍，虽然不能日行千里，却保持着跑 1 公里 1 分零 7 秒、84 天跑完 4300 公里的记录。1951 年，我国曾从苏联引进 52 匹阿哈马，饲养在内蒙古锡林郭勒盟的种马场。[③] 不过，阿哈马是否肯定就是传说中的汗血宝马，至今仍然无法完全确定。

又据史书记载，汉明帝刘庄曾经将一匹汗血马赐给东平王的苍阴太后，太后极其珍爱，加以精心饲养，并因此常见血从马前膊上小孔中出。而日本国马匹研究者清水隼人据说也曾在 2000 年 8 月，于新疆天山西部发现了汗血宝马的踪迹；根据他所拍摄的照片来看，那匹马的肩膀上正在流出像鲜血一样的液体。众所周知，马汗一般呈白色泡沫状，不可能像血一样。那么，史书上所记载的汗血到底是怎么回事呢？

清代学者徐松在被流放到新疆期间，曾经专程赶到伊犁，对汗血马进行了仔细的观察，并将他的观察结果记录在所作《新疆四赋·北路赋》中：

（马）前肩极脊或有痂破则出血，土人谓伤气，凡有此者，多健马，故古人以良马论之，非汗如血也。

汗血马疾驰如飞，在剧烈运动后大汗淋漓，其中血液循环特别急促的前肩和脊背上就会渗出血珠，这就是徐松的观察结果。但方豪《中西交通史》的说法与徐松完全不同。据方氏观察，汗血马之所以会出血，是因为汗血马身上有一种名叫 Parafilaria multipapilosa 的寄生虫。这种寄生虫寄生在汗血马的前肩与项背的皮下组织之中，并导致寄生处的皮肤隆起。每当汗血马疾走如飞之时，血管张大，寄生处随之创口张开而流血。

---

① 《史记》卷 123《大宛列传》，中华书局 1959 年版，第 3160 页。

② （唐）杜佑：《通典》卷 193 "吐火罗" 条，王文锦等点校，中华书局 1988 年版，第 5277 页。

③ 谢成侠：《二千多年来大宛马（阿哈马）和苜蓿传入中国及其利用考——中国畜牧兽医史料之一》，《中国兽医杂志》1955 年第 3 期，第 105—109 页。

此外，又有学者认为汗血宝马的出血现象，是由多乳突副丝虫病感染而造成的。寄生在汗血马皮下组织内和肌结缔组织内的多乳突副丝虫，体质柔软，呈白色丝状，雌虫常在马皮下形成出血性小结节，以吸血蝇类作为中间宿体。由它们而导致的疾病通常在每年四月份开始发作，至七八月间达到高潮；因为每到夏季，多乳突副丝虫就会刺穿马皮到外面排卵，因此在晴天的中午前后，病马的颈、肩、鬐甲及躯体两侧皮肤上就会出现豆大的结节，结节随即破裂，从中流出的血很像是淌出的汗珠。

对此，有学者提出了不同的看法。譬如南京农业大学的畜牧专家郑亦辉教授，就认为寄生虫说很难成立；如果流汗如血确由寄生虫而引起，那么，为何汗血宝马不随时流汗如血，而仅仅在疾速奔跑之后才流呢？郑教授进而猜测：流汗如血仅仅是一种文学上的形容。马出汗时往往先潮后湿，尤其是枣红色或栗色毛的马，出汗后局部颜色会显得更加鲜艳，予人以流血之感觉，而马肩膀和脖子又是汗腺发达的地方，这就不难解释为什么汗血宝马在疾速奔跑后其肩膀、脖子流出像血一样鲜红的汗。

然而，虽然历代以来诸多学者试图解答汗血马究竟是流血还是流汗的问题，但迄今为止，围绕着汗血宝马的故事仍然谜团重重。出土于陕西省兴平市茂陵1号无名冢一号陪葬坑的"镀金金马"，据说就是传说中的汗血宝马。但令人遗憾的是，即便"镀金金马"被证明就是汗血宝马，也仍然不能据此解答有关汗血宝马的种种谜团。

学界悬案：司马迁《报任安书》的写作年代

司马迁的《报任安书》，因其诚挚悲痛、感人肺腑而传诵千古。尤其宝贵的是，该文作为太史公流传至今的唯一完整书信，对于研究司马迁的人格、思想与感情，具有极为重要的史料价值。尽管如此，2000余年来，有关该文的写作年代，却始终聚讼纷如而未有定论。这其中，班固《汉书·司马迁传》称《报任安书》作于司马迁遭受宫刑之后：

> 迁既被刑之后，为中书令，尊宠任职。故人益州刺史任安予迁书，责以古贤臣之义。迁报之曰："少卿足下：……书辞宜答，会东从上来，又迫贱事，相见日浅，卒卒无须臾之间得竭指意。今少卿抱不测之罪，涉旬月，迫季冬，仆又薄从上上雍，恐卒然不可讳。……要之死日，然后是非乃定。书不能尽意，故略陈固陋。"①

其后，不但唐人李善注《文选》时，亦秉持此论，而且自唐至明，未见有对《汉书》此说表示异议者。

时至清代乾嘉年间，考据学大师赵翼（1727—1761）断然予以否定，转而以为《报任安书》理当作于汉武帝征和二年（前91）：

> 又《报任安书》内谓："安抱不测之罪，将迫季冬，恐卒然不讳，则仆之意终不得达，故略陈之。"安所抱不测之罪，缘戾太子以巫蛊事斩江充，使安发兵助战，安受其节而不发兵。武帝闻之，以为怀二心，故诏弃市。此书正安坐罪将死之时，则征和二年间事也。②

---

① 《汉书》卷62《司马迁传》，中华书局1962年版，第2725、2756、2736页。

② （清）赵翼：《廿二史札记校证》（订补本）卷1 "司马迁作史年岁" 条，王树民校证，中华书局1984年版，第1页。

赵氏的这一结论，尽管不谓无见，且在问世后不久，便得到包世臣《艺舟双辑·复石赣州书》、王鸣盛《十七史商榷》卷1"子长游踪"条、沈钦韩《汉书疏证》的认同，却也受到不少学者的质疑。譬如王国维先生就曾以为赵氏之说有误，转而认定《报任安书》实作于汉武帝太始四年（前93）十一月：

> 案：公《报益州刺史任安书》，在是岁十一月。《汉书·武帝纪》是岁春三月，"行幸太山。夏四月，幸不其。五月，还，幸建章宫"，书所云"会东从上来"者也。又冬十二月，"行幸雍，祠五畤"，书所云"今少卿抱不测之罪，涉旬月，迫季冬，仆又薄从上上雍"者也。是《报安书》作于是冬十一月无疑。或以任安下狱坐受卫太子节当在征和二年，然是年无东巡事，又行幸雍在次年正月，均与《报书》不合。《田叔列传》后载褚先生所述武帝语曰："任安有当死之罪甚众，吾尝活之。"是安于征和二年前曾坐他事，公《报安书》自在太始末，审矣。①

王国维称《报任安书》作于太始四年之说，不但得到张鹏一《太史公年谱》、郑鹤声《司马迁年谱》、李长之《司马迁的人格与风格》、张大可《史记管窥》、袁传璋《从任安的行迹考定报任安书的作年》等论著的呼应，而且被诸多高校文科教材所采纳，朱东润《中国历代文学作品文选》、刘盼遂等《中国历代散文选》，以及由山西大学等21所院校合编的《中国古代文学作品选》，就是其中的荦荦大者；至如徐朔方《〈报任安书〉作于汉武帝太始四年补说》、黄振民《〈报任安书〉写作年代辨》，更是对王氏之说做了进一步的补充说明。

这其中，在黄振民先生看来，《报任安书》之所以必定作于太始四年，②是因为：首先，据其所述内容，可知该书作于任安自益州刺史任上因事下狱之后；其次，《资治通鉴》曾以《史记·田叔列传》"褚先生曰"为据而明确记载：

> （戾）太子立车北军南门外，召护北军使者任安，与节，令发兵。安拜受节；入，闭门不出。……（武帝征和二年七月）庚寅，太子兵败，……上以为任安老吏，见兵事起，欲坐观成败，见胜者合从之，有两心，与田仁皆要斩。③

---

① 王国维：《观堂集林》（外二种）卷11《太史公行年考》，彭林整理，河北教育出版社2003年版，第256页。

② 黄振民：《〈报任安书〉写作年代辨》，《北京师范学院学报》1981年第4期，第55—59页。

③ 《资治通鉴》卷22汉武帝征和二年条，中华书局1956年版，第731页。

对于征和二年七月任安被腰斩之事，当时任职中书令的司马迁，既不容不知，则其《报任安书》也就绝不可能作于任安被腰斩之后的征和二年十一月；最后，征和二年七月的戾太子"巫蛊之狱"，乃武帝朝的重大历史事件，但《报任安书》对此却未曾只字提及，这就足以表明《报任安书》作于"巫蛊之狱"前。

与此同时，迄今仍有不少论著，诸如何世华《〈报任安书〉并非作于太始四年考》及《关于司马迁的卒年和〈史记〉的断限、残缺问题》、程金造《从报任安书商榷司马迁的卒年》及《论王国维考定报任安书的时代与内容》、许勇强等《〈报任安书作于汉武帝太始四年补说〉献疑》，依然坚信赵翼之说，认定《报任安书》作于征和二年。这其中，何世华先生在驳斥王国维《太史公行年考》相关论述的基础上，分析了《报任安书》必作于征和二年的原因：①

一、文中所谓"会东从上来"，其意是指征和二年七月戾太子举兵作乱后，司马迁跟随车驾自甘泉宫东返长安。这是因为甘泉宫在今陕西淳化县西北的甘泉山上，武帝从甘泉宫返回长安，是由西向东走。

二、文中又提到"涉旬月，迫季冬，仆又薄从上上雍"，这其中的"旬月"，其意便是一个月；所谓"季冬"，则是十二月；"薄"，同"迫"；"从上"，跟随皇上；"上雍"，去雍地（雍在今陕西省凤翔县南，其地有五畤，汉武帝常去该地祭神）。这句话是说，再过一个月，就是处决囚犯的十二月了，届时我又将被迫跟随皇上去雍地祭神了。而据《汉书·武帝纪》记载，汉武帝于征和三年正月"行幸雍"。《报任安书》所述，显然与《汉书·武帝纪》完全吻合。

三、文中所提到的"今少卿抱不测之罪"，确如清人赵翼所云，是就征和二年七月任安接受戾太子之"节"一事而发论。正因为此事发生于不久之前，所以《报任安书》才用了一个"今"字，也正因为此事直接牵涉到汉武帝，故而又断言任安犯了"不测之罪"。

四、文中说"相见日浅，卒卒无须臾之闲"，又云"仆赖先人绪业，得待罪辇毂下，二十余年矣"，这两句话也可证明《报任安书》作于征和二年十一月。这一则因为司马迁在征和二年七月戾太子举兵作乱后，跟随武帝还长安，不久任安就被投入狱中；二则因为司马迁在元鼎元年（前111）"任为郎中"，下距其写作《报任安书》的征和二年，前后恰好21年。

但在张惟骧先生看来，无论是"太始四年"说，还是"征和二年"说，其实皆不准确，而于所编《太史公疑年考》中，断言《报任安书》作于征和三年（前90）二月：

帝去年（征和二年）七月，太子据发兵与丞相刘屈氂战，败走自杀。史公《报任安书》云："今少卿抱不测之罪，涉旬月，迫季冬。"涉旬月者，阅十月也，则此书作在征和三年（原文未见）二月可知，任安非当年死者亦可知。[①]

由此看来，若欲彻底而又准确地解决司马迁《报任安书》的作年问题，显然仍需有志之士付出更为艰辛的劳动。

① 张惟骧：《太史公疑年考》，可见张爱芳辑《中国古代史学家年谱1》，北京图书馆出版社2005年版，第一册，第248页。

扑朔迷离:《史记》叙事的下限

西汉史家司马迁的《史记》，向来被认为是中国历史上的第一部纪传体通史。因为在该书问世之前，虽然已有以年代为次的编年史，也已有以地域为限的国别史，却未见有像它这样纵横几千年、包罗各方面而又融会贯通、脉络分明的史学著作。事实上，《史记》不但是中国纪传体通史的开山之作，而且对后世史学产生了极为深远的影响；此后，历代所谓"正史"，从《汉书》到《明史》，尽管名目有更改、门类有短缺，却莫不因袭了《史记》的体例。也正因为该书在中国史学发展史上有着如此重要的地位，故此，司马迁及其《史记》备受历代史家的关注和研究。

不过，虽然司马迁及其《史记》历来备受关注，并因此发展成为专门的"史记学"，但迄今为止，仍有不少疑窦尚未彻底解决，《史记》的叙事下限问题，就是其中的一个方面。

历来对于《史记》叙事下限问题的争议，其实源自《史记·太史公自序》的自相矛盾，因为《自序》前文既云"卒述陶唐以来，至于麟止，自黄帝始"，后文又说"余述历黄帝以来至太初而讫，百三十篇"。也正是这一自相矛盾，引发了后世学者激烈而又持续的争论，并因此出现了多种不同说法。

这其中，东汉班彪在所撰《史记后传》中力主"讫于麟止说"，《后汉书·班彪传》载其言曰：

> 孝武之世，太史令司马迁采《左氏》《国语》，删《世本》《战国策》，据楚、汉列国时事，上自黄帝，下讫获麟，作本纪、世家、列传、书、表凡百三十篇，而十篇缺焉。[①]

东汉史家服虔亦云："武帝至雍获白麟，而铸金作麟足形，故云'麟止'。迁作

---

① （南朝宋）范晔：《后汉书》卷40上《班彪传上》，（唐）李贤等注，中华书局1965年版，第1325页。

《史记》止于此，犹《春秋》终于获麟然也。"① 至如近人崔适，其《史记探源》不但罗列了八条证据以证成其说，而且将"麟止"以后的记事一概斥为"妄人所续"。② 不过，即便是同持此一假说，却由于对"麟止"理解不同，因而有学者将《史记》下限定在汉武帝元狩元年（前 122）十月，因为《汉书·武帝纪》记载说，当时汉武帝"行幸雍，祠五畤。获白麟"；③ 与此同时，又有人将之系于汉武帝诏令"更黄金为麟趾褭蹄以协瑞"④ 的汉武帝太始二年（前 95）三月。

对于"讫于麟止说"，包括班固《汉书·叙传》、荀悦《汉纪》、刘知几《史通·古今正史》、梁玉绳《史记志疑》、朱东润《史记考索》、赵生群《史记文献学丛稿》在内的诸多著述，均不以为然，转而认定《史记》叙事"讫于太初"。但"太初"作为汉武帝的第七个年号，前后四年（前 104—前 101），因而在"讫于太初说"内部，仍存在着较大的分歧。这其中，王国维《太史公行年考》、吴汝煜《关于史记写作目的、断限及其他》，认为"讫于太初四年，而最后记事讫于征和三年"，朱东润《史记考索》则定为太初元年（前 104）。至于顾颉刚先生的《司马谈作史》，不但秉持"讫于太初说"，进而推测了司马迁将《史记》叙事下限定在太初的原因：

> （乃父司马）谈为太史令时，最可纪念之事莫大于获麟，故讫麟止者谈之书也；及元封而后，（司马）迁继史职，则最可纪念之事莫大于（太初）改历，故讫太初者迁之书也。……史迁目见其主张成为现实，安能自抑其奋，故述事至太初而讫，实为其最适当之断限。⑤

从研究现状来看，"讫于太初说"无疑是各种假说中最具影响的。而据张新科先生分析，该说之所以广为流传，一则因为"太初改历"这个史实，不但是西汉历史上值得大书特书的重大历史事件，而且司马迁本人也曾参与其事；二则因为《史记》中有不少记载比较明确地提到其叙事下限，⑥ 例如《史记·汉兴以来诸侯王年表序》云：

---

① 《史记》卷 130《太史公自序》，中华书局 1959 年版，第 3301 页。

② 崔适：《史记探源》卷 1《序证·麟止后语》，中华书局 1986 年版，第 17—18 页。

③ 《汉书》卷 6《武帝纪》，中华书局 1962 年版，第 174 页。

④ 《汉书》卷 6《武帝纪》，中华书局 1962 年版，第 206 页。

⑤ 顾颉刚：《司马谈作史》，载氏著《史林杂识初编》，中华书局 1963 年版，第 230—232 页。

⑥ 张新科：《〈史记〉断限与缺补疑案之梳理》，《西南民族大学学报》2005 年第 6 期，第 150—153 页。

臣迁谨记高祖以来至太初诸侯，谱其下益损之时，令后世得览。形势虽强，要之以仁义为本。

至如《高祖功臣侯者年表序》中所谓的"至太初百年之间，见侯五，余皆坐法殒命亡国"云云，又是其中的典型实例。

然而，尽管"讫于太初说"颇为盛行，却也未能成为定论。事实上，东汉史家班固在撰述《汉书·司马迁传》时，于传末论赞中早就倡言《史记》叙事止于汉武帝天汉年间（前100—前97）：

司马迁据《左氏》《国语》，采《世本》《战国策》，述《楚汉春秋》，接其后事，讫于（大）[天]汉。①

而班固此说，后又得到唐人司马贞、张守节的认同。这其中，司马贞在《史记索隐序》及《史记索隐后序》中，皆云《史记》叙事"上始轩辕，下讫天汉"；②至于张守节，既于《史记正义序》中断言：《史记》者，汉太史公司马迁作。……上起轩辕，下既天汉。"③又称"《史记》起黄帝，讫于汉武天汉四年，合二千四百一十三年"。④不过，诚如张新科先生所分析的那样，《汉书·司马迁传赞》中的"讫于天汉"或作"讫于大汉"，"'大汉'指的就是汉代，非武帝年号。或者即使'天汉'，朱东润先生认为'天汉'为美称，'班固称之以美当年，犹言下及汉代，不必以此实指天汉改元也。'因此，《史记》讫于天汉一说仍属证据不足"⑤。

或许正是有鉴于既有论说的不足凭信，褚少孙在补《史记·建元以来侯者年表》时，断言"太史公记事尽于孝武之事"，亦即《史记》叙事止于武帝在位末年。但褚氏此说问世后，予以响应者寥寥。

与褚氏"讫于武帝末年说"颇相类似的是，"讫于太初、天汉说"这一为郭沫若《中国史稿》所倡导的观点，同样也只是一家之言；不同的是，凭借郭沫若的独

---

① 《汉书》卷62"赞曰"，中华书局1962年版，第2737页。

② 《全唐文》卷402司马贞《史记索隐序》及其《史记索隐后序》，（清）董浩编，中华书局1983年版，第4107—4108页。

③ 张守节：《史记正义序》，可见《史记会注考证》（壹），（西汉）司马迁著，（日本）泷川资言考证，新世界出版社2009年版，第33页。

④ （宋）王应麟辑：《玉海》卷46"汉史记"条，广陵书社2003年版，第859页。

⑤ 张新科：《〈史记〉断限与缺补疑案之梳理》，《西南民族大学学报》2005年第6期，第150—153页。

特身份和《中国史稿》的官方性质，此一论断曾经颇为盛行。不过，也正如部分学者所论，郭氏此说虽然意在折中，结果却在一段时期内，把原本错综复杂的《史记》叙事下限问题搞得更加扑朔迷离了。

近者，张大可先生在参考并综合前人相关研究成果的基础上，认定《史记》叙事下限当在汉武帝太初四年，其所附载的大事则又尽武帝之末。张先生进而分析说："述陶唐以来，至于麟止"，实乃司马谈效法《春秋》而发凡起例的计划，"述历黄帝以来，至太初而讫"，则是司马迁修改乃父计划以成"一家之言"的实际断限；司马迁的这一修正，充满了创新精神和进步思想，其中的"上起黄帝"乃是其大一统历史观的反映，而"至太初而讫"则是其实录精神的生动体现。[1] 平心而论，张大可先生的这个论断及其相关分析，尽管具有一定的说服力，却也未必切中肯綮。

综观历代以来的各种不同说法和今人的既有研究成果，不难发现它们对于相关史料的挖掘不可谓不充分、不深入，但是，建立在深度挖掘史料之上的各种推论，无论是"讫于麟止说""讫于太初说"，还是"讫于天汉说""讫于武帝末年说"，却都未能令人信服。这就在事实上表明：《史记》叙事下限问题，即便不能说绝无解决的可能，至少可以断言在新史料发现之前，确是难以解答的历史之谜。

---

① 张大可：《〈史记〉断限考略》，《西北大学学报》1983 年第 2 期，第 17—26 页。

出塞的美女：王昭君的传闻

名列中国古代"四大美女"之一的王昭君，前如春秋时期的西施，后如唐明皇的杨贵妃，也曾在所处时代的政治舞台上发挥过重大作用，并因此获载于《汉书·匈奴传》《后汉书·南匈奴传》等史传。《后汉书·南匈奴传》说她在西汉元帝时，以"良家子"被选入宫中；当其入宫之初，因为不愿贿赂画工毛延寿，结果被恼羞成怒的毛延寿故意画得很丑陋，也因此丧失了承奉龙恩从而出人头地的机会；数年后的汉元帝竟宁元年（前33），匈奴呼韩邪单于南下京城长安晋见皇帝，并主动请求与汉朝"和亲"，汉元帝自然是大喜过望，即刻同意为他遴选五位宫女；因"入宫数岁，不得见御"而"积悲怨"的王昭君，在得知此一消息后，"乃请掖庭令求行"，并顺利得到批准；尔后，当"呼韩邪临辞大会，帝召五女以示之"的时候，元帝这才突然发现卧榻之侧的王昭君原来竟是个绝色美女，难免怦然心动，"意欲留之"，却又唯恐因此得罪呼韩邪单于，进而影响汉匈两国的双边关系，也就只好忍痛割爱，"热烈欢送"王昭君出塞"和亲"。①

尽管王昭君的出塞故事，不但《汉书·匈奴传》《后汉书·南匈奴传》记载甚详，而且经由各种野史小说的演绎和民间文艺的传唱，几乎家喻户晓，然而，对于王昭君的身世及其出塞的原因和动机，历代以来却是众说纷纭、莫衷一是，对于她的和亲匈奴，同样也是贬褒不一。

一般认为王昭君姓"王"名"嫱"字"昭君"，后人为避西晋文帝司马昭之讳，往往予以改称"明君"或"明妃"。但近来，却有学者对此表示异议，转而认为"嫱"和"昭君"并非她的本来名字。其依据之一，便是汉宫制度：举凡宫女自入宫之日起，就被禁止呼其娘家名字，王昭君既为宫女，自然不能例外；其二，王昭君在《汉书·元帝纪》和《汉书·匈奴传》中被分署为"王樯""王嫱"，在范晔《后汉书》中才被统一为"王嫱"。据此，该学者怀疑"昭君"乃是王昭君出塞前，

① （南朝宋）范晔：《后汉书》卷89《南匈奴传》，（唐）李贤等注，中华书局1965年版，第2941页。

汉元帝为提高她的政治身份以达到"和亲"目的而赐予的封号。但从史书的相关记载和汉人命名规律来看，这一推论纯属臆测。①

据《汉书·匈奴传》记载，王昭君乃南郡秭归（今湖北秭归）人氏。不过，近来有学者根据其他文献资料和实地调查，认为王昭君其实是今四川境内的土家族人，其依据是：第一，从四川地区到京师长安需走水路，而王昭君入宫时之所以被称为"王樯"，就是因为她是从四川乘船而来的王姓姑娘；第二，王昭君在入宫之初，不愿通过贿赂画师以求进幸，这种刚强不屈的性格正是土家族民族特性的反映；第三，时当匈奴单于求亲之际，王昭君"靓妆"请行，主动要求出塞，唯恐不被选中，她的这种行为和意识显然有别于深受儒家思想熏陶的中原汉族女子。② 不过，这一推测显得过于牵强附会，近似于无稽之谈。

据《汉书·匈奴传》和《后汉书·南匈奴传》记载，王昭君之所以主动请求嫁给匈奴呼韩邪单于，是因为她无法忍受终身冷宫孤眠的寂寞。对于正统史书的这种解释，颇有学者不以为然，并因此出现了至少两种不同的说法。这其中，有人认为王昭君之所以自愿远嫁匈奴，一则是想借此脱离宫廷牢笼的束缚，二则是为了使汉匈两国能够从此世代友好。在此，她被描述成为一个虽然出身平凡却胆识过人的奇女子，一个甘愿牺牲小我成全大我的和平使者。例如元末明初的卢昭所作的《题昭君出塞图》诗，就隐然含有此意：

> 草黄沙白马如云，落日悲笳处处闻。
> 此去妾心终许国，不劳辛苦汉三军。③

与此同时，元代文士耶律楚材在所作《过青冢次买抟霄韵（其二）》诗中，则认为王昭君出塞是毛延寿精心安排的救国之计：

> 延寿丹青本诳君，和亲犹未敛胡尘。
> 穹庐自恨殡戎主，泉壤相逢愧汉臣。

---

① 汪海芳：《王昭君的名与字》，载《三峡文化研究丛刊》第3辑，胡绍华主编，武汉出版社2003年版，第287—296页。

② 陈迹冬：《关于王昭君》，《人民日报》1987年12月14日副刊。又，《西南民族学院学报》1985年第1期所刊祁和晖《王昭君籍贯族属异说》，则称王昭君乃四川境内的蛮人。近来，王前程将各种说法归纳为"出生故里"和"文化故里"两大类，详参其《王昭君籍贯诸多异说及其成因述论》，《三峡论坛》2020年第2期，第1—5、10页。

③ 《题画诗》卷42故实类，影印文渊阁《四库全书》本。

玉骨已消青冢底，香魂犹绕黑河滨。

愁云暗锁天山路，野草闲花也怨春。[①]

换言之，毛延寿见王昭君貌美非凡，唯恐业已沉恋女色的汉元帝在见她之后更加不能自拔而误国殃民，于是在画肖像时故意加以丑化，这就骗过了汉元帝，最终如愿以偿地将王昭君这个潜在的红颜祸水远嫁到匈奴。按照耶律氏的这一逻辑，毛延寿不但成了忧国忧民的忠臣，而且挽救了王昭君，使之免于成为妲己式的邪恶女子。耶律楚材此说得到后世诸多文人的共鸣，例如明代某江阴人所作《题昭君图》诗云：

骊山举火因褒姒，蜀道蒙尘为太真。

能使明妃嫁胡虏，画工应是汉忠臣。[②]

此外，杜濬（1611—1687）的"若写赵家双姊妹，画师功已敌萧何"，[③]吴苊的"留得蛾眉靖边塞，可知延寿是忠臣"，以及许宗彦（1768—1818）的"当时合把毛延寿，画作麟台第一勋"，[④]亦作如是观。

王昭君的远嫁匈奴，对于确保西汉后期北部边疆地区近五十年的安宁，做出了比较重要的贡献，对此，《汉书·匈奴传》言之甚明：

元帝以后宫良家子王嫱字昭君赐单于。单于欢喜，上书愿保塞上谷以西至敦煌，传之无穷，请罢边备塞吏卒，以休天子人民。天子令下有司议，议者皆以为便。[⑤]

也因此，王昭君备受后人的称颂，宋人刘子翚的"西京自有麒麟阁，画向功臣卫霍间"，[⑥]元人吴师道的"一出宁胡终汉世，论功端合胜前人"，[⑦]即其显例；时至

① （元）耶律楚材：《湛然居士集》卷3，影印文渊阁《四库全书》本。

② （明）李诩：《戒庵老人漫笔》卷1"江阴人题昭君图"条，魏连科点校，中华书局1982年版，第19页。

③ （清）廖元度选编：《楚风补校注》卷33杜濬《王嫱故里三首》之三，湖北人民出版社1998年版，第722页。

④ （清）陆以湉：《冷庐杂识》卷6《昭君诗》，冬青校点，上海古籍出版社2012年版，第226页。

⑤ 《汉书》卷94下《匈奴传下》，中华书局1962年版，第3803页。

⑥ （宋）刘子翚：《屏山集》卷15，影印文渊阁《四库全书》本。

⑦ （元）吴师道：《礼部集》卷9，影印文渊阁《四库全书》本。

晚近，翦伯赞先生亦曾作诗予以褒美：

> 汉武雄图载史篇，长城万里遍烽烟。
> 何如一曲琵琶好，鸣镝无声五十年。①

然而，尽管王昭君远嫁匈奴较大地推动了汉匈关系的进一步改善，却仍有人对这一政治联姻抱持否定态度，譬如元人耶律楚材就曾认为汉元帝不思积极进取，却派女流之辈前去安邦息事，实在是有伤国体，其《过青冢次贾抟霄韵（其一）》诗云：

> 当年遗恨叹昭君，玉貌冰肤染胡尘。
> 边塞未安嫔侮虏，朝廷何事拜功臣？
> 朝云鹤唳天山外，残日猿悲黑水滨。
> 十里东风青冢道，落花犹似汉宫春。②

在此，姑且不论汉元帝是不是不思进取的昏君，也不论王昭君远嫁匈奴的动机是不是为救苍生离水火，可以盖棺定论的是，她的这个选择，不但改变了自身的命运，而且在一定程度上影响了中国历史的发展方向。

唐代最伟大的现实主义诗人杜甫，曾作诗一首，相当精炼地概括了王昭君平凡而又伟大的一生：

> 群山万壑赴荆门，生长明妃尚有村。
> 一去紫台连朔漠，独留青冢向黄昏。③

其实，杜甫的这首七言绝句，既是对王昭君一生的高度概括，又在看似平淡无奇的平铺直叙中，隐含了对这位汉代女性的崇敬之情。

---

① 鲁歌选注：《历代歌咏昭君诗词选注》，长江文艺出版社 1982 年版，第 321 页。
② （元）耶律楚材：《湛然居士集》卷 3，影印文渊阁《四库全书》本。
③ （唐）杜甫：《咏怀古迹五首（其三）》，《宋本杜工部集》，国家图书馆 2019 年版，第四册，第 92 页。

下落不明：西汉巨额黄金的失踪

黄金以其稀有且不易提炼而被视为珍宝，并因此在西汉时期成为主要货币，当时朝廷举凡赏赐臣下不仅多用黄金，而且动辄数百乃至万斤，譬如《史记·高祖本纪》明确记载：

> 六年，高祖五日一朝太公，如家人父子礼。太公家令说太公曰："天无二日，土无二王。今高祖虽子，人主也；太公虽父，人臣也。奈何令人主拜人臣！如此，则威重不行。"后高祖朝，太公拥篲，迎门却行。高祖大惊，下扶太公。太公曰："帝，人主也，奈何以我乱天下法！"于是高祖乃尊太公为太上皇。心善家令言，赐金五百斤。[①]

又如汉武帝时，大将军卫青因为出击匈奴有功，受赏黄金20万斤；他如吕后崩后，遗诏颁赐诸侯王黄金各千斤。西汉黄金之多，由此可见一斑。然而，时至东汉一代，黄金不但不再充当商品交换的媒介物，而且朝廷也很少将黄金作为赏赐臣子的物品。前后两相对比，这期间黄金数量之锐减，不能不令人触目惊心。那么，西汉时期的巨额黄金究竟流向何方了呢？近来诸多学者对此纷纷加以推测，综观现有的诸家推论，大体上可以归纳为以下四种观点，即黄金为铜说、外贸输出说、佛教耗金说和地下说。

主张黄金为铜说的学者们认为，史书所记载的西汉时期大量用以赏赐的黄金，其实并非黄金，而是黄铜。这一则因为，无论从历史上来看，还是据西汉黄金开采量估算，当时绝不可能有那么多的黄金；二则因为，时人习惯于以"金"称呼钱财，故而有可能把当时流通的铜称作"黄金"。不过，这种推论显然难以令人信服，这其中的关键就在于：两汉时期，金、铜区分极为明显，不但两者的开采事宜分别由金官、铜官管理，而且在充当一般等价物的流通过程中差异显著：黄金为上币，

---

① 《史记》卷8《高祖本纪》，中华书局1959年版，第382页。

铜钱为下币，黄金的计量单位为斤。此外，铜钱的计量单位为铢；更何况，史书的相关记载明确显示黄金主要用于赏赐、馈赠，铜主要用于铸钱和铸造一些器物。既然黄铜和黄金如此泾渭分明，也就不存在相互混淆的可能性。

持有外贸输出说者则认为，西汉巨额黄金之所以会突然失踪，是因为在对外贸易过程中大量输往国外造成的。然而，这种说法不但缺乏史料的佐证，甚而颠倒是非。众所周知，西汉帝国乃当时世界上少有的经济和文化都很发达的强国，其间官方虽曾使用黄金到西域、南海诸国购买奇珍异宝，但这种购买行为既不常见，用以购买的黄金有很多还是邻国称臣纳贡所得。历史事实恰恰与外贸输出说截然相反，当时由于丝绸之路的开通，汉朝通过输出丝绸、布帛，赚取了大量的黄金。正如相关的研究成果所分析的那样，源源不断地用黄金购买中国丝绸，乃是罗马帝国经济衰退的主要原因。

所谓佛教耗金说，即认为自从佛教传入中国之后，世人在加以顶礼膜拜之余，大肆兴建佛寺、塑造佛像，以至于大到通都大邑、小到穷乡僻壤，莫不有佛寺，也无不用金涂佛像；加之当时风俗侈靡，用泥金写经，贴金做榜，由此日消月耗，遂将黄金挥霍殆尽。不过，此种推论一则违背史实，二则有悖情理。这是因为史书明确记载，佛教传入中国之时晚在东汉初年，而且传入之初并未站稳脚跟，只能依附于中国传统的道教和神仙思想，几乎不可能大张旗鼓地修寺庙、塑神像，即便有使用黄金塑造佛像者，其数也理当微乎其微，绝不至于导致巨额黄金突然失踪。更何况，西汉巨额黄金退出商品流通领域，实始于佛教尚未传入中国的东汉建国之初。

至于地下说，其内部实际上也有若干分歧。这其中的一种观点认为西汉黄金以金币形式窖藏在地下，另一种观点则认为西汉黄金被制作成为各种金器金物随葬于墓穴之中。

前者的依据，一是部分科学家对全球黄金开采总量的估算，据这些科学家估算，有史以来人类大约开采了九万吨以上的黄金，而目前流通于世上的仅有六万吨，其余三万多吨大抵都窖藏于地下；二是考古发掘所得，有报道说考古人员至今已经不止一次地发现了窖藏于地下的西汉黄金。也正是以此为依据，有学者断言西汉巨额黄金很可能就窖藏于地下，只是因为天灾或者人祸的关系，遂使藏金地点不为人知。地下窖藏说看似很合理，且有考古发掘实物为佐证，但若加以仔细分析，就不难发现这种说法其实并非无懈可击，因为无论是私人还是国家贮存黄金总会留下蛛丝马迹，决不至于因为战乱或天灾，所有的黄金拥有者都死去或者都忘记自己的藏宝所在；如果说部分黄金因为窖藏而消失尚可理解的话，那么，声称绝大多数黄金都因为窖藏而不知所终，这种解释就无法令人接受了。

后者的逻辑，则是汉代盛行厚葬之风，导致大量黄金被随葬在墓穴之中。根据史书记载，西汉政府曾经明确规定天下贡赋的三分之一用以供奉宗庙，三分之一用以赏赐忠心耿耿的文臣武将和敬待外国来宾，剩下的三分之一则用以营造陵墓、构建再生世界，因而在当时的社会背景下，黄金作为财富的象征，确实完全有可能被用作随葬品。但问题在于：也正因为汉代盛行厚葬之风，汉墓因此成为历代盗墓者的首选，迄今为止，几乎所有的汉墓都已遭到无数次的盗发，假如汉墓中确有黄金之随葬，也必已重见天日。更何况随葬品并不限于黄金，此外尚有银、铜等珍宝，何以唯独黄金蹊跷失踪了呢？

如此看来，既有的各种推论显然都有其明显的漏洞。或许在可以预计的将来，西汉巨额黄金的蹊跷失踪，仍将是困扰世人的难解之谜。

也许正如吕思勉先生所断言的那样，"西汉巨额黄金失踪"原本就是个假命题。在其《吕著中国通史》中，吕先生认为黄金总量在西汉前后其实并无显著增减，只不过此前"以聚而见其多"，尔后随着社会经济结构的变迁，黄金逐渐流散于民间，于是也就"自然不觉其多了"。①

---

① 《吕著中国通史》第十二章《货币》，《吕思勉全集2》，上海古籍出版社2015年版，第161页。

两汉谶纬：制礼作乐的依据

根据传统经学家的经典解释，谶和纬原本迥然有别，只是后来相互混淆，以至于谶纬合称，譬如《四库全书总目》就作如是观：

> 儒者多称谶纬，其实谶自谶，纬自纬，非一类也。谶者诡为隐语，预决吉凶，《史记·秦本纪》称卢生奏《录图书》之语，是其始也。纬者经之支流，衍及旁义。《史记·自序》引《易》"失之毫厘，差之千里"，《汉书·盖宽饶传》引《易》"五帝官天下，三王家天下"，注者均以为《易纬》之文是也。盖秦汉以来，去圣日远，儒者推阐论说，各自成书，与经原不相比附。……迨弥传弥失，又益以妖妄之辞，遂与谶合而为一。[①]

不过，谶、纬之间虽然存在着一定的差别，但其中的差别，并不像传统经学家所谓的那样泾渭分明。

诚如明末清初的学术大师顾炎武所论，谶语的问世大致可以上溯至秦始皇时代，因为在《史记·秦始皇本纪》中，多次地出现了诸如"亡秦者胡也""今年祖龙死""始皇帝死而地分"[②]之类的谶语。同时也正如顾炎武所指出的那样，在西汉末年古文经出现之前，谶语并未被编织成有系统的文献。

谶语被编辑起来用以神化儒家经典的这种做法，最早见于史书记载的，乃是西汉成帝时期的李寻"五经六纬"之说。[③]稍后，又有所谓的《诗纬》《书纬》《易纬》《礼纬》《论纬》《河图》《洛书》等纬书之编纂。这些纬书，不但篇目诡异怪诞，其内容也广泛涉及天文、地理、历法、文字、神仙乃至典章制度，从而在事实上表明：时至西汉末年，谶纬已经发展成为一种社会思潮；在此前后，众多方士化的儒

---

① 《四库全书总目》卷6《易纬坤灵图》提要，中华书局1965年版，第47页。
② 《史记》卷6《秦始皇本纪》，中华书局1959年版，第252、259页。
③ 《汉书》卷75《李寻传》，中华书局1962年版，第3179页。

生，以阴阳术数等诡异之说穿凿附会儒家经典，改变六经本旨，系统地发挥了自董仲舒以来的经学神学化因素，遂有谶纬之学的盛行。

推究其因，谶纬之学在西汉末年的盛行，显然有其特殊的历史背景。当时，由于社会危机的进一步加深，作为意识形态的儒家经学已经不足以维护西汉帝国的统治；其中的灾异说，逐步异化成为反对派鼓动社会变革的思想工具，而符命说则蜕变成为各种政治力量争权夺利的工具。正是在这种历史背景下，掌权的王莽，始则通过编造符命谶文为自己加官晋爵乃至篡夺皇位，继而按照所谓的金匮图封拜辅佐他的臣子；与此同时，奸佞之徒为获得一官半职，也纷纷进献符命。凡此种种，遂使得谶纬之学在西汉末年及此后的王莽改制期间成为显学。

在王莽改制失败之后，刘秀虽然通过南征北战建立了他的东汉帝国，但是，一方面是因为他本人成长于谶纬盛行的时代而无法挣脱谶纬的束缚，另一方面也因为他耳闻目睹王莽借助谶纬成功篡位而对谶纬的政治功用有其独特的理解，因而在称帝后大力倡导谶纬之学。为此，刘秀一则通过制造符瑞图谶，以此宣称东汉建国乃天命所归，二则在用人施政乃至各种重大国是问题的决策，皆以谶纬为取舍，三则规定对儒家经典的解释都必须以谶纬为依归，乃至于在临崩之际，"宣布图谶于天下"。[1]

也正是在刘秀及其后诸帝的大力提倡下，谶纬之学不但在东汉一代日益兴盛，而且由一股民间思潮转变成为国家宪章的政治力量，成为官方制礼作乐的依据，并因此被称为"内学"，此则范晔《后汉书》记载甚明：

> 初，光武善谶，及显宗、肃宗因祖述焉。自中兴之后，儒者争学图纬，兼复附以妖言。[2]……自是习为内学，尚奇文，贵异数，不乏于是矣。[3]

当时，儒学生徒不但要记诵谶纬，而且在对策试文时必须引用谶记。于是在思想文化领域中，充斥着谶纬的色彩。而官方为了进一步提高谶纬的学术地位，于章帝建初四年（79）举办了一次大规模的经学讨论会，也就是著名的白虎观会议。

事后由著名史家班固整理成书的《白虎通义》，融合了董仲舒的"天人感应"学说和谶纬迷信，并加以系统化、完善化、神圣化，进而用阴阳五行和谶纬迷信对

---

① 《资治通鉴》卷44汉光武帝中元元年条，中华书局1956年版，第1427页。

② （南朝宋）范晔：《后汉书》卷59《张衡列传》，（唐）李贤等注，中华书局1965年版，第2705页。

③ （南朝宋）范晔：《后汉书》卷82《方术列传上》，（唐）李贤等注，中华书局1965年版，第2705页。

自然社会现象、政治经济制度、思想文化习俗做了神秘化的解释。尤其需要指出的是，该书对当时的谶纬灾异符命思想又做了大量的删减改造，明确提出了君为臣纲、父为子纲、夫为妻纲的口号，力图使"三纲"成为规范臣民社会生活的基本准则。[①] 因此，白虎观会议虽然名义上"讲议五经异同"，[②] 其实质却是充分利用行政力量，用谶纬神学妄解儒家经义，目的在于使谶纬合法化，使之具有与经学同样崇高的学术和社会地位。

《白虎通义》的成书，既是经学谶纬化、儒学神学化的重要标志，同时也是儒学思想法典化的里程碑。在此之前，官方虽然提倡今文经学，但今文经学家对儒家经典的解释并无统一的标准，今文经学因此章句烦琐、歧异纷出；经由《白虎通义》的颁行，官方基本上统一了解释的标准，儒家学说也从此被蒙上了一层神学的迷雾。

谶纬之学虽然早在南北朝时期就已被禁止，谶纬之书也早在隋炀帝时被焚毁了一大半，尽管如此，在流传至今的儒家经典著作中，谶纬之学仍然依稀留有难以磨灭的痕迹。

---

① （东汉）班固：《白虎通义》卷 7《三纲六纪》，影印文渊阁《四库全书》本。
② （宋）王应麟辑：《玉海》卷 42 "《汉白虎议奏》《通义》《通德论》"条，广陵书社 2003 年版，第 792 页。

追寻千年涅槃：佛教何时传入中国

作为世界三大宗教之一的佛教，自从传入中国以来，无论是对国人的思想意识、生活习惯，还是对传统的民族关系、文化艺术，都产生了难以估量的深刻影响。然而，对于佛教究竟在何时由印度传入中国的这个问题，迄今为止，却依然聚讼纷如而莫衷一是。

这其中，曹魏时期的史家鱼豢在所著《魏略·西戎传》中记载说，西汉哀帝元寿元年（前2），博士弟子景卢在出使大月氏期间，大月氏国王特地委派其臣子伊存为之口授浮屠经。[①]鱼豢的言下之意，就是佛教在西汉末年传入中国。鉴于大月氏一带乃佛教盛行之地，而口授佛经又是佛教外传的主要方式，因而包括郭沫若、范文澜、翦伯赞在内的大多数知名学者，均认为《魏略·西戎传》此说可信。不过，据日本学者考证，大月氏国是否流传佛教尚待做进一步研究，是故，所谓"伊存授经"之说不无可疑。

事实上，早在隋代，费长房《历代三宝记》就拒不接受《魏略》的说法，转而认可释道安等人所撰之《经录目》的下列记载："秦始皇之时，有外国沙门释利防等一十八贤者，赍持佛经来化，始皇弗从，遂囚禁之。夜有金刚丈六来，破狱出之。始皇惊怖，稽首谢焉。"[②]对于《经录目》的这种说法，马元材《秦时佛教已流行中国考》（1943年）颇以为然；岑仲勉始则亦信从之，尔后经多方考证，转而认定《经录目》所指，实谓伊朗火教于秦代传入中国，而非印度佛教。而如今，学界倾向于认为《经录目》所载不可信；这一则由于尚无可靠史料能够证明中印两国早在秦代时就已有经济文化之往来，二则因为《魏书·释老志》明确记载："及开西域，遣张骞使大夏还，传其旁有身毒国，一名天竺，始闻有浮屠之教。"[③]既然在张骞出使西域之时中国始闻印度有佛教之流传，那么，断言秦始皇时就有番僧来华传

---

① 《三国志》卷30末注引《魏略·西戎传》，中华书局1982年第2版，第859页。
② （唐）释道世：《法苑珠林》卷20，影印文渊阁《四库全书》本。
③ （北齐）魏收：《魏书》卷114《释老志》，中华书局1974年版，第3025页。

教，自然是无稽之谈。也因此，佛教于秦代传入中国的这一假说，目前已然烟消云散。

与费长房断然否认《魏略·西戎传》截然不同的是，近来部分学者有保留地认可了《魏略·西戎传》的上述记载。譬如黄心川等人在所著《世界三大宗教》一书中认为，西汉末年伊存向景卢口授浮屠经，这充其量只是佛法传入中国之始，而华夏大地之有佛教宗教活动之举行，则在东汉明帝永平八年（65）；他们的赖以立论的依据，即是范晔《后汉书》的下段记载：

> 楚王英，……少时好游侠，交通宾客，晚节更喜黄老，学为浮屠斋戒祭祀。（明帝永平）八年，诏令天下死罪皆入缣赎。英遣郎中令奉黄缣白纨三十匹诣国相曰："托在蕃辅，过恶累积，欢喜大恩，奉送缣帛，以赎愆罪。"国相以闻。诏报曰："楚王诵黄老之微言，尚浮图之仁祠，絜斋三月，与神为誓，何嫌何疑，当有悔吝？其还赎，以助伊蒲塞桑门之盛馔。"因以班示诸国中傅。①

此外，方立天《中国佛教与传统文化》、郭朋《汉魏晋南北朝佛教》等，皆据此认定佛教传入中国应为西汉末年至东汉初年。不过，佛教在两汉之际传入中国的假说，同样并未被普遍接受。

在五花八门的有关佛教东传的假说中，最为荒诞无稽的，大概就是所谓的"先秦说"，而在这种假说内部，又存在着不同的版本。譬如魏晋无名氏所伪造的《列子》，称孔夫子曾云"丘闻西方有圣者焉，不治而不乱，不言而自信，不化而自行，荡荡乎人无能名焉"，并据此断言"孔子深知佛为大圣也"。②但据史料推算，孔子与释迦牟尼虽生活于同一时代，却由于当时中印之间并无任何往来，两者之间根本无从知晓，是以"孔子深知佛为大圣也"云云，无异于梦中呓语；又如十六国时期的前秦方士王嘉，在所撰《拾遗记》中，声称早在燕昭王七年（前317），佛教就已传入华夏大地：

> 七年，沐胥之国来朝，则申毒国之一名也。有道术人名尸罗。问其年，云："百三十岁。"荷锡持瓶，云："发其国五年乃至燕都。"善炫惑之术，……呪术衔惑，

---

① （南朝宋）范晔：《后汉书》卷42《光武十五王·楚王英传》，（唐）李贤等注，中华书局1965年版，第1428—1429页。

② （唐）释道宣：《法苑珠林》卷68，影印文渊阁《四库全书》本。

神怪无穷。①

　　佛教虽然产生于公元前六世纪，但它向外传播，却在公元前三世纪被阿育王定为国教之后，故《拾遗记》此说显然有误。追本溯源，历代以来，之所以会有那么多人热衷于杜撰"佛教先秦传入说"，其因大抵就在于：佛教徒们出于抬高佛教地位的需要，而故意编造故事、虚构情节。

　　相比较而言，自从西晋以来就颇为盛行的"东汉明帝感梦求法说"，曾经在相当长的时期内，被认为是所有假说中最具权威性的说法。此说的核心思想，就是认定东汉明帝永平十年（67）乃佛教传入中国之始。《弘明集》卷1所录《理惑论》载其事曰：

　　昔孝明皇帝，梦见神人，身有日光，飞在殿前，欣然悦之。明日，博问群臣，此为何神？有通人傅毅曰："臣闻天竺有得道者，号之曰'佛'，飞行虚空，身有日光，殆将其神也。"于是上悟，遣使者张骞、羽林郎中秦景、博士弟子王遵等十二人于大月支，写佛经四十二章，藏在兰台石室第十四间。时于洛阳城西雍门外起佛寺，于其壁画千乘万骑，绕塔三匝。又于南宫清凉台及开阳城门上作佛像。明帝存时，预修造寿陵，陵曰"显节"，亦于其上作佛图像。时国丰民宁，远夷慕义，学者由此而滋。②

　　此说流传既久且广，譬如唐宪宗时，著名文人韩愈在上《论佛骨表》中就曾提道："佛者夷狄之一法耳。自后汉时流入中国，上古未尝有也。……汉明帝时始有佛法"。③

　　尽管如此，近来诸多佛教史研究者对于此说颇有质疑，他们认为：首先，感梦遣使求法的说法不但过于离奇，而且难以自圆其说，因为据《后汉书·楚王英传》记载，明帝早在做太子时，就与信佛的楚王刘英关系密切，理当知晓佛教的存在，所以梦而见佛之说无法成立；其次，从《后汉书·傅毅传》的相关记载来看，扶风茂陵人傅毅当时尚未在朝廷做官，也就无从为汉明帝解梦；第三，各书所载求法时

　　① （晋）王嘉：《拾遗记校注》卷4《燕昭王》，（萧梁）萧绮录，齐治平校注，中华书局1981年版，第94页。
　　② （南朝梁）释僧祐：《宋思溪藏本弘明集》卷1《牟子理惑论》，国家图书馆出版社2018年版，第30—31页。
　　③ （唐）韩愈：《韩昌黎文集校注》卷8《论佛骨表》，马其昶校注，马茂元整理，上海古籍出版社2018年版，第722—723页。

间颇有出入，这其中，西晋王浮的《老子化胡经》称永平七年感梦遣使，永平十八年还朝，而伪造于南北朝时期的《汉法本内传》，却系其时于永平三年；第四，其所遣使节，《老子化胡经》说有"张骞等"，《理惑论》作"使者张骞、羽林郎中秦景、博士弟子王遵等十二人"，东汉的明帝怎能派遣西汉武帝时期的张骞？第五，关于所译佛经问题，《理惑论》只说"写佛经四十二章"，而《老子化胡经》却具体为"写经六十万五千言"。唯其如此，日本学者镰田茂雄的《简明中国佛教史》，认为汉明帝感梦求法根本不是历史事实。也因此，任继愈先生在所著《汉唐佛教思想论集》中，修正了感梦遣使求法的旧说，以为"从当时整个佛教传布的形势"及"中国和当时西域诸国的交通"，可以断定佛教"开始传入当在东汉初年"[1]。然而，任先生的推测之词是否可以奉为圭臬，尚待进一步考证。对于佛教何时传入中国这个历史之谜的解答，显然也仍需不懈地追寻。

---

① 任继愈：《汉唐十七佛教哲学思想在中国的传播与发展》，载氏著《汉唐佛教思想论集》，人民出版社 1998 年版，第 12 页。

一去不返的游牧民族：北匈奴的下落

匈奴作为中国北方的一个古老的游牧民族，自从公元前三世纪崛起以来，在大漠南北活跃了数百年之久。在这几百年中，骁勇善战的匈奴人与中原王朝连年争战，演出了一幕幕威武雄壮的历史剧。对于匈奴的来历，司马迁在所撰《史记·匈奴列传》中曾略加载述：

> 匈奴，其先祖夏后氏之苗裔也，曰淳维。唐虞以上有山戎、猃狁、荤粥，居于北蛮，随畜牧而转移。①

司马迁的这段记载既可以被理解为夏后氏乃匈奴的祖先，又可以被解释为山戎、猃狁、荤粥即匈奴。也正因为存在着这种歧义，致使后人在探寻匈奴来源的问题上，出现了两种不同的认识，进而附会出形形色色的推论。这其中，乐产《括地谱》、吕思勉《匈奴文化索隐》、金元宪《北匈奴西迁考》、何震亚《匈奴与匈牙利》等，虽然其具体表述不同，部分观点也有所出入，却莫不认为匈奴源于夏后氏；至于王国维《鬼方昆夷猃狁考》、梁启超《史记匈奴传戎狄名义考》、胡君泊《匈奴源流考》等，则又主张匈奴实乃由猃狁、荤粥发展演变而来。

至今来历难明的匈奴，在与汉朝的时断时续的武力对抗中，最终走向衰乱，并在东汉光武帝建武二十四年（48年）发生分裂。其中南匈奴臣属于汉朝，而北匈奴始则仍然滞留于漠北，终乃在汉和帝永元三年（91年）被汉军大败于金微山（今阿尔泰山）后向西迁徙，"逃亡不知所在"。②尽管此后，《魏书·西域传》和《隋书·西域传》还零星地记载了北匈奴西去的踪迹，但对于他们的西行路线及其究竟迁往何处，却不得而知。于是，曾经对中原王朝构成严重威胁的北匈奴，突然从人

---

① 《史记》卷110《匈奴列传》，中华书局1959年版，第2879页。

② （南朝宋）范晔：《后汉书》卷89《南匈奴传》，（唐）李贤等注，中华书局1965年版，第2954页。

间蒸发了。

也就在北匈奴西迁 280 多年后的公元 374 年，一支自称匈人的骑兵部队突然出现在欧洲东部。勇猛善战的他们，很快征服了东哥特国，尔后挥戈西进，横扫西哥特国，并迫使西哥特人不得不逃向罗马帝国。不过，匈人虽然在欧洲东部取得了巨大的军事胜利，且在哥特人的故土建立了他们的昏国，却并未因此停止对外扩张的步伐，至五世纪中叶，匈人在阿提拉的领导下，使罗马人蒙羞，令日耳曼人丧胆，最终建立起一个东至咸海、西至大西洋西岸、北至波罗的海、南至多瑙河流域的强大帝国；降及六世纪，阿提拉的后裔阿巴鞬又在匈牙利平原上建立了他的匈牙利国。但令人惊讶的是，在相当长时期内，欧洲人对于给他们带来痛苦与灾难的匈人的来历，始终茫无所知。

这种情况持续至 18 世纪六七十年代方才改变。当时，法国学者德揆尼在所著《匈奴、突厥、蒙古及其他西部鞑靼各族通史》（1770 年出版于巴黎）一书中，根据《通鉴纲目》《魏书·西域传》及其他相关史料，详细地叙述了匈奴人的早期历史，并首次论证了欧洲历史上的匈人就是中国历史上的匈奴人。德揆尼的这个观点，不但为英国历史学家吉本的《罗马帝国衰亡史》（1776 年出版于伦敦）所采纳，而且得到了伯克《鞑靼千年史》、夏德《伏尔加河流域的匈人和匈奴》等论著的呼应，从而流行于西方，以至于匈牙利的伟大诗人裴多菲也倾向于认为自己的祖国与北匈奴有着密切的关联，因而在诗中写道：我们那遥远的祖先，你们是怎么从亚洲走过漫长的道路，来到多瑙河边建立起国家的？

19 世纪末，中国学者洪钧（1839—1893）在出使俄国期间，得知德揆尼的这个观点，于是在所撰《元史译文证补》一书中，叙述了匈奴人进军欧洲的过程，他的这一叙述后来又被王先谦辑入《后汉书·西域传》注解中，从而为广大中国学者所关注，并因此而有章太炎《匈奴始迁欧洲考》等论著的问世。

包括德揆尼、夏德、洪钧、章太炎在内的诸多中外学者，之所以认定匈人就是匈奴人，首先是因为在他们看来，匈和匈奴不但族名相近，而且其实就是同一种族。例如 1937 年何震亚先生所做的《匈奴与匈牙利》，认为匈牙利（Hungary）中的"匈（Hun）"实乃种族之称，而"牙利（gary）"则为地名，匈牙利即匈人之地，其与"匈奴"同意；此外，匈奴在战国前又名"猃狁""熏育"，这些名称其实都是"匈"的对音，而"混夷""荤粥"中的"混""荤"，其音又同于匈人所建昏国之"昏"。其次是因为匈和匈奴在诸多文化习俗方面都存在着相似之处。譬如《后汉书·南匈奴传》注曰：

匈奴谓孝为若鞮。自呼韩邪单于降后，与汉亲密，见汉帝谥常为孝，慕之。至其子复珠累单于以下皆称若鞮，南单于比以下直称鞮也。[1]

由此可知匈奴单于的名号中都冠有"若鞮"或"鞮"，而与此同时，匈人领袖阿提拉（Attila）、阿巴鞮（Apad）的名字中也保留着"鞮"音；又如歃血为盟乃匈奴人的风俗，在《汉书》中时常可见汉人与匈奴单于杀白马饮血盟誓的记载，而希腊史家希罗多德也谓里海民族中保有杀白马盟誓的风俗。

近来，中国音乐学院的杜维雄等先生，在河西走廊采集民歌时不经意地发现：在裕固族民歌中有不少曲调和匈牙利民歌极为相似，犹如一首歌曲的不同变奏，而其中的《催眠曲》，不仅在曲调上与匈牙利《摇篮曲》完全一致，且其专用衬词"呗哩"的发音也一模一样。然后，他们带着这些疑问查考了相关史书，在《汉书·李广传》颜师古注中，发现裕固族的祖先丁灵人曾经在西汉时为匈奴人所征服，后者封卫律为丁灵王加以统治。据此，他们不但断言裕固族必然保留了匈奴人的部分文化习俗，而且推定匈牙利人应当就是北匈奴人的后裔。然而，杜维雄等先生的论证方式，犹如此前的所有推论，都存在着一个致命的硬伤，那就是：他们都仅仅以匈奴、匈之间的某些相似点为论据而得出同样的结论，从而犯了以偏概全的毛病。

其实，在探究匈与北匈奴关系的问题上，关键还在于找到北匈奴西迁至欧洲的准确路线。不过，德揆尼、吉本等学者虽然认为匈人就是北匈奴人，却都未曾考证北匈奴西迁的具体过程，吉本甚至认为根本无法加以考证。也唯其如此，不少学者对匈人即匈奴人的这个观点嗤之以鼻，英国学者伯利甚至认为它是"凭借幻想，而不是根据历史事实"所做的推测。

也正是有鉴于此，部分史家开始潜心考证北匈奴的西迁路线。这其中，章太炎《匈奴始迁欧洲考》的结论比较简略，以为北匈奴向西迁移时，"一出乌孙，一趣大秦。趣大秦者，所谓匈牙利矣"[2]。丁谦《汉以后匈奴事迹考》的相关考证虽略详于章太炎，却也仅仅提到北匈奴从金微山西走康居建立悦般国后进入欧洲。[3] 相对而言，齐思和的相关考述比较详细，在其大作《匈奴西迁及其在欧洲的活动》中，北匈奴的西迁过程被分为以下四个阶段：悦般时期、康居时期、粟特时期、珂兰时

---

① （南朝宋）范晔：《后汉书》卷89《南匈奴传》，（唐）李贤等注，中华书局1965年版，第2939页。

② 《太炎文录初编》，上海人民出版社编，徐复点校，上海人民出版社2014年版，第400页。

③ 丁谦：《汉以后匈奴事迹考》，《地学杂志》1919年第7、8合期。

期。[①]不过，齐先生虽然勾画出了北匈奴西迁的具体路线图，但他的研究成果并未得到学界的普遍接受。

目前，不但匈牙利官方认为他们的祖先既非匈奴人也不是匈奴人的亲戚，而且国内部分学者——例如余太山先生，也倾向于认定北匈奴西迁或许只是一种猜测。因此，若欲探究匈与北匈奴之间的内在关联，进而断定匈人就是北匈奴人，最可靠的方法，不是根据风俗习惯加以判断，也不是对中西文献做全面而又更加细致的梳理，而是尽快找到一块匈奴人的遗骨进行 DNA 鉴定。

---

① 齐思和：《匈奴西迁及其在欧洲的活动》，《历史研究》1977 年第 3 期，第 126 页。

对一代女史的质疑：班昭有否续《汉书》

扶风安陵人班昭，又名姬，字惠班。大约生存于东汉光武帝建武年间至安帝永宁年间的她（约49—120），是中国历史上屈指可数的几位女性史家之一。

班昭出生于官宦世家，其父班彪是当时著名的学者，其长兄班固以文史见称，所撰《汉书》乃二十四部正史之一，她的另外一位兄长班超，则是投笔从戎、立功西域的著名外交家和军事家。身处这样的家庭环境之中，班昭从小就聪明好学，而在父兄的熏陶和严格教导下，她熟读了儒家经典和各种文史书籍，从而掌握了丰富的知识，这就为她日后的文史创作打下了扎实的基础。

众所周知，司马迁的《史记》，其叙事下限仅止于汉武帝太初之前，此后的西汉一代史迹，皆阙而不录。尽管在司马迁身后，好事者诸如扬雄、刘歆、阳城衡、褚少孙、史孝山之徒，都曾致力于续写《史记》，却犹如狗尾续貂。也正是有鉴于此，班彪博采遗事异闻，作成《史记后传》65篇。但令人遗憾的是，他的这个宏图因其卒于建武三十年（54）而未能如愿。于是此后，有意完成乃父未竟之志的二十三岁的班固，在班彪已有的基础上，着手编纂西汉一代的完整史事，并且历经曲折，费时二十余年，最终在章帝建初中叶，撰成中国历史上的第一部纪传体断代史《汉书》，内含十二本纪、八表、十志、七十列传。

据范晔《后汉书·列女传》记载，当汉和帝永元四年（92）班固受政治风波牵连而遇害之时，其《汉书》中的八表及《天文志》尚未定稿；对班昭才学早有耳闻的和帝，特地诏令她参考东观藏书替班固补作：

> 扶风曹世叔妻者，同郡班彪之女也，名昭，字惠班，一名姬。博学高才。世叔早卒，有节行法度。兄固著《汉书》，其八表及《天文志》未及竟而卒，和帝诏昭就东观藏书阁踵而成之。……时《汉书》始出，多未能通者，同郡马融伏于阁下，

从昭受读，后又诏融兄续继昭成之。①

对于《后汉书》此说，自唐至清，包括《隋书·经籍志二》、《文选》李善注、宋郑樵《通志·总序》、元马端临《文献通考·经籍考十八》、清李光地《榕村语录》卷21在内的诸多典籍，皆相承而无异议，即便挑剔如唐代史家刘知几者，其《史通·古今正史》也信从之：

（班固《汉书》）经二十余载，至章帝建初中乃成。固后坐窦氏事，辛于洛阳狱，书颇散乱，莫能综理。其妹曹大家博学能属文，奉诏校叙。又选高才郎马融等十人，从大家受读。其八表及《天文志》等，犹未克成，多是待诏东观马续所作。②

至如宋人晁公武，在其所撰《郡斋读书志》卷5中，更因此断言"八《表》、《天文志》，皆其所补"。③时至当下，学界仍然较为普遍地承认班昭续补《汉书》之说，这其中，周笃文、陈绍棣、朱维铮诸先生，更作专文加以考述和表彰，分别撰就《中国第一位女史学家班昭》《一代才女和史家——班昭》和《班昭考》。④

对于"表"这一史体的功能、作用，历代以来颇有史家予以评说，其中尤以明清之际的顾炎武的认识最为精到，其《日知录》云：

朱鹤龄曰："太史公《史记》帝纪之后，即有'十表''八书'。表以纪治乱兴亡之大略，书以纪制度沿革之大端。班固改'书'为'志'，而年表视《史记》加详焉。盖表所系立，昉于周之谱牒，与纪、传相为出入。凡列侯将相、三公九卿，其功名表著者既系之以传，此外大臣无积劳亦无显过，传之不可胜书，而姓名爵里、存没盛衰之迹要不容以遽泯，则于表乎载之；又功罪事实传中有未悉备者，亦

---

① （南朝宋）范晔：《后汉书》卷84《列女传》，（唐）李贤等注，中华书局1965年版，第2784—2785页。
② （唐）刘知几：《史通通释》卷12《古今正史》，（清）浦起龙释，上海古籍出版社1978年版，第338—339页。
③ （宋）晁公武：《郡斋读书志校证》卷5，孙猛校证，上海古籍出版社1990年版，第177页。
④ 周笃文：《中国第一位女史学家班昭》，《人物》1980年第4期，第152—154页；陈绍棣：《一代才女和史家——班昭》，《历史教学》1991年第8期，第46—49页；朱维铮：《班昭考》，《中华文史论丛》2006年第2期，第7—42页。

于表乎载之。年经月纬，一览瞭如。作史体裁，莫大于是。①

曾经，梁玉绳先生根据《汉书·叙传》中的诸表小叙，推断该书诸表"科段并出固手，昭特覆更缀辑尔"。②班昭对于《汉书》诸表之续作，究竟有多少功劳，虽已无从考查，但即便如梁玉绳所论仅"覆更缀辑"而已，也足以书名青史。

不过，近来有学者对范晔《后汉书》这段记载的真实性表示怀疑，认为班昭其实并未续写《汉书》。其理由主要有以下四条：

其一，《汉书·天文志》的内容，除了增补汉武帝以后的天象变化之外，其余基本上沿用了《史记·天官书》的相关记载，其工作量很小，以班固"潜精积思二十余年"③之力，根本不必由他人来续写。因此，班昭补作《汉书·天文志》一说难以成立；

其二，对于《汉书》八表中的《古今人表》及《百官公卿表》，南朝史家沈约在所撰《宋书·百官表》中明确指出乃班固原著，又《后汉书·班彪传上》云：

固以为汉绍尧运，以建帝业，至于六世，史臣乃追述功德，私作本纪，编于百王之末，厕于秦、项之列，太初以后，阙而不录，故探撰前记，缀集所闻，以为《汉书》。起元高祖，终于孝平王莽之诛，十有二世，二百三十年，综其行事，傍贯《五经》，上下洽通，为《春秋》考纪、表、志、传凡百篇。固自永平中始受诏，潜精积思二十余年，至建初中乃成。④

此所谓"乃成"，当是《汉书》全书定稿之意。除此而外，无论是班固本人在《汉书·叙传》中的自述，还是东晋袁宏《后汉纪》及刘宋范晔《后汉书》的相关介绍，都指明《汉书》总共一百篇。由此可见，百篇《汉书》乃是一部完整的书稿。

其三，从《汉书》八表及其《天文志》和各篇传末论赞来看，无论文体，抑或语法，无疑均出自一人之笔；此则较诸《后汉书·列女传》所录的班昭《女戒》，

① 《日知录集释》（全校本）卷26"作史不立表志"条，（清）顾炎武著，黄汝成集释，栾保群、吕宗力校点，上海古籍出版社2006年版，第1446页。

② （清）梁玉绳：《汉书人表考序》，《湖海文传》卷24，（清）王昶辑，上海古籍出版社2013年版，第5—6页。

③ （南朝宋）范晔：《后汉书》卷40上《班彪传上》，（唐）李贤等注，中华书局1965年版，第1334页。

④ （南朝宋）范晔：《后汉书》卷40上《班彪传上》，（唐）李贤等注，中华书局1965年版，第1334页。

可以断定两者之间存在着较为明显的差异。据此而言，班昭补作《汉书》之说无法成立。

其四，从写作时间上加以推算，据《后汉书·班彪传附班固传》，可知班固卒于其《汉书》写成之后的十年。在这种情况下，假如当初班固确实不曾撰成《汉书》中的部分表、志，也足以在他生命的最后十年间从容补作，根本无须他人续成《汉书》。

平心而论，范晔是位作史态度较为严谨的史家，既然其《后汉书·列女传》断言班昭曾经续写过《汉书》，那么，这一记载大抵不至于太离谱。当然，也不能排除范晔《后汉书·列女传》误载的可能。因为后人对于班昭有否续写《汉书》的质疑，也确实言之成理。故此，班昭有否续写《汉书》这个原本不成问题的问题，也就成了尚未明确的历史之谜。

不过，尽管有人对班昭是否续过《汉书》颇有争论，但对于班昭传授、流布《汉书》之功，却并无任何异议。据范晔《后汉书》记载，班固《汉书》定稿后，"当世甚重其书，学者莫不讽诵焉"①。但由于种种缘故，时人并不能加以深刻地理解；于是，班昭作为当时唯一通晓《汉书》的权威，不知疲倦地为人们讲解《汉书》。也因此，不管班昭有否续写《汉书》，她对于传布《汉书》的功绩，却是终究无法抹杀的。

---

① （南朝宋）范晔：《后汉书》卷 40 上《班彪传上》，（唐）李贤等注，中华书局 1965 年版，第 1334 页。

造福人类的伟大发明：蔡伦与造纸术

造纸术作为中国古代的四大发明之一，对推动人类文明进步的作用，几乎难以估量。也因此，它的发明者理当受到后人的无尽缅怀。

长久以来，东汉宦官蔡伦（？—121）被认为是造纸术的发明者，其史料依据，则是范晔《后汉书·宦者·蔡伦传》的下段记载：

> 自古书契多编以竹简，其用缣帛者谓之为纸。缣贵而简重，并不便于人。伦乃造意，用树肤、麻头及敝布、渔网以为纸。元兴元年（105）奏上之，帝善其能，自是莫不从用焉，故天下咸称"蔡侯纸"。①

但时至1957年，这一传统观点遭到考古发现的否定。当时，在陕西省西安市东北郊的灞桥砖瓦厂工地上，人们挖掘到一座古墓。在这座古墓中，除了藏有一些铜剑、半两钱等文物外，还从中出土了一叠多达88片的古纸残片，其长度不足十厘米，颜色泛黄，质地细薄匀称，并含有丝织的纤维。考古学家认为这个墓葬不会早于汉武帝下令废止半两钱的元狩五年（前118），因而墓中所藏的古纸应该是西汉纸。"西汉灞桥纸"的发现一时间轰动了学术界，不少学者纷纷发表意见，甚至宣称："它的出土无可辩驳地说明，中国是世界上最早发明造纸术的国家，并把我国发明造纸的时间提前到了西汉，也使我们不得不重新评价蔡伦对造纸的贡献和作用。"② 不过，轻工业造纸局和中国造纸学会纸史委员会经过先后两次联合调查，认定所谓的"西汉灞桥纸"，其实是某些急功近利之徒为制造轰动效应的产物；它根本不是植物纤维纸，而只是一些用以衬垫铜镜的破麻絮。③

---

① （南朝宋）范晔：《后汉书》卷78《宦者·蔡伦传》，（唐）李贤等注，中华书局1965年版，第2513页。

② 裴建平：《国宝春秋 百年震撼——西汉"灞桥纸"的发现》，《文博》2001年第4期，第78—76页。

③ 齐吉祥：《灞桥纸、中颜纸和汉代的造纸术》，《历史教学》1982年第7期，第41—42页。

　　然而，尽管"西汉灞桥纸"的真实性遭到了彻底的否定，有关造纸术是否起源于蔡伦的争论却并未因此停止。这一方面是因为相关的文献记载构成了蔡伦造纸说的否定，譬如《三辅故事》云：

> 卫太子大鼻，武帝病，太子入省，江充曰："上恶大鼻，当持纸蔽其鼻而入。"帝怒。[1]

　　又如《汉书·外戚传下》也曾明确记载西汉成帝时，赵昭仪为害死后宫女官曹伟能，派人送去一箧，"箧中有裹药二枚，赫蹏书（即薄小纸）"。[2]另一方面是因为下列考古发掘成果表明纸张在西汉一代已然存在：

　　1933 年，著名考古学家黄文弼在新疆罗布绰尔古烽燧遗址中，掘得一片西汉中叶的古纸。该纸长 10 厘米，宽 4 厘米，尽管当时未曾加以分析化验，但从外观来看，显系西汉麻纸无疑，发现了西汉麻纸。

　　1973 年至 1974 年间，在甘肃居延汉代遗址中发现两片麻纸，其中一片大约 400 平方厘米，用大麻纤维制作而成，其年代大约在西汉宣帝时期，另一片面积 103.5 平方厘米，用麻、线混合制成，其年代大约在西汉建平年间。

　　1986 年，考古工作者在甘肃天水放马滩 5 号汉墓发现了一张西汉早期的纸质地图。该地图出土时已非常残破，用细墨线条绘制，被放在死者胸部上，残长 5.6 厘米，宽 2.6 厘米，约 14 平方厘米，纸面光滑平整。

　　1990 年秋至 1991 年底，甘肃省文物考古研究所在对敦煌悬泉置遗址进行考古发掘时，获得了 17650 件各类遗物，其中弥足珍贵的简牍就多达 1500 余枚。特别是与简牍共存的 24 片麻纸，其中 4 块写有文字，其年代当是西汉宣帝到哀帝时期（前 73—1）。这说明西汉不仅有纸，而且开始用纸进行书写。

　　此外，《后汉书·宦者·蔡伦传》所载又与《东观汉记·蔡伦传》——有关蔡伦生平事迹的最早历史记载——颇有出入。《东观汉记》作为东汉的官修国史，乃曹寿、延笃等人撰于汉桓帝元嘉元年（151），上距蔡伦之死不过三十年，因而该书对于蔡伦事迹的记载，较诸范晔《后汉书》，可信度更大。《东观汉记》虽然早已散佚，但仍有部分佚文传世。这其中，虞世南《北堂书钞》、欧阳询《艺文类聚》及徐坚《初学记》所录《东观汉记·蔡伦传》佚文，均作："黄门蔡伦，典作上方作纸，所谓'蔡侯纸'也。"从其文意来看，仅说蔡伦主管造纸事务，并无发明造纸

---

① 《广博物志》卷 11 引《三辅故事》，影印文渊阁《四库全书》本。
② 《汉书》卷 97 下《外戚传下》，中华书局 1962 年版，第 3991 页。

术之意。两相对比，基本上可以认定《后汉书·宦者·蔡伦传》的"造意"一词可能是用词不当。

但迄今为止，仍有不少学者坚持蔡伦造纸说。在他们看来，文献记载中所提到的出现于蔡伦之前的纸，因为都是丝质纤维所造，所以充其量只是漂丝的副产品而已，至于目前出土的几种所谓的西汉纸，因其过分粗糙，只能算是纸的雏形；即便在"蔡侯纸"问世之前已经出现了雏形纸，但是，假如没有蔡伦的"造意"，当时不大可能制造出质地轻薄、光滑平整又便于书写的纸张。

平心而论，历史上任何一项重大工艺技术的发明及其被使用，并非一蹴而就，而都经历了一个从设想到雏形再到不断完善的过程。从考古发现来看，造纸术显然在西汉一代已然出现，只是当时的纸张质量比较差，但到了西汉后期，其质量得以明显提高。也正是在此基础上，在尚方令蔡伦的领导、督促下，其属下的工匠们不断试用更为适宜的原材料，同时又不断改进造纸工艺，最终选用植物纤维制造出了高质量的"蔡侯纸"。

虽然在"蔡侯纸"问世之前已经出现了纸张，但这无损于此蔡伦作为造纸工艺杰出改良者的丰功伟绩。正是凭借蔡伦的改良，纸张从此进入了它的实用阶段，并得以迅速推广，进而为推动印刷技术的进步和印刷业的发展，提供了价廉物美又易得的承印物。

总而言之，中国的造纸术虽然并不像传说中的那样始于蔡伦，但蔡伦对于改进中国造纸术乃至推广造纸技术的突出贡献，却终究无法加以抹杀；也部分因此之故，后世将之奉为"纸神"，不但赋诗歌颂，[1]更予以建祠立庙，焚香祭祀。[2]

---

① 例如清苏廷魁《守柔斋诗钞》之《纸神》云："数钱西邸涸天垣，末造炎灵日月昏。偏有蔡伦池水洁，纸庄尸祝小黄门。"

② 如据明嘉靖《衡州府志》卷 4 记载，元代耒阳知州陈宗义建蔡伦庙于耒阳县南蔡伦池上。

刻意混淆的史实：曹操的身世

《后汉书·桓帝纪》有一句看似不相干的话，说是东汉桓帝建和元年（147）二月，"沛国言黄龙见谯"。[①] 这句不相干的话，对于满脑子谶纬的东汉士庶而言，却有着深刻的含义，它其实暗指谯县的曹家从此得到了上天的眷顾。

事实上，谯县曹氏家族的真正发迹，确实是从桓帝君临天下之时开始的。出身谯县曹家的曹腾，因为在迎立桓帝事件中立下了汗马功劳，不但他本人在仕途上更进一步，成为宦官集团的领袖级人物，也使得此前默默无闻的谯县曹氏，从此走向富贵。曹操就是这个家族的传人，他是曹腾的孙子、曹嵩的儿子。

曹腾大抵因为家境贫寒的关系，被净了身，送入宫中做太监。其入宫时间，大约在安帝元初年间（114—119）。颇有心计的他，很快就在安帝永宁元年（120），从众多的黄门从宫中脱颖而出，成为太子殿下（也就是后来的顺帝刘保）的读书伴郎，深得太子的欢心。凭借着这种关系，在顺帝继位之后，曹腾在宫中的地位，如同芝麻开花节节高，一直做到中常侍。但曹腾那时，因为不是宦官当权派孙程、黄龙等人的同党，实权有限。

自从顺帝一命鸣呼之后，外戚梁氏为了巩固自己的权势，在短短两年内，连续策划了两起肆意废立的恶性事件，两岁的冲帝、八岁的质帝这两个小皇帝，先后惨遭杀害。在质帝被毒死之后，掌权的大将军梁冀，有意拥立十五岁的蠡吾侯刘志。著名的党人领袖、太尉李固，与大鸿胪杜乔等人则针锋相对，他们也推出了自己的人选："年长有德"[②] 的清河王刘蒜。双方各不相让。

就在这个节骨眼上，曹腾连夜拜访了梁大将军，极力怂恿梁冀坚定立场。曹腾的劝说，进一步增强了梁冀拥立刘志的决心，最终在他妹妹梁太后的支持下，将刘志扶上了皇帝的宝座。事后论功行赏，曹腾被封为费亭侯，升任大长秋，加位"特进"，成为梁太后身边的大红人。

---

① （南朝宋）范晔：《后汉书》卷7《桓帝纪》，（唐）李贤等注，中华书局1965年版，第289页。
② （南朝宋）范晔：《后汉书》卷44《胡广传》，（唐）李贤等注，中华书局1965年版，第1510页。

由于在顺帝阳嘉四年（135）以后，高级宦官能够名正言顺地收养子，所以没有生育能力的曹腾，如同其他大宦官，收养了一个儿子，也就是曹嵩。

从常情来看，收继者历来就对收继关系讳莫如深。他们都不希望过继者长大成人后脱离自己，毕竟他们付出了很多。从常理来看，除了那些别有用心者和精神有问题的人，国人都很尊重收继者的情感（当然还有利益）。而且，过继者即使后来明白了真相，也大都不会辜负收继者的希望。

因此，原本不该探讨"曹嵩的生父究竟是谁"这个问题。因为既然曹嵩已经过继给了曹腾，自然没有必要再去探究他的来历，即使考证出他的生父，除了满足一下可怜的好奇心，并没有任何意义。我们认为探讨这个问题，不仅是对曹腾、曹嵩父子的伤害，事实上也是对社会伦理原则的践踏。

《曹瞒传》的作者绝对是个心理龌龊者，他很变态地说曹嵩的血管中流淌的是夏侯氏的血；曹嵩就是曹魏名将夏侯惇的叔父（如此算来，曹操与夏侯惇就是叔伯堂兄弟了）。郭颁的《魏晋世语》，很不负责地因袭了《曹瞒传》的观点。陈寿自以为他的作史态度很严谨，只说了一句"莫能审其生出本末"，[①] 但实际上，正是他的这句话，引起了后人对曹嵩（其实是对曹操）身世更为广泛的关注。

清代学者何焯在所著《义门读书记》中，认为曹嵩、曹操不可能与夏侯氏有任何血缘关系。他说，假如曹操果真是夏侯惇的叔伯兄弟，那么，曹操就绝对不可能把自己的女儿清河公主，嫁给夏侯惇的儿子夏侯楙。何焯进而分析说，《曹瞒传》之所以如此诋毁曹操，就因为该书作者是与曹魏对立的东吴人。[②]

何焯虽然论点正确，但他的论据不足以支撑他的论点。这里假设曹嵩确实是从夏侯氏过继给曹腾的，那么，曹操和夏侯惇虽然在血缘上是叔伯兄弟，但在名节上已经没有任何关系，在这种情况下，曹操出于某种考虑，把女儿嫁给夏侯楙，既不是不可以，也不是不可能。

我们在考察曹嵩身世的时候，必须注意到这样几个细节：第一，曹腾只有在成为老资格宦官之后，起码是在位居中常侍以后，才有可能收养子；第二，夏侯家和曹家都是谯县人，曹腾不会傻到收养一个与老家距离太近的异姓儿童，因为这不利于保密；第三，从曹嵩、曹腾、曹操祖孙三代的年龄差距推论，曹嵩被收为养子时，应该已经懂事了，他不可能不知道自己的亲生父母。这就意味着，假如曹嵩不是曹腾的亲侄子，曹腾是万万不敢收养的。所以，基本上可以排除曹嵩是夏侯氏之子的可能性。

---

① 《三国志·魏书》卷1《武帝纪》，中华书局1982年第2版，第1—2页。

② （清）何焯：《义门读书记》卷26，崔高维点校，中华书局1987年版，第425页。

　　贵达后的曹腾，不但收了养子，而且开始粉饰他老曹家的家世，并最终选择了春秋时代邾国的亡国奴，认为曹家的祖世出自邾国。据《史记·楚世家》三家注，曹姓的始祖曹安，是黄帝裔孙陆终的第五个儿子。[①] 王沈《魏书》说，曹安的后裔曹挟被周武王分封在邾地（今山东邹县），做了邾国的国君、周天子的子爵。[②] 夏曾佑先生说，邾子在春秋时期仅仅传了八代（《汉书·地理志下》说，邾国自建国以来，总共传了二十九代），就被强大的楚国给灭了[③]（王沈《魏书》说邾国亡于战国时期，错）。于是，亡国丧家的曹姓邾人作鸟兽散，据说有一部分迁居到了沛地，从此在沛地生儿育女、安居乐业。

　　这里姑且不论沛地是否存在邾子的后裔，曹腾选择邾国的亡国奴作为谯县曹家的始祖，实在是一个高招：谯县曹家的始祖虽然是亡国奴，却也曾经贵为子爵；也正因为是亡国奴，所以可以浑水摸鱼，大胆冒姓。但是，曹腾的苦心并没有得到孙子曹操的理解。曹操为了进一步抬高曹家的声望，把自己的家世挂靠到曹叔振铎（周文王之子，曹国第一任国君）的名下。孤立地看，曹操的这个附会，本身也没有什么破绽，因为在曹国灭亡后，曹叔振铎的后人完全可以国号为姓。问题出在：曹操和他祖父说法不一，自乱了阵脚。

　　可笑的是，曹操的败家孙子魏明帝曹叡，居然也横插一脚，来了个否定之否定。他听信了腐儒高堂隆的酸主意，庄严宣布曹氏乃帝舜之后，[④] 这就更加混淆了视听。不过，高堂隆的建议也有一定的道理，因为根据五德终始学说的逻辑，作为汉朝（"火德"）的合法继承人，曹魏确实应该是"土德"，而且必须找帝舜这个"土德"。

　　假如说魏明帝的不该，还情有可原的话，那么，陈寿的结论（曹家乃前汉相国曹参之后），就很不负责任了。曹参是西汉的名相，东汉政府还经常祭祀他。由此可见冒称曹参后人的做法，是行不通的。曹操的后嗣再无知，也不至于无知到挂靠曹参名下。事实上，曹家的人从来没说过这样没有见识的话，陈寿却自作主张，安排曹腾、曹操他们去做曹参的后代。假如死去的曹腾还能再死一次的话，这一次他绝对是被陈寿给气的。

---

① 《史记》卷40《楚世家》三家注，中华书局1959年版，第1691页。
② 《三国志·魏书》卷1《武帝纪》注引王沈《魏书》，中华书局1982年第2版，第1页。
③ 夏曾佑：《中国古代史》，河北教育出版社2000年版，第46页。
④ 《三国志·魏书》卷3《明帝纪》注引王沈《魏书》，中华书局1982年第2版，第110页。

道教的起源：遥远而又模糊的三清观

作为中华民族的传统宗教，道教不但有着极其悠久的历史，而且深刻地影响了国人的思维方式乃至生存样态。然而，迄今为止，对于这一土生土长的宗教究竟何时兴起的问题，无论学界抑或民间，见解均不统一。

这其中有不少论著，譬如郭沫若《中国史稿》、翦伯赞《中国史纲要》，或断言："到东汉时候，从印度传入的佛教逐渐流行起来。同时，道教也产生了。"[1] 或称："东汉时期，民间流行的巫术与黄老学说的某些部分结合起来，逐渐形成了道教。"[2] 尽管文字表述不尽相同，却莫不认为道教起源于东汉。但显然易见的是，诸如此类的解答实在太宽泛，毕竟东汉帝国的存续时间几近二百年之久；也正因为它过于笼统，难以令人信服。

于是，有学者"上穷碧落下黄泉，动手动脚找史料"，终于在《三国志注》中，找到了曹魏民间史家鱼豢所著《典略》中的下段记载，并以此为据，将范围由"东汉"缩小至"东汉末年"：

（灵帝）熹平（172—178）中，妖贼大起，三辅有骆曜。（灵帝）光和（178—184）中，东方有张角，汉中有张修。骆曜教民缅匿法，角为太平道，修为五斗米道。[3]

从中可见，东汉末年之所以被认为是道教起源之时，其关键就在于当时的农民起义大都利用道教作为组织形式。然而，尽管这种说法有其一定的史料依据，却明显地忽视了以下两个基本史实：其一，五斗米道虽然直至汉灵帝光和中叶才被用作农民起义的组织形式，但它的始创时间却远在半个世纪前的汉顺帝在位年间（126—145），对此，《三国志》作有明确的记载：

---

① 郭沫若主编：《中国史稿》第二册上，人民出版社 1963 年版，第 160 页。
② 翦伯赞主编：《中国史纲要》上册，人民出版社 1995 年版，第 198 页。
③ 《三国志·魏书》卷 8《张鲁传》注引《典略》，中华书局 1982 年第 2 版，第 264 页。

张鲁字公祺，沛国丰人也。祖父陵，客蜀，学道鹄鸣山中，造作道书以惑百姓，从受道者出五斗米，故世号米贼。陵死，子衡行其道。衡死，鲁复行之。①

其二，被后世道徒尊为《太平经》的原始道教经典著作《太平清领书》，据范晔《后汉书》可知，其实早在汉顺帝时，不但已为琅琊人宫崇献于朝廷，而且其中的部分文字，也屡见于当时的官方文书之中。②事实上，仅仅依据这样两则史实，就足以将道教产生的年代，从东汉末年至少前推到东汉顺帝在位年间。也正是有鉴于此，无论是任继愚先生所主编的《中国佛教史》，还是日本学者常盘大定的《道教发展史概说》和洼德忠的《道教史》，都主张道教产生于汉顺帝君临天下之时。

然而，《三国志·张鲁传》及《后汉书·襄楷传》的相关记载，充其量只能实证汉顺帝时已有道教宗教活动之存在，却并不足以认定这类活动不可能存在于此前。就拿张陵"学道鹄鸣山中"这条史料来说，据此可以断言张陵首创五斗米道，假如因此宣称在张陵首创五斗米道之前不存在其他道教流派，就有论据不足之嫌疑了；否则，便无法解释张陵向谁"学道"的问题。事实上在顺帝当政之前，具体而言，也即东汉开国君主光武帝建武十七年（41）所爆发的一次农民起义中，就有一种疑似于道教的宗教组织活跃其中，《后汉书·马援传》载其事曰：

初，卷人维汜，妖言称神，有弟子数百人，坐伏诛。后其弟子李广等宣言汜神化不死，以诳惑百姓。十七年，遂共聚会徒党，攻没皖城，杀皖侯刘闵，自称"南岳太师"。③

既然维汜及其弟子李广的活动，犹如后来张角、张修的道教活动，都被斥为"妖巫"，那么，两者之间就必然存在着诸多相似之处。执此而论，道教与其说产生于汉顺帝时，毋宁说形成于东汉初。

综观有关道教何时起源问题的既有假说，尽管相互之间有所出入，却并未溢出东汉一代。不过，诸如此类的观感可能都不准确，因为诸多史料显示：还在西汉末年，华夏大地不但已经出现了道士的踪迹，而且隐然出现了近似于后世道教宗教活

---

① 《三国志·魏书》卷8《张鲁传》，中华书局1982年第2版，第263页。

② （南朝宋）范晔：《后汉书》卷30下《襄楷传》，（唐）李贤等注，中华书局1965年版，第1084页。

③ （南朝宋）范晔：《后汉书》卷24《马援传》，（唐）李贤等注，中华书局1965年版，第838页。

动的秘密活动。譬如班固《汉书·李寻传》就明确记载说：

> 初，成帝时，齐人甘忠可诈造《天官历》《包元太平经》十二卷，以言"汉家逢天地之大终，当更受命于天，天帝使真人赤精子，下教我此道。"忠可以教重平夏贺良、容丘丁广世、东郡郭昌等，中垒校尉刘向奏忠可假鬼神罔上惑众，下狱治服，未断病死。贺良等坐挟学忠可书以不敬论，后贺良等复私以相教。[①]

据说《包元太平经》实乃《太平经》之雏形，虽然此说并不为学界所普遍接受，但《太平经》与《包元太平经》存在着非常密切的关联，却有目共睹。更何况《包元太平经》确实曾在甘忠可、夏贺良、丁广世、郭昌等人之间"私以相教"，这种"教"，其性质不正是传教活动吗？据此断言早在西汉成帝时已经出现了类似道教的传布活动，应当并非无稽之谈。

尤其值得注意的是，后世道教经典也往往宣称《太平经》问世于汉成帝之时。譬如《混元圣记》说汉成帝河平二年（27），"老君降于琅玡郡曲阳渊，授于吉《太平经》"。又如《历吉真仙体道通鉴》亦云："吉于曲阳流水上得神书，……时汉成帝河平二年甲午也。"所谓"授神书"云云，乃后世道士自造经书的托词，自然不足为据，但既然有如此众多的道教经书均将所谓的"授书"时间上推至汉成帝在位年间，那么，假如有朝一日有人据此推定道教起源于汉成帝之时，应当不至于令人倍感意外。

总而言之，由于道教最初兴起于民间，而且经常被用作农民起义的组织形式，因而官修史书的相关记载总是显得语焉不详甚至加以刻意回避。也主要因为传世史料的严重不足，目前对于道教起源问题的探究，不是裹足不前，就是误入歧途，从而使之成为迄今仍难以解答的历史之谜。

---

① （南朝宋）范晔：《汉书》卷75《李寻传》，（唐）李贤等注，中华书局1962年版，第3192页。

举世无双的传统艺术：楷书的产生

因其字体端正规范、堪称楷模而得名的楷书，又称真书、正书，是传统书法艺术的重要表现形式之一。今人一提及楷书，不但会很自然地联想到唐人欧阳询的《九成宫醴泉铭》、柳公权的《玄秘塔碑》和颜真卿的《颜勤礼碑》，而且往往将它们看作中国最古老的楷书。但实际情况并非如此。

这主要是因为，假如我们根据历代碑碣墓志上所留存的书法遗迹加以纵向考察的话，不难发现隋代《龙藏寺碑》其实就是《九成宫醴泉铭》的先声，而隋代的碑刻又融合了北（朝）碑、南（朝）帖的风貌。这其中，北朝碑刻中的《张玄墓志》《张猛龙碑》和《龙门二十品》等，都是采用规范的楷书体写成的；在此基础上，如果进一步加以上溯的话，则又可见北朝的书法与汉代的碑刻其实一脉相承，譬如北朝时期的《经石峪大字》《郑文公碑》《刁惠公志》，显然是对汉代《乙瑛碑》的模拟，而《贾使君碑》《魏灵藏》《杨大眼造像》诸碑刻，则又明显效法汉代的《孔羡碑》。也因此，当下学界较为普遍地认定楷书其实远在唐代之前就已经产生了。

不过，诸多学人虽然认为楷书产生于唐代之前，但究在何时，却尚未形成一致的看法。这其中，有人根据《宣和书谱·正书叙论》的下段记载，认为楷书的形成时间可以上推至两汉之际：

> 字法之变，至隶极矣，然犹有古焉，至楷法则无古矣。在汉建初，有王次仲者，始以隶字作楷法。所谓楷法者，今之正书是也。人既便之，世遂行焉。而或者乃谓秦羽人王次仲作此书，献始皇以赴急疾之用。始皇召之不至，欲加刑，而次仲化禽飞去。此语载于志怪，学者之所不道，然亦不载其事以别之也。此书既始于汉，于是西汉之末，隶字石刻，间杂为正书，若属国《封陌茹君》等碑，亦班班可考矣。[①]

---

① 《宣和书谱》卷 3《正书叙论》，佚名著，王群栗点校，浙江人民美术出版社 2019 年版，第 23 页。羽人，一说为官名，职掌征集羽翮以作旌旗车饰；一说乃是道士的别称。

但此说只是一家之言，不仅未曾得到学界的普遍认可，而且早在清代，刘熙载在所著《艺概·书概》中就曾表示异议，以为"正、行二体始见于锺书"，[①]亦即认为楷书创始于曹魏时代的锺繇。

同样地，刘熙载此说也并未成为定论。相对而言，楷书形成于汉末三国时期的观点，为更多学者所秉持。例如清代著名书学家钱泳在其《书学·隶学》中就曾表示："篆用圆笔，隶用方笔，破圆而方而为隶书，故两汉金石器物俱用秦隶，至东汉建安以后，渐有戈法、波势，各立面目，陈遵、蔡邕，自成一体，又谓之汉隶。其中有减篆者，有添篆者，有篆隶同文者，有全违篆体者，鲁鱼之惑，泾渭难分。真书祖源，实基于此"；[②]又如康有为《广艺舟双楫》，亦认为"汉末波、磔纵肆极矣。久而厌之，又稍参篆分之圆，变为真书"。在此基础上，康氏进而指出：

汉隶中有极近今真楷者，如《高君阙》"故益州举廉丞贯"等字，"阳""都"字之"邑"旁，直是今真书，尤似颜真卿。考《高颐碑》为建安十四年，此阙虽无年月，当同时也。《张迁表颂》，其笔画直可置今真楷中，《杨震碑》似褚遂良笔，盖中平三年者。《子游残石》《正直残石》《孔彪碑》亦与真书近者。至吴《葛府君碑》则纯为真书矣。[③]

此外，包备五《中国书法简史》也曾断言："汉隶的形体美再进一步发展，到了汉末三国时期，字画上又有了'侧'（点）、'掠'（长撇）、'趯'（直钩）、'啄'（短撇），结体上更趋于遒丽、严整，这就形成了真书，或叫做正楷，即所谓'今隶'。"[④]

近来，钟明善先生对楷书形成于汉末三国时期这一广为流传的说法颇予置疑，而于所著《中国书法简史》中主张："从汉字书法的发展上看，魏晋是完成汉字书体演变的承上启下的重要历史阶段。……是篆、隶、真、行、草诸体咸备俱臻完善的一代。"[⑤]在钟先生看来，书法从小篆转向隶书，乃是中国书法发展史上的第一次重大的决定性的变革，因为从此以后汉字由圆变方，直至今日都沿袭了方块的基本

① （清）刘熙载：《艺概》卷5《书概》，浙江人民美术出版社2017年版，第151页。

② （清）钱泳：《履园丛话》卷十一《隶书》，张伟点校，中华书局1979年版，第285—286页。

③ （清）康有为：《广艺舟双楫》卷2《分变第五》，况正兵点校，浙江人民美术出版社2018年版，第31页。

④ 包备五编：《中国书法简史》，上海书画出版社1983年版，第18页。

⑤ 钟明善：《中国书法简史》，河北美术出版社1983年版，第44—45页。

形态。在纵向考察了汉字字型的历史变迁之后，钟明善《中国书法简史》进而认定："真书、行书、草书这三种汉字书法的重要书体的定型是在魏晋二百年间。……这三种书体的定型、美化无疑是汉字书法史上的又一巨大变革。……造就了两个承前启后，巍然卓立的大书法革新家——钟繇、王羲之。他们揭开了中国书法发展史的新的一页，树立了真书、行书、草书美的典范，……虽然不能说真书是钟繇一人所创造，但钟繇在这种崭新书体的完善、推广上的确起了很大的作用。" ①

然而，无论是两汉之际形成说，还是汉末三国产生说，抑或曹魏形成说，包括魏晋产生说在内，充其量都只是推测之词，其是否符合历史事实，尚待做深入细致的考辨和论证。因此，楷书究竟形成于何时的这个历史之谜，至今仍未得到完美的解答。

---

① 钟明善：《中国书法简史》，河北美术出版社 1983 年版，第 45—47 页。

悬壶济世的东汉扁鹊：张仲景故里及其行迹

东汉皇朝自从桓帝君临天下以来，不但政治日趋腐败，而且天灾频仍，以至于民不聊生。仅据司马彪《续汉书·五行志》记载，东汉末年曾经至少流行过九次大瘟疫，分别发生在桓帝元嘉元年（151）正月及同年二月、桓帝延熹四年（161）正月、灵帝建宁四年（171）三月、灵帝熹平二年（173）正月、灵帝光和二年（179）春、光和五年（182）二月、灵帝中平二年（185）五月、献帝建安二十二年（217）。当时，因感染病菌而死亡的穷苦百姓，可谓数不胜数，中原大地因此呈现出"白骨露于野，千里无鸡鸣"[①]的凄惨景象。然而，对于接踵而至的瘟疫，当时的医生大多"各承家技，始终顺旧"，[②]因而束手无策。于是，人们只好病急乱投医，遂使巫术迷信大行于时。

也就在此时，一位姓张名机字仲景（约150—219）的年轻人，为处于瘟疫严重威胁下的人们带来了复音。据传世典籍记载，张仲景之所以钟情于医术，其直接原因还在于他的家人，譬如《郡斋读书志》卷15"仲景伤寒论十卷"条引《名医录》云：

> 仲景，南阳人，名机；仲景，其字也。举孝廉，官至长沙太守。有宗族二百余口。建安纪年以来，未及十稔，死者三之二，而伤寒居其七。[③]

于是，"感往昔之沦丧，伤横夭之莫救"[④]的他，发愤钻研医学理论，勤求古训，博采众方，最终撰为《伤寒杂病论》这一中国医学史上的划时代巨著。

---

① （南朝梁）沈约：《宋书》卷21《乐志三》录曹操《蒿里行》，中华书局1974年版，第606页。
② （清）潘楫：《医灯续焰》卷20《医范》引"张仲景曰"，杨维益点校，人民卫生出版社1988年版，第495页。
③ （宋）晁公武：《郡斋读书志校证》卷15，孙猛校证，上海古籍出版社1990年版，第708页。
④ （宋）郭雍：《伤寒补亡论校注》卷1《仲景华元化五问》，牛宝生、周利、谢剑鹏校注，河南科学技术出版社2014年版，第10页。

《伤寒杂病论》共计 10 卷，内含"三百九十七法，一百一十三方"，历来被誉为"医门之规绳，治病之宗本"。[①]据说名医华佗拜读该书后，也曾由衷地拍案叫绝："此真活人书也！"[②]即便时至今日，《伤寒杂病论》所创立的中医辨证诊治理论，仍被较为广泛地运用于医学实践之中，张仲景也因此被尊崇为"医中之圣人"。[③]

然而，由于深受轻视自然科技的传统思维模式之影响，包括陈寿《三国志》、范晔《后汉书》在内的那个时代的诸多经典史书，都未曾为张仲景立传，甚至没有留下哪怕是只字片语的记载。这就为后人研究张仲景的生平事迹制造了不少悬而未决的疑案，例如张仲景的故里究竟在何处？又如张氏有否曾经任职长沙太守？也唯其如此，今人只能根据历代以来的零星记载加以推测。

据《河南通志》《医说》等传世典籍记载，张仲景乃南阳（今河南省西南部和湖北省北部一带）人氏。但是，东汉时期的南阳郡下辖三十六县，张氏故里又会在南阳郡下属的哪个县？对此，学界意见不一。这其中，赵璞珊《中国古代医学》和俞慎初《中国医学简史》都认为在涅阳县（今河南省南阳县），范行准《张仲景传略》以为在蔡阳县（今湖北省枣阳市），而甄志亚《中国医学史》、廖国玉《张仲景故里涅阳考》，则又认为张氏故里在河南省的邓县（今邓州市）。此外，尚启东《张仲景传略考》和杜雨茂《关于张仲景生平一些问题的探讨》一致认定张氏故里其实是在棘阳县（今河南省新野县东北）。[④]这一则因为清代《古今图书集成医部全录·医学名流列传》明确记载："张机字仲景，南阳棘阳人。"二则因为《太平御览》卷 444 所录《何颙别传》记载：

> 颙字伯求，有人伦鉴。同郡张仲景总角造颙，颙谓曰："君用思精而韵不高，将为良医。"卒如其言。[⑤]

考范晔《后汉书·党锢传》，何颙乃南阳襄乡（今湖北省枣阳市东北）人氏。[⑥]

① （清）严器之：《伤寒明理论序》，《成吾己医学全书》，张国骏主编，中国中医药出版社 2015 年第 2 版，第 153 页。

② （清）姚振宗：《隋书经籍志考证》卷 37 "《医方论》七卷"条引《湖广旧志·方技门》，《二十五史补编》本，中华书局 1955 年版，第 5642 页。

③ （清）陈念祖：《医学三字经》卷 1《医学源流第一》"垂方法，立津梁"条，陶晓华校注，中国书店 1993 年版，第 2 页。

④ 尚启东：《张仲景传略考》，《浙江中医学院学报》1979 年第 6 期，第 41—45 页；杜雨茂：《关于张仲景生平一些问题的探讨》，《陕西中医学院学报》1982 年第 2 期，第 38—42 页。

⑤ 《太平御览》卷 444 所录《何颙别传》，中华书局 1960 年版，第 2043 页。

⑥ （南朝宋）范晔：《后汉书》卷 67《党锢·何颙传》，（唐）李贤等注，中华书局 1965 年版，第 2217 页。

在交通不便的当时，十岁左右的孩子不大可能远行，因而张、何两家必定相隔不远，何况东汉时期襄乡、棘阳两县接壤，尚启东、杜雨茂因此断言张仲景必是棘阳人无疑。

犹如张仲景故里至今难以确认，对于张氏有否任职长沙太守的传闻，学界的观点也同样众说纷纭而莫衷一是。这其中的予以肯定者，譬如廖国玉先生，认为张氏确尝任职长沙太守。[①] 其依据是：一，在历代医学典籍中可以找到明确的记载，譬如北宋仁宗嘉祐年间，奉诏校定历代医书的林亿等人，在《伤寒论注释序》中引用唐《名医录》，称张仲景"举孝廉，官至长沙太守"，[②] 鉴于此序是专门上呈皇帝披阅的奏章，因而比较可信；二，在包括明崇祯《长沙府志》、清康熙《长沙府志》《南阳府志》《邓州志》在内的诸多方志中，都有张仲景任职长沙太守的记载；三，1981 年 11 月，在南阳医圣祠发掘出一块据说是晋代的古石碑，其上刻有"汉长沙太守医圣张仲景墓"等字样。

予以否定者，譬如裘沛然先生，认为张仲景任职长沙太守实乃后人伪托。[③] 其理由是：一、出土于南阳医圣祠的古石碑绝非廖国玉《张仲景官居长沙太守的三项根据》所断言的那样乃是晋代的文物，因为张仲景被尊崇为医圣的时间绝不可能早于宋代，从相关记载来看，医圣这个尊称直至清代方才被普遍接受，由此推算，该石碑的树立年代当在宋元之际，或者更晚一些；二、通过排比确凿的文献资料，可以发现：在东汉一代的历任长沙太守名单中不但没有张仲景之名，而且这些长沙太守的就职和离任，在时间上前后相衔接，因而根本不存在张仲景横插一杠的可能；三、无论是王叔和的《脉经》，还是皇甫谧的《甲乙经》，这些距张仲景生活时代不远的晋唐之际的诸多医学典籍，都只字未提张仲景任职长沙太守之事；四、张仲景本人在《伤寒杂病论·自序》中，隐然地表达了对仕途的鄙视，其人生态度既如此，也就几乎不可能任职长沙太守了。

或许，唯有新的相关的考古发现，才能准确地解答东汉神医张仲景的故里及其有否任职长沙太守这两个历史之谜。

---

① 廖国玉：《张仲景官居长沙太守的三项根据》，《中医杂志》1982 年第 4 期，第 71—72 页。

② （宋）晁公武：《郡斋读书志校证》卷 15，孙猛校证，上海古籍出版社 1990 年版，第 708 页。

③ 裘沛然：《张仲景守长沙说的商讨》，《新中医》1984 年第 11 期，第 48—50 页。何仙童《驳张仲景官居长沙太守的三项根据》（《中国保健营养》2013 年第 8 期），更称此说是一个不可能的传说。

神医奇药：华佗及其麻沸散

据说早在东汉末年，神医华佗就已经创制出全身麻醉药剂"麻沸散"，并将之应用于外科开刀手术。对此，《三国志·魏书·方技传》作有明确的记载：

> 若病结积在内，针药所不能及，当须刳割者，便饮其麻沸散，须臾便如醉死无所知，因破取。病若在肠中，便断肠湔洗，缝腹膏摩，四五日差，不痛，人亦不自寤，一月之间，即平复矣。[①]

即便在医术已经高度发达的今天，这种只需口服即刻麻醉的神奇功效，也足以令人赞叹不已，更何况是在 1800 多年之前了。

不过，也正因为麻沸散太过神奇，因而招致后世诸多医家和史家的怀疑乃至否定，以为纯系子虚乌有，其依据则是：与华佗同时代的张仲景，在其医药著作《伤寒杂病论》中未曾只字提及。在秉持否定意见者看来，仅仅根据并非医书的陈寿《三国志》的记载就予以深信不疑，于情于理显然不妥。

当然，更多的人则认为麻沸散确有其药。这首先是因为陈寿的《三国志》向来号称取材严谨，而且当其著述之时，上距华佗去世不过六七十年时间，因而该书对于华佗生平事迹的记载比较可信；其次是因为中国是世界上最早使用麻醉药的国家，据《列子·汤问》记载，早在战国时期神医扁鹊就曾使用过麻醉药，而出土于马王堆的《五十二病方》，也曾提到被施用于治疗外部伤痛的类麻醉药物，由此发展到数百年后的东汉末年，麻沸散的功效完全有可能如此神奇。

假如说麻沸散真有其物，那么，这一神奇的麻醉药究竟是用何种原料制成的呢？对此，人们不可能不充满好奇。而且事实上，早在宋代已经有人推测麻沸散的主要成分可能就是曼陀罗，譬如周密《癸辛杂识·续集》云：

---

① 《三国志》卷 29《魏书·方技传》，中华书局 1982 年第 2 版，第 799 页。

回回国之西数千里地产一物，极毒，全类人形，若人参之状，其酋名之日"押不芦"，生土中，深数丈。人或误触之，着其毒气必死。取之法：先于四旁开大坎，可容人；然后以皮条络之，皮条之系则系于犬之足；既而用杖击逐犬，犬逸而根拔起，犬感毒气随毙；然后就埋土坎中。经岁，然后取出曝干，别用他药制之。每以少许磨酒饮人，则通身麻痹而死，虽加以刀斧亦不知也。至三日后，别以少药投之即活。盖古华佗能刳肠涤胃以治疾者，必用此药也。[1]

这大概是因为宋人较为普遍地使用曼陀罗或曼陀罗花置于酒中作为麻醉剂，故而有此推论。尽管 20 世纪 70 年代以来，随着我国中药麻醉剂研制技术的进步，曼陀罗花（亦即洋金花）作为主药被较为广泛地应用于手术前麻醉，然而，麻沸散的成分是否就是周密所推测的曼陀罗，却仍然不得而知。

近来，有人又另辟蹊径，转而根据与华佗同期的医家的相关记载，推测麻沸散的药物成分。他首先注意到张仲景的《伤寒杂病论》虽然未曾载录麻沸散，却一再提到"麻沸汤"，不过，该学者也清醒地认识到"麻沸"二字乃"如乱麻而沸涌"之意，所谓的"麻沸汤"大概就是一种热汤的名称，与麻沸散风马牛不相及。于是，他开始关注华佗弟子吴普的著述《吴氏本草经》（该书虽已散佚但仍有部分佚文散见于历代书籍），并在《太平御览》中找到《吴氏本草经》的下列佚文："麻蓝一名麻蕡，一名青羊，一名青葛，……叶上有毒，食之杀人。"[2] 进而据此推测"麻沸散"可能是"麻蕡散"之误记。

现代植物学的相关研究成果表明，麻蕡其实就是大麻的雌花，不但它所分泌的树脂含有四氢大麻酚等麻醉物质，且其果实、小叶、细茎也有一定的麻醉作用。由此而言，称"麻沸散"乃"麻蕡散"之误的推测，不是没有科学依据，但"麻沸散"是否肯定就是"麻蕡散"，却似乎仍有待做进一步的考证。

华佗除了其麻沸散的真实性颇受质疑之外，连他本人的身世也受到了诸多学人的怀疑。这其中，松木明知断言华佗是经由丝绸之路而游学徐土（今徐州）的波斯人。[3] 其论据之一是历史上波斯人曾经取道丝绸之路进入中原，其二，"华佗"两字乃波斯文字 XWadag 的谐音。平心而论，松木明知仅凭这两个论据加以断定，显得过于荒唐。

---

① （宋）周密：《癸辛杂识·续集》卷上"押不芦"条，影印文渊阁《四库全书》本。

② 《太平御览》卷 995 "麻"条引《吴氏本草经》，中华书局 1960 年版，第 4403 页。

③ （日本）松本明知：《麻醉科学史最近的知见——汉之名医华佗实为波斯人》，日本《麻醉》杂志 1980 年第 9 期。

　　而在松木明知之前，近代国学大师陈寅恪先生在其大作《三国志曹冲华佗传与佛教故事》中，也曾怀疑华佗的身世。在陈先生看来，"华佗"其实并非人名而是药神，因为印度梵文"agada（药）"在传入中土之初被直译为"阿伽陀"或"阿羯陀"，后来该词如同"阿罗汉"经常被简称为"罗汉"，也被简称为"gada"，而用古音来读，就是"华佗"；至于《三国志·方技·华佗传》所记录的华佗事迹，实际上都取材于印度的神话故事，譬如华佗为曹操疗疾以致送命的故事，正是印度神医耆域为暴君治病差点被害故事的翻版。对于陈寅恪先生的这个推论，林梅村予以全盘接受：

　　　　华佗其名或来自五天梵音，其医术有印度因素，则事在情理之中。……只要认真观察华佗行医的社会环境，就不难发现陈说并非臆测。[①]

　　而庞光华先生则认为，华佗医术中含有古印度的因素可能是历史事实，但据此断言"华佗"这个名字乃梵文"agada"的译音，却难以令人信服。这其中的关键就在于：在中国中古时期，古人的名、字往往含义相近或相对应，华佗也不例外；因为华佗姓华名佗字元化，其中的"佗"字在当时应当读成"施"，而"施"字往往与"德""泽""惠""仁"相连，"德"又与"化"相应，合则言德化，所以"化"与"佗"两字完全相配。如此，则"华佗"乃是人名，与印度神话无关。

　　融贯中西的治学门径固然值得提倡，然而，在具体的操作过程中假如过分强调以"西"融"中"，则不仅无助于问题的解决，而且很可能得出令人喷饭的结论。在争议华佗身世的问题上，我们显然还得主要信从《三国志》的相关记载。

---

　　① 林梅村：《麻沸散与汉代方术之外来因素》，载《学术集林》卷10，王元化主编，上海远东出版社1997年版，第228—250页。

"闭月"的佳丽：貂蝉的身世

　　话说天下大势，分久必合，合久必分。大一统的东汉帝国维持到公元二世纪末，也同样摇摇欲坠。部分是为了挽狂澜于既倒，更主要地出于争权夺利的需要，出身屠夫的大将军何进，听从了袁绍的馊主意，竟然想一锅端掉皇宫中所有的宦官，从肉体上加以彻底消灭。

　　虽然宦官弄权对东汉政治趋于腐败确实负有不可推卸的责任，但是，这个美其名曰铲除政治毒瘤的计划，没有得到临朝称制的何太后的批准。然而，袁绍并不甘心他的"救世护国"谋略就此化为泡影，于是又想出了一个自以为妙不可言的"高招"。他建议举棋不定的何进，立即征调董卓等将领率部进京玩兵谏，逼迫何太后放弃对宦官的庇护。

　　何进的智商显然也就只是杀猪卖肉的那个档次，而明显缺乏辨别是非的睿智，他几乎不假思索地全盘接受了袁绍的动议。于是，此后事态的发展远远超出了何进的想象：由于他的盲动，不但他本人被宦官们用非常粗糙的手法送入地狱，而且前来勤王的董卓也乘机掌控了朝政。

　　掌权之初的董卓，表现出高超的政治手腕，懂得如何建立自己的威信，懂得如何摆平政治局面。但是此后，主要因为政治权势的增长且缺乏制约，他变得肆无忌惮、为所欲为，不但打击异己，而且滥杀无辜，以至于朝野上下人人自危。司徒王允为此忧心忡忡，遂与尚书仆射士孙瑞密谋铲除董卓，重振朝纲。也正是在他鼓动下，与董卓"誓为父子"[①]的吕布被策反，参与了针对董卓的暗杀计划。

　　五原郡九原县（今内蒙古包头西北）人吕布，最初因为骁勇善战的关系，在并州刺史丁原帐下历任骑都尉、主簿，深得丁刺史的赏识。可是，他却恩将仇报，竟然提了丁原的脑袋作见面礼，从此做了董卓的贴身侍卫。身为董卓亲信的吕布，这时之所以愿意做王允的卧底，一则因为董卓曾经仅仅为了一件小事，就对吕布大发雷霆，甚至差点取了吕布的性命，吕布因此怀恨在心；二则因为当时吕布借工作之

---

　　① 《三国志》卷7《魏书·吕布传》，中华书局1982年第2版，第219页。

便，与董卓的贴身丫鬟偷情，却又时刻担心东窗事发，于是也就一不做二不休，干脆造董卓的反，并最终干掉了董卓。此则陈寿《三国志》及范晔《后汉书》均记载甚详，譬如《后汉书·吕布传》云：

> 卓自知凶恣，每怀猜畏，行止常以布自卫。尝小失卓意，卓拔手戟掷之。布拳捷得免，而改容顾谢，卓意亦解。布由是阴怨于卓。卓又使布守中閤，而私与傅婢情通，益不自安。因往见司徒王允，自陈卓几见杀之状。时允与尚书仆射士孙瑞密谋诛卓，因以告布，使为内应。……布遂许之，乃于门刺杀卓。[①]

对于王允、吕布等人联手做掉董卓的这个历史事实，史书的记载大抵如此。由此可见，虽然王允等人为了达成目的确实花了九牛二虎之力，但整个事件并无离奇的情节；那个与吕布偷情的"傅婢"，既未留下芳名，更不曾参与谋杀董卓的行动。

然而，在罗贯中先生的生花妙笔下，不但王允等人谋杀董卓的这一史实被平添了许多离奇的情节而变得跌宕起伏，就连那个只顾偷情的"傅婢"，也从灰暗的角落走向前台，顿变为亮丽的女主角。

罗贯中先生首先客串了一把历史学家的角色，"考证"出那个与吕布乱搞男女关系的"傅婢"不是他人，正是后来与西施、王昭君、杨贵妃并称为中国古代"四大美女"的貂蝉，并赋诗一首，称貂蝉不但容貌之美足以"闭月"，而且舞姿之佳举世无双：

> 红牙摧拍燕飞忙，一片行云透画堂。
> 眉黛促成游子恨，脸容初断故人肠。
> 榆钱不买千金笑，柳带何须百宝妆。
> 舞罢隔帘偷目送，不知谁是楚襄王。[②]

其次，罗先生严肃地指出：其实貂蝉最初并非董卓的"傅婢"，而是王允家中的歌妓。某日，貂蝉见王司徒愁眉不展，上前表示关心，尔后被告知虽然有意除去董卓这个大奸臣却又不知如何下手。一听王司徒如此忧国忧民，貂蝉在感动之余，

① （南朝宋）范晔：《后汉书》卷75《吕布传》，（唐）李贤等注，中华书局1965年版，第2444—2445页。

② （明）罗贯中：《三国演义》第八回《王司徒巧使连环计　董太师大闹凤仪亭》，春明校点，上海古籍出版社2009年版，第43页。

也就义无反顾地表示："倘有用妾之处，万死不辞。"① 于是王允精心设计了一个连环美女计，首先将美丽可爱的貂蝉许配给吕布，尔后又立马将她献给董卓。而貂蝉也天生具备做"色情间谍"的素质，一会儿在吕布面前，把自己打扮成为早已以心相许却又无奈被董卓霸占的痴心情人，一会儿又在董卓面前装作无端受吕布调戏的无辜少妇，最终使得吕布深陷情网而不能自拔，从而与"义父"翻脸。罗先生的结论是：正是貂蝉的出色表演，才使王司徒得以顺利铲除老奸巨猾的董卓；进而又做了一首打油诗加以表彰：

司徒妙算托红裙，不用干戈不用兵。

三战虎牢徒费力，凯歌却奏凤仪亭。②

由此看来，在罗贯中的笔下，貂蝉的形象不仅仅只是有着倾国倾城之姿的美女子，更是有胆有识的奇女子，其言行举止乃至心计，较诸当年西施协助越王勾践复国，实有过之而无不及。

对于《三国演义》的上述"研究成果"，我们一方面不得不对罗贯中先生超群的艺术想象力表示由衷的佩服，另一方面却又不得不遗憾地指出这完全是罗先生的虚构。据张振昌先生考证，美女连环计与貂蝉的故事，其实取材于《史记·伍子胥列传》，它嫁接、改造了费无忌利用秦国女子离间楚平王父子的这一史事。③ 事实上，王允不曾也根本没必要使用连环美女计，这一则因为当时的董卓是一个至少年过花甲的老头（因为公元 192 年董卓之母死时，年已九十，在这种情况下，即便其母再晚育，也绝对不会超过三十岁，由此推算，当时董卓应该已年过花甲），未必有能力对美女感兴趣；二则因为王允和吕布是同乡，两人关系还算不错，他如果有意策反吕布，似乎用不着如此拐弯抹角。④

众所周知，中国的民间传说虽有诸多的附会乃至杜撰，却往往有其真人实事；按照这种逻辑，貂蝉既然与西施、王昭君、杨贵妃这些历史人物并称为中国古代四大美女，那么，历史上也应当实有其人。

于是，早在元代，杂剧《关公月下斩貂蝉》就认为：貂蝉既不是《三国志·魏

---

① （明）罗贯中：《三国演义》第八回《王司徒巧使连环计　董太师大闹凤仪亭》，春明校点，上海古籍出版社 2009 年版，第 41 页。

② （明）罗贯中：《三国演义》第九回《除暴凶吕布助司徒　犯长安李催听贾诩》，春明校点，上海古籍出版社 2009 年版，第 46 页。

③ 张振昌：《美女连环计与貂蝉新考》，《长春大学学报》1999 年第 6 期，第 34—36 页。

④ 章义和、唐燮军：《细说曹操》之九《白门楼》，上海人民出版社 2014 年第 2 版，第 74 页。

书·吕布传》和《后汉书·吕布传》中所提到的董卓的丫鬟，更不是《三国演义》所谓的王允家中的歌妓，而是吕布手下大将秦宜禄的妻子。当时，关羽刚刚被逼投降于曹操，而曹操为笼络关羽，使之死心塌地为自己效力，就使了美女计，将美貌的貂蝉送给关羽。然而，任凭柔情万种的貂蝉百般挑逗，关羽却始终坐怀不乱，最后还杀了貂蝉。不过，《关公月下斩貂蝉》虽然并非无中生有，却显然是颠倒黑白。因为据王隐《蜀记》记载，实际情况是：汉献帝建安三年（198）十月，关羽在随曹军围攻吕布之时，几次三番迫不及待地向曹操恳求，一旦攻克下邳，就让他迎娶吕布部将秦宜禄的妻子杜氏。曹操起初答应了关羽的迫切要求，但在攻破下邳后，一见杜氏饶有姿色，就很不客气地把这个绝色女俘虏留在了自己的卧室，因此搞得关羽很不爽。①

此外，在徽剧、川剧、绍剧、京剧的《斩貂》剧目中，貂蝉又被附会成为吕布的爱妾。据说吕布殒命白门楼后，貂蝉为张飞所俘虏并被赠送给关羽；而关羽虽然非常爱怜貂蝉，却又唯恐因为迷恋女色而身败名裂，于是逼令貂蝉自杀。这种张冠李戴，显然是乱弹琴。

由此看来，目前流行的有关貂蝉的故事，虽然或多或少地取材于史书的记载，但更多的，却出自小说的演绎和戏剧的杜撰。也因此，不但混淆了人们的视听，而且模糊了貂蝉作为历史人物的真实面目。

---

① 《三国志》卷 36《蜀书·关羽传》注引《蜀记》，中华书局 1982 年第 2 版，第 939 页。

著作权的纠纷：蔡文姬与《胡笳十八拍》的关系

自古红颜多薄命，历来才女多苦命；蔡文姬的悲苦一生，就是最好的注脚，此观《后汉书·列女传》可知：

> 陈留董祀妻者，同郡蔡邕之女也，名琰，字文姬。博学有才辩，又妙于音律。适河东卫仲道。夫亡无子，归宁于家。兴平中，天下丧乱，文姬为胡骑所获，没于南匈奴左贤王，在胡中十二年，生二子。曹操素与邕善，痛其无嗣，乃遣使者以金璧赎之，而重嫁于祀。①

由此可见，这位博学多才的汉末女子，虽然出身名门，却一生坎坷：始则亡家失身，忝颜事胡，继而忍慈割爱，抛儿归汉，可谓尝尽了人世间最难堪的痛苦。她的这种悲惨遭遇，自然不能不令人深表同情，清人萨大年的《文姬归汉图》诗，就是其中的代表作："朔风吹雪野茫茫，一曲胡笳泪万行。犹胜琵琶愁出塞，李陵台畔月如霜。"②

共计 1297 字的骚体长诗《胡笳十八拍》，最早见录于宋人郭茂倩所编纂的《乐府诗集》卷 59，并题为蔡琰所作。与此同时，郭茂倩在《胡笳十八拍》小序中又提道：

> 唐刘商《胡笳曲序》曰："蔡文姬善琴，能为《离鸾别鹤之操》。胡虏犯中原，为胡人所掠，入番为王后，王甚重之。武帝与邕有旧，敕大将军赎以归汉。胡人思慕文姬，乃卷芦叶为吹笳，奏哀怨之音。后董生以琴写胡笳声为十八拍，今之《胡笳弄》是也。"……李肇《国史补》曰："唐有董庭兰，善沈声、祝声，盖大小胡笳

---

① （南朝宋）范晔：《后汉书》卷 84《列女传》，（唐）李贤等注，中华书局 1965 年版，第 2800 页。
② （民国）徐世昌辑：《晚晴簃诗汇》卷 150 萨大年《文姬归汉图》，中华书局 2018 年版，第 6576 页。

云。"①

也主要是因为郭茂倩的这段补注，使得后人诸如北宋来长文、明王世贞、胡应麟、清沈德潜等人，都怀疑此诗并非蔡琰所作。譬如胡适的《白话文学史》，就曾认为《胡笳十八拍》"大概是很晚出的伪作，事实是根据（蔡文姬所作的）《悲愤》诗，文字很像唐人的作品"；②而罗根泽的《胡笳十八拍作于刘商考》，更是极力主张《胡笳十八拍》的乐调和歌辞，分别成于董庭兰、刘商之手。③

但与此同时，历代以来也颇有学者，诸如李颀、韩愈、王安石、严羽、李纲、王应麟、黄庭坚、罗贯中等人，认定《胡笳十八拍》就是蔡琰的作品。时至20世纪50年代末，随着郭沫若七篇专论《胡笳十八拍》文章的接连发表，学界更就此展开了一场空前热烈的大讨论。这其中，以刘大杰先生为代表的诸多学人，在承继前人相关论说的基础上，断然否认《胡笳十八拍》出自蔡文姬之手，其论据主要是：

首先，包括范晔《后汉书》《文选》及《玉台新咏》在内的诸多唐代之前的典籍，既未曾提到蔡文姬有此诗作，也不曾著录《胡笳十八拍》，但在时隔六百多年之后，该诗却突然出现于《乐府诗集》，因而其真实性值得怀疑；

其次，《胡笳十八拍》的风格体裁，尤其是骚体与七言诗合流的艺术表现形式，实非东汉建安年间的诗歌所能具备，转而略似于南朝鲍照的《行路难》和唐代杜甫的《同谷七歌》。譬如第十拍之"城头烽火不曾灭，疆场征战何时歇？杀气朝朝冲塞门，胡风夜夜吹边月"，其炼字之精巧、平仄之谐调、对仗之工整，诚如明人胡应麟《诗薮》所论，"齐梁前无此调"；④又如用"阑干"一词指代泪水，乃始见于唐诗，而该诗第十七拍却说"叹息欲绝兮泪阑干"。此外在用韵方面，《胡笳十八拍》先韵和寒韵不通押，这迥异于曹植的《名都篇》《美女篇》，转而类似于唐人的用韵方法；

其三，《胡笳十八拍》所述及的地理方位不合历史事实。众所周知，东汉末年南匈奴居住在今山西临汾附近的平阳一带，但诗中所描述的景象，如第六拍"夜闻陇水兮声呜咽，朝见长城兮路杳漫"，与平阳一带相去甚远；

其四，据《后汉书》可知在蔡琰没胡及其归汉期间，东汉政府与南匈奴之间和平相处，未尝交兵争战，但第十拍却说"城头烽火不曾灭，疆场征战何时歇？杀气

① （宋）郭茂倩编：《乐府诗集》卷59，中华书局2017年版，第1240—1241页。

② 胡适：《白话文学史》第一编第六章《故事诗的起来》，北京大学出版社2014年版，第60页。

③ 罗根泽：《胡笳十八拍作于刘商考》，原载《朝华》1930年第2卷第1、2期，后被收录于《罗根泽古典文学论文集》，上海古籍出版社1985年版，第266—275页。

④ （明）胡应麟：《诗薮》外编卷1《周汉》，中华书局1958年版，第129页。

朝朝冲塞门，胡风夜夜吹边月"，这显然有悖于史实。此外，该诗第二拍提到"戎羯逼我兮为室家"，但据《韵会》记载，羯族乃是晋武帝时匈奴别种入居上党之后才有的名称，蔡文姬不可能在五胡乱华之前预先知道；

其五，遍考历代诸史乐志，以及晋孔衍《琴操》、宋王僧虔《伎录》、隋释智匠《古今乐录》等典籍，可见从汉代直至南北朝时期，均无以"拍"名曲的乐曲，以"拍"名曲实始于隋而盛于唐。

《胡笳十八拍讨论集》分类

立场	序号	篇名	作者	位置
否定《胡笳十八拍》系蔡文姬所作	1	关于蔡琰的《胡笳十八拍》	刘大杰	页141—153
	2	再谈《胡笳十八拍》	刘大杰	页154—170
	3	关于蔡文姬及其作品	刘开扬	页171—177
	4	《胡笳十八拍》是蔡文姬作的吗？	李鼎文	页178—183
	5	《胡笳十八拍》非蔡琰作补证	王达津	页184—186
	6	蔡琰与《胡笳十八拍》	王运熙	页187—190
	7	谈《胡笳十八拍》非蔡文姬所作	刘盼遂	页191—192
	8	关于蔡琰《胡笳十八拍》的真伪问题	胡国瑞	页193—203
	9	根据蔡琰历史论蔡琰作品真伪问题	王先进	页204—218
	10	关于《胡笳十八拍》	祝本	页219—226
	11	谈蔡琰作品的真伪问题	卞孝萱	页227—237
	12	蔡文姬的生平及其作品	谭其骧	页228—238
立场	序号	篇名	作者	位置
肯定《胡笳十八拍》乃蔡文姬所作	1	谈蔡文姬的《胡笳十八拍》	郭沫若	页1—10
	2	再谈蔡文姬的《胡笳十八拍》	郭沫若	页11—13
	3	三谈蔡文姬的《胡笳十八拍》	郭沫若	页14—23
	4	四谈蔡文姬的《胡笳十八拍》	郭沫若	页24—37
	5	五谈蔡文姬的《胡笳十八拍》	郭沫若	页38—40
	6	六谈蔡文姬的《胡笳十八拍》	郭沫若	页41—47
	7	蔡文姬与《胡笳十八拍》	高亨	页48—55
	8	《胡笳十八拍》不是蔡文姬作的吗？	王竹楼	页56—62
	9	《胡笳十八拍》是董庭兰作的吗？	萧涤非	页63—77
	10	关于《胡笳十八拍》作者的争论问题	胡念贻	页78—89
	11	从诗韵的角度谈谈《胡笳十八拍》的年代问题	黄诚一	页90—103
	12	蔡文姬《胡笳十八拍》四论	叶玉华	页104—117
	13	《胡笳十八拍》非蔡琰作说商榷	熊铁基	页118—128
	14	关于《胡笳十八拍》的一些问题	张德钧	页129—140

与此针锋相对的是，郭沫若认为《胡笳十八拍》必蔡文姬所作无疑。在他看来，《胡笳十八拍》不但是屈原《离骚》以来最值得欣赏的长篇抒情诗，而且该诗"无论在形式或内容上，那种不羁而雄浑的气魄，滚滚怒涛一样不可遏抑的悲愤，绞肠滴血般的痛苦，绝不是六朝人乃至隋唐人所能企及"。① 为证成其说，郭沫若及其响应者逐一驳斥了各种否定意见：

第一，《胡笳十八拍》之所以不见著录、论述和征引，是因为该诗在内容上有伤于"温柔敦厚"的诗教，在形式上采用了民间歌谣的体裁且杂以胡声，从而使之难登大雅之堂；

第二，中国的诗歌发展到东汉末年，其表现形式日趋多样化，当时不但五言盛行，七言、杂言、骚体等也已相继出现。在这种情况下，蔡琰完全有可能在融合各体的基础上别创新声，这正如《九歌》之前无《九歌》，《离骚》之前无《离骚》一样，毫不足怪。至于以"阑干"言泪，其实也并非唐人所始创，例如东汉魏伯阳《周易参同契》、赵晔《吴越春秋》等均已有之；

第三，据《后汉书》记载，自从匈奴分裂为南北二部以来，南匈奴长期依附于汉朝，至汉献帝时更移居于平阳一带。不过，移居到平阳的其实只是南匈奴的王廷，实际上其各部落仍散居在长城内外的西河、代、北地、朔方、五原、云中、定襄、雁门八郡。因此，《胡笳十八拍》言及长城、陇水，描写塞上风光，也就不足为奇。

第四，据《三国志·魏书·武帝纪》所载，可知蔡文姬流落匈奴之际，正是胡狄雄张、边境未靖之时，因而诗中"城头烽火""疆场征战"云云，并非不实之词。又据《晋书·石勒载记》，可知"羯族"并非如《韵会》所云，乃"匈奴别部散居上党武乡羯室之后"的产物，实际上"羯"字乃泛称，并非专指"戎人"，《史记·货殖列传》就已用之。

第五，《胡笳十八拍》或句句入韵，或偶隔一句不入韵，且换韵时首句反不入韵，其韵例极不齐整，与唐代押韵规律大不一样。至于其第二拍中的平、入通押，以及第六拍中的平、去、入通押，更为唐韵所不容。

也正因为针锋相对的论战双方不但能够自圆其说，而且引经据典，皆有所本，故而《胡笳十八拍》是否果为蔡文姬所作，至今尚无定论。

---

① 郭沫若：《谈蔡文姬的〈胡笳十八拍〉》，载《"胡笳十八拍"讨论集》，《文学遗产》编辑部编，中华书局 1959 年版，第 8 页。

典型的冤假错案：曹操"挟天子而令诸侯"

汉献帝建安十二年（207），长期躬耕于南阳的诸葛亮，终于找到了自认为可以托付终身的明主——当时尚寄人篱下的刘备，于是和盘托出了酝酿已久的称霸方略。在那段后来被冠名为"隆中对"的对话中，诸葛亮不但为刘备做了远期规划，而且为后者区分了近期敌、我、友的界限，其中提道："今操已拥百万之众，挟天子而令诸侯，此诚不可与争锋。"①

对于"挟天子以令诸侯"，人们应当不会感到陌生，因为早在《战国策·秦策一》中，就有"据九鼎，按图籍，挟天子以令天下，天下莫敢不听"之说。②事实上，人们对此不但耳熟能详，而且往往将之解释为"挟制皇帝，以皇帝名义发号施令"，进而用之概括齐桓公、晋文公等春秋霸主以周天子名义号令诸侯的那种情形。平心而论，"挟天子"被解释为"挟制天子"，既在语意上讲得通，也基本吻合春秋时期的政治状况。

但时至 1986 年，对于"挟天子"就是"挟制天子"的这种传统解释，王健秋先生以为有误，转而认为"挟天子"应是"依仗天子"之意。③从《辞海》有关"挟"的定义来看，"挟"字可做以下四项解释：夹持（进而可被引申为挟制）、怀藏（例如挟怨、挟嫌）、襟带、倚仗。因而，王健秋先生用"倚仗"来解释"挟天子以令诸侯"，不但完全行得通，而且有先例可循，譬如曹操在《让县自明本志令》中，就曾自称"奉国威灵，仗钺征伐，推弱以克强，处小而禽大"，④句中的"奉国威灵"与"倚仗天子"语义相近，只是后者稍逊敬意而已。

不过，对于王健秋先生的这个解释，李纯良先生似乎不以为然。在他看来，将"挟天子"解释为"夹辅、扶持皇帝"，才符合当时的语言实际。

---

① 《三国志》卷 35《蜀书·诸葛亮传》，中华书局 1982 年第 2 版，第 912 页。

② 《战国策笺证》卷 3《秦策一》，（西汉）刘向集录，范祥雍笺证，范邦瑾协校，上海古籍出版社 2018 年版，第 202 页。

③ 王健秋：《挟天子不能解释为"挟制天子"》，《文史知识》1986 年第 2 期，第 104—105 页。

④ 《三国志》卷 1《魏书·武帝纪》注引《魏武故事》，中华书局 1982 年第 2 版，第 34 页。

这首先是因为"挟"字本意乃扶、将、护，譬如西晋郭璞在给西汉扬雄《方言》"扶，护也"作注时就说："挟持，护之也。"① 又如《文选》卷8所录扬雄《羽猎赋》云："齐桓曾不足使扶毂，楚严未足以为骖乘。"唐人李善在给《文选》作注时，引用《春秋感精记》说："黄池之会，重吴子，滕、薛夹毂，鲁、卫骖乘。"② 此以"夹毂"注"扶毂"，则"夹"即"扶"也，而"夹"本乃"挟"之初文。

其次是因为"挟天子"一词在汉末魏晋南北朝时期往往被用作褒义词，例如《三国志·魏书·张杨传》记载说："建安元年，杨奉、董承、韩暹挟天子还旧京，粮乏。杨以粮迎道路，遂至洛阳。"③ 据上下文推断，此所谓"挟天子"，其意显系"护驾"。又如《北史·文苑·荀济传》载荀济自辩之词云：

> 自伤年几摧颓，恐功名不立，舍儿女之情，起风云之事，故挟天子，诛权臣。④

假如将此"挟天子"解释为"控制皇帝"，那么，荀济岂不是也将自己列入该诛除的权臣之中了吗？

最后是因为时人对曹操"挟天子以令诸侯"的评说，大多加以肯定，譬如《三国志·魏书·吕布传》云：

> 沛相陈珪恐（袁）术、（吕）布成婚，则徐、扬合从，将为国难，于是往说布曰："曹公奉迎天子，辅赞国政，威灵命世，将征四海，将军宜与协同策谋，图太山之安。今与术结婚，受天下不义之名，必有累卵之危。"⑤

又如《三国志·魏书·刘放传》云：

> 太祖克冀州，放说（王）松曰："往者董卓作逆，英雄并起，阻兵擅命，人自封殖，惟曹公能拔拯危乱，翼戴天子，奉辞伐罪，所向必克。……昔黥布弃南面之尊，仗剑归汉，诚识废兴之理，审去就之分也。将军宜投身委命，厚自结纳。"松

---

① 《扬雄方言校释汇证》卷13，华学诚汇证，王智群、谢荣娥、王彩琴协编，中华书局2006年版，第928页。
② 《文选》卷8扬雄《羽猎赋》李善注，上海古籍出版社1986年版，第390页。
③ 《三国志》卷8《魏书·张杨传》，中华书局1982年第2版，第251页。
④ 《北史》卷83《文苑·荀济传》，中华书局1974年版，第2786页。
⑤ 《三国志》卷7《魏书·吕布传》，中华书局1982年第2版，第224页。

然之。①

此上两例，或称"奉迎"天子，或言"翼戴"天子，虽用辞各异，其义则一，且对曹操皆称曹公，毫无贬斥之意。甚至于连曹操的政敌，也对其"挟天子以令诸侯"之事褒扬有加，例如据《后汉书·袁术传》记载，袁术在力困势衰时曾经慨叹道："禄去汉室久矣，天下提挈，政在家门。豪雄角逐，分割疆宇。此与周末七国无异，唯强者兼之耳。……曹操虽欲扶衰奖微，安能续绝运，起已灭乎！"②此外，后来归顺蜀汉的汝南平舆人许靖，也曾写信给曹操，内称："今日足下扶危持倾，为国柱石，秉师望之任，兼霍光之重；五侯九伯，制御在手，自古及今，人臣之尊未有及足下者也"。③其中"扶危持倾"之言，即是对"挟天子"一词的最好注脚。

据此，李纯良先生断言：诸葛亮笔下的"挟天子"其实乃是夹辅、拥戴、扶持、保护、佐助、辅赞皇帝的意思。④虽然这一考证可能无法改变长期以来人们对"挟天子以令诸侯"的理解，但至少有助于客观地认识"隆中对"的文意，以及时人对曹操的评价。

应该说，李纯良先生从历史语言学的角度分析"挟天子"的本来含义，不但视角新颖独特，而且论据非常充足。其实，即便退一万步，将"挟天子"解释为"挟制天子"，也无从得出曹操曾经"挟天子而令诸侯"的结论。

笔者曾在与业师章义和先生合著的《细说曹操》一书中，比较详细地考察了曹操与汉献帝关系的流变，认为曹操起初可能萌生过挟制汉献帝的念头，但当他如愿以偿地将后者迎接到许都并有意加以挟制时，却发现自己犯了一个不可饶恕的错误。

这一则因为，被奉迎到许都的汉献帝，非但不是一种政治资产，反而是一种沉重的经济、军事和心理负担，曹操从此不但要为皇上及其庞大的官僚机构，长期无条件提供住宿、食品和其他开支，还不得不调拨出足够的兵力加以保护；

二则因为，在献帝驻跸许都后，全国各地有许多名士怀抱不同的目的纷至沓来，其中虽然有真心实意投效曹操者，但更多的却是捣蛋分子（譬如孔融），他们极尽所能地侮辱曹操的人格，对曹操的所有政策说三道四，这就使得本来用一个声音说话的"曹统区"出现了不和谐的音调；

① 《三国志》卷14《魏书·刘放传》，中华书局1982年第2版，第456页。
② （南朝宋）范晔：《后汉书》卷75《袁术传》，（唐）李贤等注，中华书局1965年版，第2443页。
③ 《三国志·蜀书》卷38《许靖传》，中华书局1982年第2版，第965页。
④ 李纯良：《"挟天子"新解》，《成都大学学报》1993年第2期，第43—46页。

三则，也因为汉献帝的到来，从曹操阵营内逐渐分化出一批倾向于汉献帝的人物，荀彧就是其中的典型代表，他自从做了汉天子的尚书令，在政治立场上已经与曹操同床异梦；

四则因为，正处于青春躁动期的汉献帝，绝不甘心接受曹操的控制，以中兴之主自诩的他，曾经暗中联络董承等人密谋发动政变，以期杀死曹操，这就是最终在建安五年（200）正月水落石出的衣带诏事件，因而此后，曹操在筹划对外用兵的同时，必须时刻防范这个不知天高地厚的年轻人，以及那些蠢蠢欲动的拥汉派，这就在一定程度上牵制了他的对外战争；

五则因为，汉献帝的到来，不但引发了曹操阵营内部的持久骚动，而且使他从此成为众矢之的，被政敌口诛笔伐成了"奸相""汉贼"。

也就是说，曹操充其量不过是把汉献帝从洛阳奉迎到许都，原本有意挟天子以令诸侯的他，只是走到这一步，就再也走不下去了，而且最终在建安九年（204），主动放弃了这个错误的战略规划。①

至此可以认定：无论从语言角度加以分析，还是从史实层面加以考察，曹操均未曾真正实施"挟制"天子以令诸侯；历史事实恰恰相反，汉献帝之所以能够在皇帝宝座上待到建安二十五年（220），无疑主要得力于曹操的保护。

---

① 章义和、唐燮军：《细说曹操》之十《拿皇帝押宝》，上海人民出版社 2014 年第 2 版，第 86—94 页。

诸葛亮为何娶丑女：重才德抑或拉关系

窈窕淑女，君子好逑。在一般情况下，美丽的姑娘显然更受成年男人的追捧。但令人惊讶不已的却是，"少有逸群之才，英霸之器，身长八尺，容貌甚伟"[①]的诸葛亮，竟然娶了一个丑媳妇，并因此成为时人茶余饭后的谈资。《襄阳记》载其事云：

> 黄承彦者，高爽开列，为沔南名士，谓孔明曰："闻君择妇；身有丑女，黄头黑面，才堪相配。"孔明许[焉]，即载送之。时人以为笑乐，乡里为之谚曰："莫作孔明择妇，正得阿承丑女！"[②]

于是，后人在惊讶之余，纷纷推测诸葛亮为何甘愿娶丑陋的黄小姐为妻。这其中，有人认为诸葛亮的此一选择其实基于重才德不重相貌的考虑。换言之，黄小姐虽然容貌不佳，却不但是出身名门的大家闺秀，更是才识过人的才女；而且事实上，过门后的诸葛夫人，既温柔贤顺、恪尽妇道，又在相夫教子之余，频频为其夫君出谋划策，对诸葛亮的事业具有莫大的助益。然而，这一传统解释既缺乏史料的佐证，又似有爱屋及乌之嫌疑。

于是，也就有人从"贤妻美妾"的传统择偶观念入手，解释诸葛亮何以娶丑女为妻。换句话说，在"贤妻美妾"观念的熏陶下，诸葛亮认为妻子就好比是贤内助，未必需要美丽的容貌，却必须具备当家作主的德行和才能；假如妻子容貌确实有碍观瞻，那么，完全可以通过纳妾这种方式加以弥补。而且事实上，诸葛亮后来也确实纳了小妾。应该说，"贤妻美妾"的现象虽然在传统中国家庭比较普遍，但是，诸葛亮在决定娶黄小姐为妻时是否预存这种打算，却难以遽下结论。

---

① 《三国志》卷35《蜀书·诸葛亮传》，中华书局1982年第2版，第930页。
② 《襄阳耆旧记校注》卷1《黄承彦》，（东晋）习凿齿原著，舒焚、张林川校注，荆楚书社1986年版，第118页。

　　或许正是出于对传统解释的不满意，对诸葛亮充满好感的黎东方先生，在所著《细说三国》中，对诸葛亮与黄氏的结合，做了一个大胆而又可爱的推测：

　　（诸葛亮）所娶的太太传说极丑，倘若真是如此，那就更足以显出他的"伟大"。我的父亲曾经告诉我："诸葛亮娶一个丑太太，是十分聪明的举动。否则，他就不能专心办公了。"抗战期间我在重庆，有一位热心的朋友向我建议，公开演讲时，说诸葛夫人是"三心牌"：见面的时候恶心，摆在家里放心，想起来伤心。其实，诸葛夫人并不难看，"难看"的谣言的主要来源，是黄承彦老太爷自己一封信。黄老太爷在信中向诸葛亮说："我有一个女儿，虽然长得难看一些，却可以帮你做一些扫地煮饭之类的粗事。"谣言的另一来源，可能是……女孩子们"同行相嫉"，见到诸葛夫人嫁得了那么漂亮的小伙子，就妒火中烧，纷纷想象诸葛夫人的毛病，……这虽不是"欲加之罪，何患无辞"，却可以说得上是"仇人心中出无盐"了。①

　　黎先生的最终结论是："诸葛亮与他的夫人，未必是一对堪比于孙策与乔大小姐，或周瑜与乔二小姐之'一对璧人'；也未必是'郎才女貌'。至少是，郎才而女不太丑罢。"②不过，黎先生的解释诚然诙谐，却仅仅只是诙谐而已；他的这个解释，既有对史料（前引《襄阳记》）的故意曲解，又充斥着太多的虚构，也因此并未得到学界内外的普遍接受。

　　在既有的诸多解释中，真正将结论建立在严肃的史料基础之上的，则是谷亮、陈青等先生。在他们看来，对于诸葛亮来说，娶黄小姐为妻既心甘情愿，也是他深思熟虑后的郑重选择，其真实用意，乃是为了编织一张他可以倚仗的社会关系网。谷先生等人特别指出《三国志·蜀书·诸葛亮传》的下段记载尤其值得关注：

　　亮早孤，从父玄为袁术所署豫章太守，玄将亮及亮弟均之官。会汉朝更选朱皓代玄。玄素与荆州牧刘表有旧，往依之。玄卒，亮躬耕陇亩，好为《梁父吟》。③

　　他们认为上段记载之所以备值关注，其因就在于它表明诸葛亮门第不显且家境贫寒，从而不利于其入仕为官。也因此，急于建功立业、名垂青史的诸葛亮，只能

---

①　黎东方：《细说三国》之十六《诸葛亮》，上海人民出版社 2000 年版，第 155—156 页。
②　黎东方：《细说三国》之十六《诸葛亮》，上海人民出版社 2000 年版，第 156 页。
③　《三国志》卷 35《蜀书·诸葛亮传》，中华书局 1982 年第 2 版，第 911 页。

另觅他途。事实上，为了达成此一目标，诸葛亮也确实费尽心机。一方面，他积极寻师访友，借此结识了崔州平、徐庶、石广元、孟公威、司马德操、庞德公等名士；另一方面，他又试图通过联姻方式进一步加强甚至拓宽与荆州头面人物的联系，正是基于这种考虑，他的两个姐姐分别嫁给了庞德公的公子庞山民和襄阳大姓蒯祺。对此，习凿齿《襄阳耆旧记》载之甚明：

> 庞德公，襄阳人。……其子（仙）[山]民，亦有令名，娶诸葛孔明小姊，[①]……蒯钦从祖祺妇，即诸葛孔明之大姊也。[②]

至于诸葛亮本人的婚姻，其实也极具政治投机色彩，他之所以愿意与黄小姐结为秦晋之好，完全是因为黄氏家族与荆州政界有着极其密切的关联。对于黄氏家族与荆州政界的联系，《襄阳耆旧记》也曾附带提及：

> 汉末，诸蔡最盛。蔡讽，姊适太尉张温；长女为黄承彦妻，小女为刘景升后妇，瑁之姊也。[③]

据此，可知诸葛亮的岳父黄承彦既是襄阳蔡氏家族的乘龙快婿，同时又是荆州最高军政长官刘表的连襟；也因此，诸葛亮可以通过与黄小姐的结合，至少在理论上与荆州上流社会搭上了关系。

平心而论，诸葛亮娶黄家丑女的目的，完全有可能像谷先生等人所推测的那样，这主要是因为他的为人其实并不像广为传颂的那样完美，《后汉书·刘表传》的下段记载，就是一个很好的例证：

> （刘表）二子：琦，琮。表初以琦貌类于己，甚爱之，后为琮娶其后妻蔡氏之侄，蔡氏遂爱琮而恶琦，毁誉之言日闻于表。表宠耽后妻，每信受焉。……琦不自宁，尝与琅邪人诸葛亮谋自安之术。亮初不对，后乃共升高楼，因令去梯，谓亮曰："今日上不至天，下不至地，言出子口而入吾耳，可以言未？"亮曰："君不见

---

① 《襄阳耆旧记校注》卷1《庞德公》，（东晋）习凿齿原著，舒焚、张林川校注，荆楚书社1986年版，第38—39页。

② 《襄阳耆旧记校注》卷2《蒯钦》，（东晋）习凿齿原著，舒焚、张林川校注，荆楚书社1986年版，第244页。

③ 《襄阳耆旧记校注》卷1《蔡瑁》，（东晋）习凿齿原著，舒焚、张林川校注，荆楚书社1986年版，第73页。

申生在内而危，重耳居外而安乎？"琦意感悟，阴规出计。[1]

从表面上看，诸葛亮似乎是在为刘琦的人身安全着想，实质上却是在唆使刘琦首先外出积聚实力，然后再与其弟刘琮争夺对荆州的继承权；而一旦刘琦、刘琮兄弟相争，他的主公刘备就可以利用混乱形势趁火打劫，将荆州占为己有。诸葛亮用心之歹毒，也由此可以想见。

不过，谷亮、陈青等先生虽然比较详尽地分析了诸葛亮愿意迎娶丑女的内因外缘，但美中不足的是，他们不曾解释诸葛亮在与刘表攀上亲戚之后，却为何没有在他姨夫刘表帐下谋得一官半职。众所周知，曹魏民间史家鱼豢在所撰《魏略》中，曾经提到诸葛亮因为"刘表性缓，不晓军事"[2]的关系，不愿辅佐刘表，转而投奔刘备，但《魏略》的这一记载显然并未切中肯綮。由此看来，诸葛亮为攀附荆州上流社会而娶黄氏丑女的这种解释，也未尝没有问题。因此，人们有理由期待足以揭示诸葛亮娶丑女之因的合理解释。

---

① （南朝宋）范晔：《后汉书》卷74下《刘表传》，（唐）李贤等注，中华书局1965年版，第2423页。

② 《三国志》卷35《蜀书·诸葛亮传》注引《魏略》，中华书局1982年第2版，第913页。

帝王寻踪：曹操何处观沧海

汉献帝建安十二年（207）九月，北征乌桓的曹军，在柳城也就是今辽宁朝阳市西南盘桓了将近一个月之后，主动撤离辽西，班师南还。这一路南下，踌躇满志的曹操诗兴大发，将满腔豪情涂抹成至今仍让人拍案叫绝的四言组诗《步出夏门行》。

"夏门"乃是东汉帝国首都洛阳北面西头的城门，"步出夏门行"则是当时流行的乐府曲调。不过，曹操的这组诗歌仅仅只是套用乐府旧题抒发眼前时事而已，与乐府原题并没有多少关系。

据说曹操的《步出夏门行》不但是现存最早的山水诗，而且开启了后世山水诗派的先声，对中国诗歌艺术的发展发挥过承先启后的作用。在此，我们不打算对这组诗歌本身加以评价，这一方面是因为专业不对口，另一方面是因为历代以来类似的评述已经汗牛充栋；我们所关注的只是：曹操"东临碣石，以观沧海"中的"碣石"，究竟在何处？

南朝史家沈约（441—513），在所撰《宋书·乐志三》中记录了曹操的这组诗歌，题作《碣石·步出夏门行》，并且说它共有五个部分："艳"（也就是乐章中的"序曲"），以及"观沧海""冬十月""河朔寒""神龟虽寿"四"解"（"解"即是"章"）。在第一解"观沧海"中，曹操吟唱道：

东临碣石，以观沧海。
水何淡淡，山岛竦峙。
树木丛生，百草丰茂。
秋风萧瑟，洪涛涌起。
日月之行，若出其中；
星汉灿烂，若出其里。

幸甚至哉！歌以咏志。①

从"树木丛生""百草丰茂"又"秋风萧瑟"的相关描述来看，《观沧海》大约作于建安十二年九月下旬，地点就是诗中所提到的"碣石"。同时，考虑到曹军在九月间启程南下，次年正月才返回邺城，因而这个碣石应该距离柳城不远。

然而，对于"碣石"的具体方位，历来说法不一，至今依然众说纷纭。这其中，有人认定"碣石"就是"碣石山"。其实，"碣石"作为特定名词，自从《尚书·禹贡》以来一直被沿用，与"碣石山"所指称的对象，很难说就是同一物体。尤其值得注意的是，各类古籍在提到"碣石"时所使用的动词，或如《史记·秦始皇本纪》作"之"："三十二年，始皇之碣石，使燕人卢生求羡门、高誓。刻碣石门。"②或如《汉书·武帝纪》作"至"："行自泰山，复东巡海上，至碣石。"③凡此种种，无疑表明"碣石"这个地方几乎不可能是一座山脉，更何况"碣"字之义，原本是指圆顶的石碑，因而"碣石"理当与"碣石山"风马牛不相及。

还在汉末三国时期，文颖在给《汉书·武帝纪》作注时，说碣石就在辽西郡的絫县（今河北昌黎县南），"絫县今罢，属临榆。此石著海旁"④。对于文颖此说，不仅顾颉刚先生认为比较可靠，冯君实先生更因此撰文指出："如果没有理由证明临榆碣石沉于大海或为积层所掩埋，那它在今天就不但存在，而且可以从榆关镇以南沿海找到它，可能就是今天的北戴河海滨，具体地说就是金山嘴。"⑤不过，如今昌黎县境内的碣石山，当地俗称"娘娘顶"，高六百九十五米，南距渤海约二十四公里，很难想象当年秦始皇会攀登这座远离大海的寻常山脉谒仙求药。假如曹操果真曾在此山山顶向东南方向眺望，充其量也只能看到烟波微茫，却绝对见不到"山岛竦峙""洪波涌起"的景象，更不会因此产生"水何淡淡"的感慨，因而昌黎的碣石山不可能是曹操观沧海的所在。

时至清代初年，浙江德清人胡渭在所著《禹贡锥指》中，力主碣石业已沉没于海底之说。胡氏的"沧海说"虽然只是袭用《水经注》的旧说，其影响却极为深远，不但为清末杨守敬、熊会贞等人所信从，而且为现有的诸多文学史教材所因袭，更有学者推论出碣石沉没的地点，就在今日河北省乐亭县西南的滦河入海口。然而，根据史书记载和实地考察，可知两万年来虽然历经多次海啸的冲击，但除了

---

① （南朝梁）沈约：《宋书》卷21《乐志三》，中华书局1974年版，第619页。
② 《史记》卷6《秦始皇本纪》，中华书局1959年版，第251页。
③ 《汉书》卷6《武帝纪》，中华书局1962年版，第192页。
④ 《汉书》卷6《武帝纪》，中华书局1962年版，第192页。
⑤ 冯君实：《"东临碣石"的碣石在那里》，《吉林师大学报》1978年第3期，第50—53页。

滦河三角洲之外，这一带的海岸线既没有发生显著的变化，在滦河入海口也没有发现有山脉沉没的迹象。众所周知，渤海乃环陆型内海，平均水深仅二十余米，假如真有一座石山沉没于此，不可能不见一丝踪影。因此，"沧海说"同样经不起推敲。

沧海桑田，物换星移，对于碣石具体方位的考察，诚如傅金纯等先生所论，应当从田野考古发掘中寻找新的线索。[①] 鉴于秦始皇、汉武帝这些曾到此地巡游的帝王，绝对不可能露宿在海滩之上，那么，在碣石附近建造行宫以便休憩，是再也合理不过的事情了。因此，碣石这个地方，既应该地处海滨，如果可能的话，还应当残存有古建筑的遗址。

1982 年，辽宁省文化厅在进行文物普查工作时，在距山海关十余里紧靠渤海边的绥中县万家镇墙子里村石碑地及贺家村黑头山，无意中发现了大量的残砖断瓦。经过多年的勘探和发掘，目前可以确认的是，这是一处秦汉时期的帝王行宫遗址，占地面积约二十万平方米，比沈阳故宫还要大两倍多。而在该遗址的正对面，矗立着四块被当地人称为"姜女坟"的海上巨礁。礁石通体莹白，硅石质地。其中一块高达二十三米，形状犹如碑碣，其余三块显然是由同一块巨礁崩塌而成。[②] 也就是说，这里原本只有两块竦峙对立的碣石。于是，有人据此断言：姜女坟就是当年秦始皇、汉武帝等人巡幸过的碣石，也就是建安十二年曹操观海景吟诗篇的场所。这样的推断虽有一定的依据和道理，但"姜女坟"是否就是曹操《观沧海》诗所提及的"碣石"，仍然不得而知。

---

① 傅金纯、纪思：《曹操何处"观沧海"》，《辽宁师范大学学报》1991 年第 4 期，第 84—88 页。
② 陈大为等：《辽宁绥中县"姜女坟"秦汉建筑遗址发掘简报》，《文物》1986 年第 8 期，第 25—40 页。

众说纷纭无定论：太史慈的墓所

汉末三国无疑是一个英雄辈出的时代，身长"七尺七寸，美须髯，猿臂善射，弦不虚发"① 的东莱郡黄县人太史慈（166—206），便是其中一个以有勇有谋、信义笃烈著称于时的豪杰。罗贯中的《三国演义》就曾以《三国志·吴书·太史慈传》为底稿，绘声绘色地描述了太史慈奉母命为北海相孔融解围时的忠义，及其在牛渚山酣战小霸王孙策时的勇猛。

在孙策拓地江东六郡的过程中，太史慈虽然曾经与孙策为敌，但在被孙策收降之后，却也从此甘心为孙策卖命，也因此被任命为建昌都尉，全权负责西南战区的防务，直至建安十一年（206）去世为止。而韦昭的《吴书》又补充说，这位英年早逝的英雄，在临终之际叹息道："丈夫生世，当带七尺之剑，以升天子之阶。今所志未从，奈何而死乎！"② 这一豪言壮语，直令人唏嘘不已。

太史慈的英年早逝，确实不是时候。要是他能再多活几年，以他在孙吴军界的地位及其军事指挥能力，应该能在两年后的赤壁之战中建立足以使他扬名立万的历史功绩。而令人啼笑皆非的是，罗贯中的《三国演义》，不但将太史慈的临终之言改为"大丈夫生于乱世，当趁势而起，带三尺剑立不世之功名，今所志未遂，奈何死乎"，甚至安排太史慈多活了三年。也因此，太史慈不仅参与了赤壁之战，而且在周瑜打黄盖的双簧中客串了一把打手的角色。在罗贯中的安排下，太史慈在赤壁战后的合肥之战中，不慎中了曹操部将张辽的圈套，结果中箭而亡；而其主公孙权在惋惜之余，下令将他的遗体"厚葬于南徐北固山下"。最后，罗贯中先生还挖空心思地写了一首打油诗，用以表彰太史慈的忠孝和勇猛：

矢志全忠孝，东莱太史慈。

姓名昭远塞，弓马震雄师。

---

① 《三国志》卷49《吴书·太史慈传》，中华书局1982年第2版，第1190页。

② 《三国志》卷49《吴书·太史慈传》注引《吴书》，中华书局1982年第2版，第1190页。

北海酬恩日，神亭酣战时。

临终言壮志，千古共嗟咨。①

相对于《三国演义》的凭空杜撰，令人更加不可思议的是，对于罗贯中的这个乱弹琴，竟然有人糊涂到彻底丧失了辨别真伪的能力，而予以深信不疑。据《北固山志》记载，赵应珏等人于同治九年（1870）在修筑镇江城墙时发现了所谓的"太史慈墓"，随即加以保护，并为之竖立墓碑于北固山下。墓碑居中是"东莱太史子义讳慈之墓"十个字，左右分别是序、铭。其序称：

子义山左黄县人，曾奉母命为孔文举解围，旋践孙伯符约，招刘正礼散众。后请兵仲谋，报宋谦之仇，至合肥中张辽计，受箭伤回，及北固病笃，曰："大丈夫当立不世功，未遂，奈何死！"因葬焉。爰为铭，以志之。

其铭则曰："弓马豪杰，壮志未伸，酬恩为母，报德致身，千秋忠孝，共仰遗坟。"此墓光绪十七年（1891）曾经重修，尔后在"文革"中被挖，今已修复，并被列为市级文物保护单位。

有关太史慈的墓地所在，除了镇江北固山之外，至少还有三种不同的说法。这其中，有人以为太史慈卒后葬于海昏（今江西省永修县），其依据大抵就是《三国志·吴书·太史慈传》的下段记载：

刘表从子磐，骁勇，数为寇于艾、西安诸县。策于是分海昏、建昌左右六县，以慈为建昌都尉，治海昏，并督诸将拒磐。磐绝迹不复为寇。……孙权统事，以慈能制磐，遂委南方之事。年四十一，建安十一年卒。②

不过，仅仅依据《三国志·吴书·太史慈传》的这段文字，显然无从得出太史慈葬于海昏的结论。因此，所谓"海昏"说，理当是对《三国志·吴书·太史慈传》的误读。

又有学者断言太史慈之墓不在别处，正在乌程（今浙江省吴兴县），首倡此说者，乃《唐湖州石记》。这个《唐湖州石记》，据北宋欧阳修《集古录》推测，乃唐

① （明）罗贯中：《三国演义》第五十三回《关云长义释黄汉升 孙仲谋大战张文远》，春明校点，上海古籍出版社 2009 年版，第 300 页。

② 《三国志》卷 49《吴书·太史慈传》，中华书局 1982 年第 2 版，第 1190 页。

人颜真卿所书，南宋陈思《宝刻丛编》录其词云：

> 《唐湖州石记》，碑字残缺，不见年月及书撰姓名，验其字画，颜真卿书也。凡湖州诸县，皆记其山川、前古陵墓，文字残缺，其存者仅可识读，考其所记，不可详也。惟其笔画奇伟，非颜鲁公不能书也。[1]

被认为是颜真卿作品的这块石记，于"乌程县"条之下刻有"吴丹阳太守芜湖侯太史慈墓"字样，而它的这一说法，后为《崇祯乌程县志》所认同，断言"吴芜湖侯太史慈墓，在法华寺东之石坞，一名石斗山"。[2] 尽管如此，太史慈葬于乌程的可能性比较小，除《崇祯乌程县志》予以认可外，余皆模棱两可，未做定论，譬如《雍正浙江通志》卷237云：

> 谨按颜真卿《石柱记》，载有吴丹阳太守芜湖侯太史慈墓，然考洪容斋《二笔》云："太史慈葬于新吴，今洪都奉新县也，邑人立庙敬祀。乾道中封灵惠侯。"则墓不在乌程明矣。但真卿唐人，所记不应无据；依县志存之，以俟考。

至如清初郑元庆所撰之《石柱记笺释》，虽未置可否，但仅条列《吴志》《容斋随笔》《江西通志》的不同说法而已，实际上却予以否定。

相比较而言，宋人洪迈（1123—1202）所谓的太史慈葬于新吴（今江西省奉新县）之说，最有可能接近史实，其《容斋续笔》卷3"太史慈"条云：

> 三国当汉、魏之际，英雄虎争，一时豪杰志义之士，礌礌落落，皆非后人所能冀，然太史慈者尤为可称。……至卒时，才年四十一，葬于新吴，今洪府奉新县也，邑人立庙敬事。乾道中封灵惠侯，予在西掖当制，其词云："神早赴孔融，雅谓青州之烈士。晚从孙策，遂为吴国之信臣。立庙至今，作民司命。一同之言状，择二美以建侯，庶几江表之间，尚忆神亭之事。"盖为是也。[3]

"新吴说"之所以被认为最有可能接近史实，一方面是因为此说问世之后，得到了包括《江西通志》在内的诸多典籍的认同，另一方面是因为《容斋续笔》的这

---

① （南宋）陈思：《宝刻丛编》卷14"唐湖州石记"条，影印文渊阁《四库全书》本。

② 《雍正浙江通志》卷237引《崇祯乌程县志》，影印文渊阁《四库全书》本。

③ （宋）洪迈：《容斋随笔》，上海古籍出版社1996年版，第245页。

段记载，经常被用于驳斥包括"乌程说"在内的其他假说。

尽管如此，洪迈所谓的新吴乃太史慈墓所在的这个说法，也未尝没有问题。这其中的关键，就在于自东汉末年至北宋间，别无其他史书提到新吴有太史慈之墓。因此，如欲探明太史慈的墓地所在，仍需找寻确凿可靠的史料依据。

三顾茅庐：千古佳话之真伪

魏、蜀、吴三国的实际开创者，无一不是成长于单亲家庭，曹操年幼时就没了母亲，刘备和孙权两人也很早失去了父爱。家庭的残缺不全，虽然在情感上难以令人接受，但对于孩子的成才，却未必是坏事。诸葛亮的成才，大抵也与其父诸葛珪的早逝有着一定的关系。

从琅邪阳都迁居到南阳邓县的诸葛亮，虽然对自己的才能颇为自得，甚至于"每自比于管仲、乐毅"，[①]却在相当长时期内默默无闻。他的时来运转，实际上始于汉献帝建安十二年（207）。

当时，尚寄人篱下的刘备，不但不对予以收留的荆州牧刘表感恩戴德，反而大挖刘表的墙角，在刘表管辖下的荆州地区，别有用心地罗致了诸如徐庶等人才，进而在徐庶的大力推荐下，连续三次登门拜访，终于将感激涕零的诸葛亮聘请到自己的麾下，此则《三国志·蜀书·诸葛亮传》载之甚详：

> 时先主屯新野。徐庶见先主，先主器之，谓先主曰："诸葛孔明者，卧龙也，将军岂愿见之乎？"先主曰："君与俱来。"庶曰："此人可就见，不可屈致也。将军宜枉驾顾之。"由是先主遂诣亮，凡三往，乃见。因屏人曰：……于是与亮情好日密。[②]

这段史料对于刘备先后三次拜访诸葛亮的叙述似乎比较可信，因为诸葛亮本人后来在《出师表》中也曾提到此事：

> 臣本布衣，躬耕于南阳，苟全性命于乱世，不求闻达于诸侯。先帝不以臣卑鄙，猥自枉屈，三顾臣于草庐之中，咨臣以当世之事。由是感激，遂许先帝以驱

---

① 《三国志》卷 35《蜀书·诸葛亮传》，中华书局 1982 年第 2 版，第 911 页。
② 《三国志》卷 35《蜀书·诸葛亮传》，中华书局 1982 年第 2 版，第 912—913 页。

驰。①

更往后，以尊刘贬曹为己任的明代小说家兼政论家罗贯中，在所撰《三国演义》中又以此为蓝本大肆渲染，演绎出几乎妇孺皆知的"三顾茅庐"：第一次拜访，诸葛亮不在家，刘备遇到了他的朋友崔州平；第二次，诸葛亮又不在家，刘备在途中遇到了他的另外两个朋友石广元和孟公威，在诸葛亮家中见到了他的弟弟诸葛均，尔后又在归途中遇到了他的岳父黄承彦；第三次，这才见到诸葛亮本人，然后相见恨晚，畅谈时世。②

对于《三国演义》有关刘备"三顾茅庐"的描述，黎东方先生在所著《细说三国》中颇不以为然，转而推测说：

也许，刘备拜访了诸葛亮三次，三次都见到了，而且也都畅谈了。第一次谈得就很"投机"，所以第二次再来，第三次又来，前后谈了三次以后，诸葛亮完全说服了刘备，刘备也说服了诸葛亮。刘备答应诸葛亮，采纳他所建议的政略与战略；诸葛亮也答应了刘备，离开隆中的草庐，跟刘备去新野，从此为他效劳，到死为止。③

不过，黎先生虽然认为《三国演义》对于"三顾茅庐"的描写"极不正确"，却也如同罗贯中及其他大多数人，不但坚信刘备确实曾经"三顾茅庐"以邀诸葛亮出山，而且将刘备的"三顾茅庐"看作政治领袖思贤若渴、礼贤下士的典范而加以充分肯定。

然则近来，诸多学者对于刘备"三顾茅庐"这个千古佳话，颇有争议乃至否定，其依据则是：成书于《三国志》问世之前的鱼豢《魏略》，以及与陈寿同时代的司马彪所撰的《九州春秋》，这两部史书对于此事的记载皆截然不同于《三国志》，例如《魏略》云：

刘备屯于樊城。是时曹公方定河北，（诸葛）亮知荆州次当受敌，而刘表性缓，不晓军事。亮乃北行见备，备与亮非旧，又以其年少，以诸生意待之。坐集既

---

① （南朝梁）萧统编：《文选》卷37诸葛亮《出师表》，（唐）李善注，上海古籍出版社1986年版，第1672—1673页。

② （明）罗贯中：《三国演义》第三十七回《司马徽再荐名士 刘玄德三顾茅庐》、第三十八回《定三分隆中决策 战长江孙氏报仇》，春明校点，上海古籍出版社2009年版，第209—216页。

③ 黎东方：《细说三国》一六《诸葛亮》，上海人民出版社2000年版，第160页。

毕，众宾皆去，而亮独留，备亦不问其所欲言。备性好结毦，时适有人以髦牛尾与备者，备因手自结之。亮乃进曰："明将军当复有远志，但结毦而已邪！"备知亮非常人也，乃投毦而言曰："是何言与！我聊以忘忧耳。"亮遂言曰："将军度刘镇南孰与曹公邪？"备曰："不及。"亮又曰："将军自度何如也？"备曰："亦不如。"曰："今皆不及，而将军之众不过数千人，以此待敌，得无非计乎！"备曰："我亦愁之，当若之何？"亮曰："今荆州非少人也，而著籍者寡，平居发调，则人心不悦；可语镇南，令国中凡有游户，皆使自实，因录以益众可也。"备从其计，故众遂强。备由此知亮有英略，乃以上客礼之。①

换言之，不是刘备去隆中拜访诸葛亮，而是诸葛亮去樊城求见刘备，见了以后，刘备因为从来不认识眼前的这个年轻的书生，所以以态度冷淡。可是，诸葛亮不管刘备睬不睬他，一直赖着不走。刘备仍旧不予理睬，拿起一只别人刚送来的牦牛尾巴，编结这尾巴上的毛作消遣。于是，诸葛亮乘机以此为话题，与刘备搭腔。两人促膝长谈的结果，便是刘备自觉怠慢了诸葛亮，"乃以上客礼之"。

否定刘备曾经"三顾茅庐"的学者，进而分析说：首先，以诸葛亮积极进取的为人风格及其当时急于施展抱负的心态，他绝对不可能大摆架子，非待刘备三请之后方才答应出山；其次，刘备当时虽然上无片瓦、下无寸地，却是海内瞩目的大英雄，因而不可能仅凭徐庶的几句未知然否的赞美之词，而甘愿低三下四地去恳求无名小卒诸葛亮；其三，刘备当时正面临曹操数十万大军的严重威胁，而诸葛亮的《隆中对》却只字未提，反而大言"将荆州之军以向宛、洛"，"率益州之众出于秦川"，可见《隆中对》很可能是后人为附会《出师表》中的"三顾臣于草庐"而杜撰的；最后也最关键的是，曹魏民间史家鱼豢所撰的《魏略》，它对于诸葛亮登门拜谒刘备以见用的记载，乃当时人写当代史，因而较诸陈寿《三国志》的相关记载更加可信。

平心而论，称刘备不曾"三顾茅庐"的这种结论未必不正确，但问题在于：有关学者在论证这个假说的过程中，不但犯了常识性的错误，而且在逻辑上难以自圆其说。这一则因为包括《三国志》在内的诸多史书，都曾明确记载曹军南下攻打荆州的时间是在建安十三年七月，而诸葛亮的"隆中对"却在建安十二年；二则因为史书记事的是否准确，与它成书时间的早晚并无直接的关联，史书的记载是否实录，其实决定于史家的才能、著史态度及其所掌握的资料是否全面准确，例如北宋司马光等人编撰的《资治通鉴》，其问世显然比北齐魏收所撰《魏书》晚得多，却

①《三国志》卷35《蜀书·诸葛亮传》注引《魏略》，中华书局1982年第2版，第913页。

从来不曾有人宣称（相信将来也不会有人胡说）《魏书》的可信度高于《资治通鉴》，也因此，不能仅仅根据成书时间早晚断定《魏略》的记载比《三国志》更可信。而实际情况恰恰相反，虽然《魏略》叙事往往比《三国志》详细，尽管《魏略》的部分记载要比《三国志》准确，但从总体上来看，显然远不如《三国志》，否则就难以解释为何《三国志》流传至今而《魏略》散佚已久。

于是，清代学者洪颐煊在所撰《诸史考异》中，转而将《魏略》与《三国志》的相关记载杂糅在一起，断言当时的情况应该是：

此亮见备，当是两时事。亮初见备于樊城，虽以上客礼之，未奇亮也。迨徐庶举荐，再见备于新野，始情好日密。故亮亦以后见为感激："先帝不以臣卑鄙，猥自枉屈，三顾臣于草庐之中。"《注》云"事当在建安十三年"，而《表》云"尔来二十有一年矣"，则初见或在十二年也。①

换言之，就是诸葛亮初见刘备于樊城，但并未得到刘备的器重；尔后在徐庶的大力荐举下，刘备三顾茅庐，将诸葛亮请出山，并委以重任。对刘备的知遇之恩感激不已的诸葛亮，自然念念不忘三顾茅庐，而绝口不提当初在樊城的受冷遇，遂使后人忽略了"三顾"之前的"晋见"。

但目前，我们只能说：无论是刘备"三顾茅庐"请出诸葛亮，还是诸葛亮主动上门请求刘备加以任用，这两种情况都有曾经发生的可能，但是，究竟何者的可能性更大，却难以定论。也就是说，曾经被无数人传诵而成为千古佳话的"三顾茅庐"，其真实性仍有待做进一步的考证。

① 《诸史考异》卷1《三国志·亮见先主》，（清）洪颐煊撰，中华书局1991年版，第10页。

"大逆不道"的孝子：孔融遇害的真相

"融四岁，能让梨；弟于长，宜先知。"《三字经》中的这段话，说的是东汉末年的著名文学家孔融小时候的故事。

孔融是孔子的第二十世孙，上有五个哥哥，下有一个弟弟。他四岁那年的某一天，父亲孔宙从街上买回来一些梨子，全家人坐在一起吃，大家都让孔融先拿。奇怪的是，孔融既不挑大的，也不拣好的，只拿了一只最小的。

父亲原本以为孔融肯定会挑个大个的，却不料他拣了个最小的，心里十分高兴，暗说这孩子虽然人小，却很懂事。于是，父亲故意问道："这么多梨，又让你先拿，你为什么不拿大的，却偏偏挑了个最小的呢？"孔融回答说："哥哥们比我大，应该吃大的；我年纪小，就该吃小的。""可是你还有个弟弟呀？他不是比你更小吗？你为何不把最小的梨留给他呢？""我比弟弟大，哥哥应该让弟弟，所以我把大的留给弟弟吃。"看到年仅四岁的儿子如此懂礼貌，做父亲的自然很开心，禁不住连声夸奖："好孩子，好孩子，真是一个好孩子！"[1]

汉桓帝延熹五年（162），十岁的孔融跟着父亲来到京城洛阳。当时洛阳地方长官李膺是进步文人的领袖，很有声望。不过，名人也有名人的苦恼，由于慕名登门造访的来宾实在太多，李膺特地关照门卫：不是当代名人或世交挚友，一律拒之门外。为了见到李膺，孔融心生一计，自称是李膺的"通家子弟"，这就骗过了门卫。在李膺的客厅，孔融被要求说明李、孔二家的历史瓜葛，只见他不慌不忙地回答说："我是孔老夫子的二十世孙，而您姓李，自然是老子李聃的后人。您的祖上难道不是我孔老夫子的老师吗？"如此机智的应答，在当时文人中是最受尊重的，因而在座的诸位莫不佩服眼前的这位少年，只除了一个名叫陈炜的倒霉蛋。陈炜因为晚到，没能亲耳领教小孔的妙对，经由别人转述，效果不免打了折扣，于是随便咕哝了一句不太友好却不见得全无道理的话："早熟的孩子，成年后未必出类拔萃，

---

① （南朝宋）范晔：《后汉书》卷 70《孔融传》注引《孔融家传》，（唐）李贤等注，中华书局 1965 年版，第 2261 页。

这种人我见得多了。""看得出来，先生小时候一定聪明无比。"[1] 孔融的还击虽有着明显的逻辑错误，却让那位仁兄无地自容。

孔融十六岁那年，他哥哥孔褒的朋友张俭，因为得罪了大宦官侯览而被通缉，前来孔家寻求政治避难。碰巧那天孔褒外出不在家，孔融毅然收容了那位政治犯。不过，事情由于佃户的告密而曝了光。于是，孔家兄弟在成功转移张俭之后双双锒铛入狱。在班房中，兄弟俩竞相请求独自承担刑事责任，一个说"逃犯是我放走的"，一个说"张俭是来找我的"。终审判决的结果是：立马释放弟弟，暂时拘留兄长。出狱后的孔融，从此声名鹊起。

汉灵帝中平元年（184）初，何进托他皇后妹妹的福，即将走马上任为大将军。那一阵子，来何公馆输诚、献媚者络绎不绝。在太尉杨赐手下供职的孔融，也受杨太尉的派遣前往何府投递了名片。当时，门房工作人员一则确实因为忙不过来，二则也难免有些狗眼看人低，这就怠慢了孔融，于是孔融当场大发雷霆，要回了名片，而且立马就向杨大人递交了辞职报告。何公馆上下为此群情激奋，纷纷建议大将军修理这个不知天高地厚的混蛋。屠夫出身的何进也感到很没面子，不但批准了让孔融脑袋搬家的建议，而且具体落实了刺客的名单。眼看孔融性命难保，这时又有人提醒大将军是否应该充分考虑到社会舆论，毕竟那个混蛋并非无名小卒。结果是：何大将军既没有收拾孔融，反而推荐他做了侍御史。

汉献帝初平元年（190），孔融因为多次触犯董卓的关系，被赶出京城，下放为北海国的国相。在此后的六年间，作为北海国的最高军政长官，孔融并不称职。面对混乱不堪的时局，他几乎从不考虑如何保境安民，如何医治战争创伤，却终日高谈阔论那些不合时宜的教化政策，整天忙乎那些不切实际的迂腐措施。他时刻准备着用上好的棺木，入殓那些不幸客死北海的外地游士，却无意体恤那些在战祸中苦苦挣扎的北海百姓。也因此，在强敌的攻击下，他接二连三地丧师蹙地，并最终在献帝建安元年（196），作别了被他糟蹋得一塌糊涂的北海，前往许县投奔曹操。

曹操当时刚刚收容了四处逃难的汉献帝，确实需要像孔融这样的名士，为他所控制的许县政权点缀门楣。因此，初来乍到的孔融，随即被任命为将作大匠，不久又升任少府。孔融也投桃报李，写了一些为曹操歌功颂德的诗文。事实上，从建安元年走马上任为将作大匠，到建安五年（200）官渡大战决出胜负之前，既是孔融与曹操关系的"蜜月期"，也是他一生中过得比较舒心的一段时光。

但是，在官渡大战后，两者的关系日趋僵化。孔融一厢情愿地要求曹操无条件地承担起中兴东汉皇朝的责任，曹操的表现却让他越来越失望。于是此后，孔融不

---

[1] （南朝宋）范晔：《后汉书》卷70《孔融传》，（唐）李贤等注，中华书局1965年版，第2261页。

但不愿继续充当曹操的政治花瓶，而且开始唱反调，根本不管曹操干得对不对、好不好，一律横加非议。

建安九年（204）八月，曹操军团攻陷袁绍的老巢邺城，随军远征的曹二公子曹丕捷足先登，闯入袁氏内宅，一见貌赛天仙的甄氏就从此魂不守舍。曹操得知消息后，连忙为儿子娶了甄氏，这就治好了曹丕的相思病。孔融闻讯后，立马写信给尚在前线的曹操，说什么当年周武王讨伐商纣王时，曾将纣王的宠妃妲己赏赐给他的弟弟周公旦，以此影射曹丕霸占甄氏。好学的曹操一时犯了傻，班师回朝后，虚心地向孔先生讨教这个典故的来源。孔融回答说，这其实并没有什么特别的出处，只是根据近来发生的事情加以推测，想当然罢了。孔融身为孔家子孙，仅仅为了挖苦、捉弄曹操，竟然不惜诽谤儒教的圣人，不但无聊至极，实在是心理变态。孔融的这一无中生有，只能说是变态，他根本不配做名教的罪人。

为应对粮食紧缺的难题，部分也出于整肃干部队伍生活作风的考虑，曹操于建安十二年（207）发布了禁酒令。这时，孔融又上蹿下跳，予以强烈反对。他对于曹操颁行禁酒令的旨趣所在，自然非常清楚，而他之所以仍然加以坚决反对，归根结底，就是存心与曹操过不去。

对于曹操来说，孔融在官渡大捷之后，实际上已经失去了点缀门面的价值。孔融那些独特怪异的批评，极大地刺痛了曹操。刺痛尚是浅层的，更为深层的，就是曹操唯恐孔融毫无忌讳的批评，可能影响、带动整个社会舆论对他的口诛笔伐。因此，曹操很希望孔融闭上那张臭嘴，不要信口雌黄。于是，他略施小计，罢免了孔融的少府职位。

丢了官罢了职的孔融，这才感觉到事态的严重性，为此信誓旦旦地向曹操保证今后不再胡言乱语。作为回报，曹操扔给他一个"太中大夫"的闲职。没曾料想，孔融不久又故态复萌，甚至指责曹操武力南征荆州的政策。曹操本来没有让孔融脑袋搬家的打算，至此终于怒不可遏，彻底厌憎了孔融。于是，在建安十三年（208）八月，五十六岁的孔融以图谋不轨等罪名被处以极刑，即刻就地正法。

对于孔融的人头落地，舆论一片哗然。为平息物议，曹操专门下发了一个文告。这一文告耐人寻味地删除了此前对孔融图谋不轨的指控，转而着重谴责孔融"败伦乱理"的言论。[1] 可叹孔融，这位早年享有孝子美誉的孔融，最终竟然背负着"不孝"的罪名了此一生。但是，这样的罪名固然张冠李戴，却又何尝不是他自己种下的祸根！

---

① （南朝宋）范晔：《后汉书》卷 70《孔融传》，（唐）李贤等注，中华书局 1965 年版，第 2278 页。

曹操兵败赤壁：败于火攻抑或疾疫所致

汉献帝建安十三年（208）七月，曹操在南下进攻荆州之初，其实并无顺势攻打江东的意思，这一则因为能否顺利攻取荆州还是一个未知数，二则因为假如他真的有意剿灭孙权，完全可以避开水域密布的荆州地区，改从淮南进军江东。曹操在攻占荆州后，之所以改变初衷，在很大程度上应该归结为：来得太快、太突然、太容易的巨大胜利，极大地助长了他的骄傲、轻敌、急于求成的心态。而他改变初衷的结果，则是兵败赤壁；此战之后，中国历史也从汉献帝初平元年（190）开始形成的群雄割据局面，演化成为南（孙刘联盟）北（曹操）对立的形势。①

对于建安十三年曹军兵败赤壁的原因，《三国志·蜀书·先主传》记载说，主要源于孙刘联军的火攻：

> 先主遣诸葛亮自结于孙权，权遣周瑜、程普等水军数万，与先主并力，与曹公战于赤壁，大破之，焚其舟船。先主与吴军水陆并进，追到南郡，时又疾疫，北军多死，曹公引归。②

而《三国志·吴书·周瑜传》的相关记载更为详细，其中既有黄盖"观操军船舰首尾相接，可烧而走"的建议，又有"取蒙冲斗舰数十艘，实以薪草，膏油灌其中，裹以帷幕，上建牙旗，先书报曹公，欺以欲降"的准备和诈降，更有"烟炎张天，人马烧溺死者甚众，军遂败退，还保南郡"的战争结果。③而历代文人骚客也大抵以此为据，对曹军兵败赤壁一事，或如唐人胡曾的《赤壁》诗，做比较夸张的评述：

---

① 章义和、唐燮军:《细说曹操》之十九《遗恨赤壁》，上海人民出版社 2014 年第 2 版，第 188 页。

② 《三国志》卷 32《蜀书·先主传》，中华书局 1982 年第 2 版，第 878 页。

③ 《三国志》卷 54《吴书·周瑜传》，中华书局 1982 年第 2 版，第 1262—1263 页。

烈火西焚魏帝旗，周郎开国虎争时。

交兵不假挥长剑，已挫英雄百万师。①

或如元代郑允端的《东坡赤壁图》诗，予以冷嘲热讽：

老瞒雄视欲吞吴，百万楼船一炬枯。

留得清风明月在，网鱼谋酒付髯苏。②

于是在不期然间，曹军遭孙刘联军火攻而兵败赤壁之说，竟不胫而走，几乎成为妇孺皆知的定论。

不过，近来有不少学者纷纷质疑这一传统观点，转而认为曹军兵败赤壁并非火攻所致，而是因感染疾疫而丧失战斗力的结果。其依据之一，便是《三国志·魏书·武帝纪》在叙及赤壁之战时根本未曾提到火攻，仅说："公至赤壁，与（刘）备战，不利。于是大疫，吏士多死者，乃引军还。"③其依据之二，则是赤壁战后曹操本人在给孙权的信件中，虽然承认兵败赤壁，却将失利的原因归结为己方感染疾病："赤壁之役，值有疾病，孤烧船自退，横使周瑜虚获此名。"④其旁证则是《三国志·吴书·吴主传》中也有曹操自烧战船之说："公烧其余船引退，士卒饥疫，死者大半。"⑤

然而，尽管诸多学者主张曹军因染疾而败北，但对于曹军究竟感染何种疾病，却颇有分歧。有人说是"斑疹伤寒"，⑥有人说是"急性血吸虫病"，⑦也有人说是"鼠疫"，⑧而黎东方《细说三国》则以为是"消化不良"与"恶性感冒"。⑨但黎先生此说显然有误，因为假如曹军确曾为疾疫所感染，则其所患的疾病，就只能是由生存环境突然变更而导致的病症；也唯其如此，具有免疫力的孙刘联军才能在曹军"疾

---

① （唐）胡曾：《赤壁》，《全唐诗》卷647，中华书局1999年增订本，第7482页。

② （元）郑允端《东坡赤壁图》，《元诗选·初集》卷68，影印文渊阁《四库全书》本。

③ 《三国志》卷1《魏书·武帝纪》，中华书局1982年第2版，第31页。

④ 《三国志》卷54《吴书·周瑜传》注引《江表传》，中华书局1982年第2版，第1265页。

⑤ 《三国志》卷47《吴书·吴主传》，中华书局1982年第2版，第1118页。

⑥ 乔富渠：《"战争瘟疫"斑疹伤寒使曹操兵败赤壁》，《杏苑中医文献杂志》1994年 第1期，第17—19页。

⑦ 李友松：《曹操兵败赤壁与血吸虫病关系之探讨》，《中华医史杂志》1981年第2期；李友松：《赤壁之战，曹操兵败谁手？》，《科学与文化》2003年第4期（页10—11）、第5期（页12—13）、第6期（页11—12）、2004年第1期（页13）、第2期（页7—8）、第3期（页11）。

⑧ 符友丰：《曹操兵败赤壁原因何在》，《中医药文化》2004年第1期，第26—27页。

⑨ 黎东方：《细说三国》一七《赤壁》，上海人民出版社2000年版，第180页。

疫大兴"之际不被感染。

相比较而言，在以上三种假说中，李友松所推定的"急性血吸虫病"，可能更合乎情理。这一方面是因为，不但该病症在中国早已存在（例如周易卦象"山风蛊"），而且考古发现表明当时的赤壁附近地区正是血吸虫病的流行区，研究者就曾在长沙马王堆一号汉墓女尸的肠壁和肝脏中发现了血吸虫卵；另一方面是因为，曹军从进入江陵到最终发病于赤壁的时期，正好与血吸虫病的发病周期相吻合。与此同时，李友松先生也分析了孙刘联军不受血吸虫病之害的原因。他认为，孙刘联军的士卒多为南方人，又长期居住在疫区，因而具有一定的免疫力，即便发病，其程度也有限；而曹军士卒多为北方人，因为水土不服，对流行于赤壁附近地区的疾病基本上没有免疫能力，因而一触即发，而且症状严重。

平心而论，李友松先生此文不但观点新颖，而且足以自圆其说。尽管如此，其"急性血吸虫病"说却也并非无懈可击，因而又有学者撰文予以商榷，且从以下四个方面质疑李友松《曹操兵败赤壁与血吸虫病关系之探讨》的几条论据：

其一，曹操训练水师的地点，不在江陵疫区，而是在远离疫区的邺城（今河北临漳县西南）。既然邺城并非血吸虫病的疫区，曹军自然没有受感染之虞；

其二，曹操诚然曾经自烧船只，但其地点不在赤壁而在巴丘，其时间不在赤壁大战时，而是在曹军败退至巴丘时，而且烧船的目的在于避免余船为敌军所获；

其三，急性血吸虫病的潜伏期一般在一个月左右，两个月以上者极少，而且潜伏期越长，发病时症状也越轻。在这种情况下，建安十三年七月就开赴荆州的曹军，即便晚至秋季才感染血吸虫病，那么，当十二月发病时，其症状绝对不会严重至于丧失战斗力；

其四，从曹军水师的构成来看，显然主要是原刘表部下，这批降卒原本就世代居住在血吸虫病流行区，自当天然具有免疫力；至于受刘璋派遣前来支援曹操的四川兵，同样因为来自疫区而具有较强的免疫力。因而从总体上说，参与赤壁之战的曹军，在抗御血吸虫病侵扰问题上，其实与孙刘联军不相上下。[①]

综观此上两种论调，并旁参相关分析，似乎可以断定火攻论更接近历史事实，因而北宋司马光等人在编著《资治通鉴》时予以采用；至于染病说，尽管不能加以彻底否定，却几乎可以认定它并非曹军兵败赤壁的主要原因。其实，在曹军兵败赤壁这个问题上，真正成为难以解答的历史之谜的，却是他们患了何种疾病。会是急性血吸虫病吗？

---

① 李国华：《曹操兵败赤壁的主要原因不是血吸虫病》，《郑州铁路职业技术学院学报》1999 年第 2 期，第 27—31 页。

曹操的伤心地：赤壁的方位

赤壁，无疑是一代枭雄曹操最该伤心的地方，因为就在此地，志在必得的他竟然阴沟里翻船，不但损兵折将，而且从此基本上丧失了统一南北的机会。

赤壁，也因为赤壁之战这一改变中国历史发展方向的战役而名声大噪。历代以来，慕名前去寻访者，想必多如牛毛。而以赤壁为题，或托物言志，或发思古之幽情，或卖弄才气的文人雅士，也所在多有。据不完全统计，仅唐、宋、金、元四代，有头有脸的就有十四人，其中还包括"诗仙"李白、文豪苏东坡等名家，他们为此而作的诗、词、曲、赋不但多达十余首，而且不乏诸如李白《赤壁歌送别》之类的鸿篇巨制：

二龙争战决雌雄，赤壁楼船扫地空。
烈火张天照云海，周瑜于此破曹公。
君去沧江望澄碧，鲸鲵唐突留余迹。
一一书来报故人，我欲因之壮心魄。[①]

不过，对于赤壁古战场的具体方位，并非所有的文人骚客均了然于胸。譬如唐代诗人杜牧，从其所作《赤壁》诗来看，显然搞错了地点，而误将黄冈城外的赤鼻矶视为曹操的伤心欲绝处：

折戟沉沙铁未销，自将磨洗认前朝。
东风不与周郎便，铜雀春深锁二乔。[②]

或许正是有鉴于赤壁具体方位的难以确定，为人不甚圆滑的苏东坡竟也耍了一

---

① （唐）李白：《赤壁歌送别》，《全唐诗》卷 167，中华书局 1999 年增订本，第 1729 页。
② （唐）杜牧：《樊川文集》卷 4《赤壁》，陈永吉校点，上海古籍出版社 2009 年版，第 69 页。

次滑头，而在其作于任职黄州团练副使期间的《念奴娇·赤壁怀古》词中，暧昧地提道："故垒西边，人道是，三国周郎赤壁。"[1]

实际上，自从南北朝以来，对于赤壁古战场的具体方位，无论是学界还是民间，就一直争论不休，至今还没有肯定的结论。除了黄冈城外的赤鼻矶之外，有人说是在今蔡甸区西30公里处的临嶂山，也有人说是在钟祥市西北60公里处汉水东岸的赤壁崖，又有人说是在今汉川市西北40公里处的赤壁草市，还有人说是在今天门市东汉江边的赤壁，诸如此类的不同说法，林林总总，多达九种。

其中，汉阳临嶂山、钟祥市赤壁崖、汉川赤壁草市、天门赤壁四说，虽则具体地点相互之间颇有出入，却莫不位于汉水两岸。这是因为，在那些持论者看来，当年曹军南下攻占汉水边上的襄阳后，只能由汉水入长江，尔后中途与孙刘联军发生了遭遇战，因而赤壁必定在汉水两岸。

而形成时间最早的，当属"蒲圻县西北"说。此说出自南朝刘宋史家盛弘之所撰的《荆州记》：

（薄）[蒲]圻县，沿江一百里，南岸名赤壁，周瑜、黄盖此乘大舰上破魏武兵于乌林。乌林赤壁其东西一百六十里。[2]

时当唐李吉甫撰《元和郡县图志》，加以部分采用，并改作："赤壁山，在县西一百二十里。北临大江，其北岸即乌林，与赤壁相对，即周瑜用黄盖策，焚曹公舟船败走处，故诸葛亮论曹公'危于乌林'，是也。"[3]而李吉甫的这一记载，后来又为胡三省《资治通鉴注》及历代主要地理类著作所秉持，阴法鲁先生所主编的《古文观止译注》亦作如是观，内称："那个赤壁，在今湖北省蒲圻县西北，长江南岸。"

另一种较为流行的说法，则是"湖北省嘉鱼县东北"说。此说乃北魏郦道元《水经注》所首倡："江水左迤百人山南，右迤赤壁山北，昔周瑜与黄盖诈魏武大军处所也。"[4]而郦道元此说，后来又得到《大清一统志》、杨守敬《水经注疏》的首肯，并被《大清一统志》卷258引申为："赤壁山在百人山南，应在嘉鱼县东北，与江夏接界处，上去乌林且二百里。"近来则为王力《古代汉语》、朱东润《中国历代文学作品选》、谭其骧《中国历史地图集》所力主，因此得以广为流传，甚至一

---

[1]（宋）苏轼：《苏轼词集》，（宋）傅幹注，刘尚荣校证，上海古籍出版社2017年版，第35页。

[2]《文选》卷30谢灵运《拟魏太子邺中集诗》李善注，上海古籍出版社1986年版，第1437页。

[3]（唐）李吉甫：《元和郡县图志》卷27《江南道三》"鄂州蒲圻县"条，贺次君点校，中华书局1983年版，第646页。

[4]《水经注校释》卷35"江水"条，陈桥驿校释，杭州大学出版社1999年版，第605页。

度为高中语文教科书所采用。

近来，长期争持不下、悬而未决的赤壁方位之争似乎渐趋明朗化，其中的"蒲圻县西北"说，不但为越来越多的学者所信从，而且为政府所采纳，最新印制的《中华人民共和国地图》，就将赤壁的位置标在蒲圻县西北的长江南岸。

"蒲圻县西北"说之所以能够从众多假说中脱颖而出，这一则因为，此说不但出现时间最早，而且其首倡者盛弘之的生活年代上距赤壁之战发生的时间仅仅二百余年，因而较诸其他假说，其可信度更高；二则因为位于蒲圻县西北的赤壁，既在长江南岸，又与乌林隔江相望，这与史书所记载的地形条件颇为吻合；三则因为迄今为止，该地附近陆续出土了大量的兵器遗物：

1973 年，在赤壁对岸的乌林，出土了制于东汉晚期的铜马镫一件、上印有"建安八年"字样的瓦砚一台，以及若干制作于东汉的铜镜、陶瓷器和箭镞等物。

1976 年，在赤壁山下一米多深的土层中，发现了沉船上的铁环、铁钉、铜镜等物，同年，又在赤壁山上发现铜带钩、铁带钩、玉带钩各一件。

1977 年，在赤壁山和南屏山各发现一枚用于传令旗上的三棱镂空铜镞。

1987 年 3 月 7 日，在赤壁金鸾山坡上的一座东吴砖室墓葬中，发现一件由诸葛亮设计制造的铜弩机，同时还出土了若干东汉五铢钱和规矩星纹铜镜；同年 4 月 9 日在同一场所，又发现东吴都尉武官陈文和的墓葬，从中出土了一件上刻射程表尺和铭文的铜弩机、一柄钢剑、一面草叶纹镜等众多文物。

有道是事实胜于雄辩！位于蒲圻县西北的赤壁，也因着这些实物的出土，而被广泛认为是昔日赤壁之战的发生地。但问题在于：出土于"蒲圻赤壁"的文物，虽然多为东汉晚期的产品，却并无足够的证据表明它们就是曹军与孙刘联军交战后的遗弃物。由此看来，将"蒲圻县西北"说视为定论，还为时过早；否则，只能使黄泉之下的曹操、孙权、刘备及其将士们哑然失笑。

刘备借荆州：讹传抑或史实

汉献帝建安二十年（215）五月，孙权、刘备这对昔日的盟友，为了荆州江南三郡长沙、零陵、桂阳的归属问题，终于反目成仇。也就在双方剑拔弩张、战争一触即发的紧要关头，东吴主帅鲁肃为避免大规模的武装冲突，毅然单刀赴会，只身前往敌方统帅关羽的营寨，努力争取通过和平谈判解决争端。

据东吴著名史家韦昭所著《吴书》记载，在双方谈判过程中，关羽说长沙、零陵、桂阳三郡乃刘备"寝不脱介，勠力破魏"所得，进而责备鲁肃不该前来无理取闹，而鲁肃则以事实为依据痛加驳斥。他首先回顾了赤壁之战前刘备仓皇南逃时的窘况："始与豫州观于长坂，豫州之众不当一校，计穷虑极，志势摧弱，图欲远窜"；然后指出：要不是孙权可怜刘备"无有处所"，"使有所庇荫，以济其患"，刘备绝对不会有今天；最后，他愤而指责刘备不该做这种背信弃义的勾当。①

更需指出的是：至今广为流传的刘备借荆州之说，大抵就是从韦昭《吴书》的这段记载生发出来的。其后，西晋史家虞溥在所著《江表传》中又从而实之曰：

> （赤壁战后，吴将）周瑜为南郡太守，分南岸地以给（刘）备。备别立营于油江口，改名为公安。刘表吏士见从北军，多叛来投备。备以瑜所给地少，不足以安民，（后）[复]从（孙）权借荆州数郡。②

时当陈寿编纂《三国志》，基本上参取了韦昭《吴书》、虞溥《江表传》等史书的说法。于是，刘备借荆州之说为后世所信从。

不过，这个家喻户晓的千古定案，在清代乾嘉时期遭到考据大师钱大昕的否定，而被断为错案：

---

① 《三国志》卷 54《鲁肃传》注引《吴书》，中华书局 1982 年第 2 版，第 1272 页。
② 《三国志》卷 32《蜀书·先主传》注引《江表传》，中华书局 1982 年第 2 版，第 879 页。

借荆州之说，出自吴人事后之论，而非当日情事也。……夫借者本我所有之物而假与人也，荆州本刘表地，非孙氏故物。……迨其后三分之势已定，吴人追思赤壁之役，实借吴兵力，遂谓荆州应为吴有，而（刘）备据之，始有借荆州之说。……而吴君臣伺（关）羽之北伐，袭荆州而有之，反捏一借荆州之说，以见其取所应得。此则吴君臣之狡词诡说，而借荆州之名遂流传至今，并为一谈，牢不可破，转似其曲在蜀者，此耳食之论也。①

综观钱氏的此一论断，其核心思想显然在于：从汉献帝初平元年（190）三月到建安十三年（208）九月，不管是名义上还是实质上，荆州都是刘表（142—208）的荆州；在此期间，东吴二世三主孙坚、孙策、孙权，都未曾占有过荆州；荆州是刘备靠自己的军事力量夺来的，并非借自孙权。

近来，杜建民先生也同样认为刘备对于荆州的占领并非借自孙权。为了坐实他的这个论点，他详细考察了荆州属下七郡南阳、南郡、江夏、零陵、桂阳、武陵、长沙在赤壁之战前后的归属（其实还有章陵郡，而曹操在接收荆州之后又新置了南乡、襄阳、临江三郡），其考证结果是：第一，虽然孙权曾经分别在建安八年、十二年、十三年三次西征荆州，却始终不曾得手；第二，建安十三年曹操南征荆州，虽然迫降了刘表的接班人刘琮，但在赤壁战前，只占有荆州江北三郡，而荆州江南四郡仍在刘表旧部的控制中；第三，赤壁战后，孙、刘联军乘胜追击，但孙权方面由于战略失误，仅仅占据了江夏和南郡，而与此同时，刘备却避实就虚，挥师南下，一举攻占了武陵、长沙、桂阳、零陵四郡；第四，在孙权方面攻占南郡之后，刘备有意争夺南郡，昔日的盟友因此几乎大打出手，只是因为孙权当时唯恐受到刘备、曹操的夹攻，于是采纳鲁肃的建议，不但撤离南郡，而且还"进妹固好"，因而不久后，南郡亦为刘备所有。

在详细考察荆州七郡在赤壁之战前后归属的基础上，杜建民先生断言：在荆州七郡中，孙刘两家发生直接冲突的只有南郡；所谓"借荆州"一事，涉及的也仅仅是南郡一地，其余为刘备所占有的荆州之地，都是刘备从曹操和刘表旧部手中夺来的。杜先生进而推测：东吴之所以凭空杜撰"借荆州"之说，是因为他们在建安二十四年（219）趁关羽北伐之机偷袭荆州得手，为了证明此举的合法性和正义性，故而极力加以虚构。②

---

① 《廿二史札记校证》（订补本）卷7"借荆州之非"条，（清）赵翼著，王树民校证，中华书局1984年版，第139—140页。

② 杜建民：《刘备实未"借荆州"》，《文史哲》1995年第2期，第73—75页。

显而易见的是，不但杜先生的结论沿用了钱大昕的成说，而且其具体论证，也因袭了钱大昕的思路。不过，钱大昕的观感看似合理，其实颇有问题。首先，他在思想观念上显然先入为主地存在着尊刘、抑曹、贬孙的倾向，因而认定东吴史家的相关记载绝不可信；其次，钱氏无疑忽略了《三国志·吴书·鲁肃传》有关"后（刘）备诣京见（孙）权，求都督荆州，惟（鲁）肃劝权借之，共拒曹公"的记载。①

对于《三国志·吴书·鲁肃传》的这段记载，《资治通鉴》不但深信不疑，而且据其他传记加以补充，并系其事于建安十五年十二月（211 年 1 月）：

> 刘表故吏士多归刘备，备以周瑜所给地少，不足以容其众，乃自诣京见孙权，求都督荆州。胡三省注：荆州八郡，瑜既以江南四郡给备，备又欲兼得江、汉间四郡也。瑜上疏于权曰："……今猥割土地以资业之，……恐蛟龙得云雨，终非池中物也！"吕范亦劝留之。权以曹操在北，方当广擥英雄，不从。……鲁肃劝权以荆州借刘备，与共拒曹操，权从之。②

也就是说，当时刘备为了安置大批前来投奔他的刘表旧部，请求孙权把南郡借给他；对于刘备的这个请求，孙氏阵营内部出现了两种截然不同的观点。其中，周瑜和吕范主要着眼于未来，认为实力增长后的刘备，必将构成对孙方的威胁，因而极力加以反对；而鲁肃主要着眼于当前，极力主张出借。他的建议，实际上就是把最难防守的南郡交给刘备去承担。那时的孙权，既唯恐难以羁縻刘备，又担心曹操卷土重来，所以最终采纳了鲁肃的意见。

从当时双方交涉的情况来看，孙权和刘备在达成这笔交易之时，很可能签订了一个附带协议。协议的内容应该是：刘备同意在站稳脚跟之后（所谓站稳脚跟，就是刘备以南郡为基地，向北攻取曹操控制下的荆州北部地区），将名下的长沙、桂阳和零陵三郡无偿转让给孙权，以此作为孙权出借南郡的回报；否则，就无法解释后来双方交恶后，孙权何以独独袭击长沙、桂阳和零陵三郡。

但是，后来当孙权得知刘备占有益州，派人去成都敦促刘备如约割让长沙、桂阳、零陵三郡时，刘备不但不愿兑现当初的承诺，而且又开出了一个空头支票，说等他攻取凉州后，将把包括长沙、桂阳、零陵三郡在内的整个荆州地区全都转让给孙权。这就激怒了孙权，也因此有了建安二十年五月的反目成仇。

① 《三国志》卷 54《吴书·鲁肃传》，中华书局 1982 年第 2 版，第 1270 页。
② 《资治通鉴》卷 66 汉献帝建安十五年条，中华书局 1956 年版，第 2102—2103 页。

综上所述，不但可以确定"借荆州"实有其事，而且可以认定其曲在刘备。进而言之，刘备"借荆州"之所以成为历史之谜，在很大程度上源自世人根深蒂固的尊刘、抑曹、贬孙的思想观念。

魂归何处：鲁肃墓所之谜

纵观《三国志》，不难发现一个可以称之为"规律"的普遍现象，那就是曾经叱咤于汉末三国时期的风云人物，大多成长于单亲家庭：曹操年幼时就没了母亲，刘备和孙权两人也很早失去了父爱。家庭的残缺不全，虽然在情感上令人难以接受，但对于孩子的成才，却未必是坏事。临淮东城（今安徽定远东南）人鲁肃，其从"生而失父"[①]到荣任孙吴西线统帅的这一人生轨迹，也同样是其中的显著例证。

作为东汉末年现实主义政治家的典型代表，鲁肃（172—217）早在汉献帝建安五年（200），当他在好友周瑜的引荐下，与孙权会面时，就向孙权灌输另起炉灶、自立为帝的思想，并为孙权规划了建立千秋功业的三部曲：一、巩固江东根据地；二、进据整个长江流域，与曹操南北对峙；三、南面称帝，逐鹿中原，统一南北。也因此，他从此被孙权倚为股肱。

此后厕身孙吴集团决策层的鲁肃，以其超迈时流的远见卓识，至少三次扭转了中国历史的发展方向，使之最终演进为魏、蜀、吴三国鼎立。第一次是在建安十三年（208），主要是在他的建议和坚持下，孙权与刘备结为同盟，从而大败曹操于赤壁、乌林，遂使汉末政局演化为南（孙刘同盟）北（曹操）对立的形势；第二次是在建安十九年（214），正是在鲁肃的建议下，孙权同意将南郡出借给刘备，这就在壮大刘备势力的同时给曹操树立了又一个强敌，从而不但维护了孙刘同盟，而且实际上奠定了三家分立的格局；第三次是在建安二十年（215），时当孙、刘双方为了荆州江南三郡的归属问题而剑拔弩张之际，鲁肃毅然单刀赴会，只身前往敌方统帅关羽的营寨，最终通过谈判解决了争端，从而避免了因同盟破裂而被曹操各个击破的危险。也因此，孙权不但在鲁肃逝世时"为举哀，又临其葬"，而且于自称皇帝之时仍念念不忘鲁肃，顾谓公卿曰："昔鲁子敬尝道此，可谓明于事势矣。"[②]

然而，由于受到传统的国史叙事模式的限制，西晋史家陈寿在所撰《三国

---

① 《三国志》卷 54《吴书·鲁肃传》，中华书局 1982 年第 2 版，第 1267 页。

② 《三国志》卷 54《吴书·鲁肃传》，中华书局 1982 年第 2 版，第 1272 页。

志·吴书·鲁肃传》中，虽然记载了鲁肃"年四十六，建安二十二年卒"，却未曾只字提及鲁肃去世后葬于何处，也因此予后人以想象的空间。

从传世典籍来看，最早对鲁肃葬所表示出一定兴趣的，乃是无名氏所撰的志怪小说《续搜神记》：

> 王伯阳家东有一冢，传云鲁肃墓。伯阳妇丧，乃平其坟以葬。后数年，伯阳白日在厅事，忽见一贵人乘平肩辇，将从数百人，马皆浴铁，径来坐，谓伯阳曰："吾是鲁子敬，安冢在此二百许年，君何敢坏吾冢？"目顾左右掌伯阳下床，以刀环筑之数百而去。登时绝，良久乃苏。筑破处皆发疽，溃，寻便死。[1]

相对于志怪小说的荒诞不经，历代地方志的相关记载似乎较为客观。不过，方志虽然克服了志怪小说的荒诞，却很难被视为定论。这一方面是因为不同的方志相互间颇有出入，如《明一统志》卷11称鲁肃墓在镇江府城东，而《大清一统志》卷52却说"在江宁县西南上新河南岸圩田中"；另一方面是因为，即便是同一方志，其相关记载却前后矛盾，譬如《大清一统志》卷52既云"在江宁县西南上新河南岸圩田中"，而该书卷87却又说："在寿州东四十里圣福寺东北。"凡此种种，使得后人在确定鲁肃墓地时无所适从。

1984年4月3日《北京晚报》，刊登了彭华先生的一篇随笔。在该文中，彭先生认为鲁肃墓就在湖北汉阳的龟山：

> 龟山所在的汉阳，较为偏僻，当地人也少来此，对鲁肃墓不甚了了。作者一九七四年路过武汉特意去寻访，至山顶，见得鲁肃墓，仅余一座巨大的"门"字青石牌坊，依稀可见到立柱和横杠上面刻有各种水船、战舰浮雕花纹。[2]

然则据雍正《湖广通志》卷118记载，龟山仅有鲁肃祠，其词云："考大别在汉江之右，汉水入江处，三国南北时，为必争之地。一名翼际山，一名鲁山，以山有鲁肃祠，故名，今俗名龟山。"既然清代雍正年间的龟山并无鲁肃墓，那么，1974年彭华先生所见到的龟山鲁肃墓，也就绝对不可能是鲁肃的墓所。

近者，范良智先生在所作《鲁肃墓究竟在何处？》一文中，倾向于认定鲁肃墓在今湖南省岳阳市。其赖以立论的依据之一，便是《三国志》及裴松之注的下段文字：

---

① 《太平御览》卷559引《续搜神记》，中华书局1960年版，第2527页。

② 《北京晚报》1984年4月3日《五色土》栏目。

（孙）权拜（周）瑜偏将军，领南郡太守。以下隽、汉昌、浏阳、州陵为奉邑，屯据江陵。……瑜还江陵，为行装，而道于巴丘病卒，臣松之案，瑜…所卒之处，应在今之巴陵。时年三十六。……周瑜病困，上疏曰："……鲁肃智略足任，乞以代瑜。瑜陨踣之日，所怀尽矣。"即拜肃奋武校尉，代瑜领兵。瑜士众四千余人，奉邑四县，皆属也。①

范良智先生据此认为：既然鲁肃受命接替周瑜，那么，他必定到过巴陵（今岳阳），并很可能在岳阳生活过一段时间，因而其卒后下葬于岳阳，自然也在情理之中。

范良智《鲁肃墓究竟在何处？》赖以立论的依据之二，便是他本人曾在1983年5月到岳阳寻访鲁肃墓，并在距岳阳楼三四百米处的洞庭橡胶厂家属宿舍区内，找到了鲁肃墓的墓址。据他实地考察和采访，沦为废墟之前的鲁肃墓，高约6米，墓基直径约25米；墓地正面竖立着一道高、宽各约3.5米、1.2米的大石坊门；墓碑高1.7米，宽1.1米，两侧镶有石柱和辅碑，石柱上勒有对联一副，上联是："扶帝烛曹奸，所见在荀彧上。"下联则为"侍吴亲汉胄，此心与武侯同。"而墓身四周全用青砖围砌，边沿竖立高约1米的石栏。范先生接着写道：

清代光绪十五年（一八八九年），巴陵知县周至德对墓身进行了一次维修，在墓顶增筑一小庙，新勒墓碑于坟前。民国四年（一九一五年），北洋军阀曹锟镇守岳阳，将小庙拆去，改建成一座直径约三点五米纯木质结构的六角小亭，亭中立碑刻文，并换立了墓碑。这说明岳阳鲁肃墓也有相当的规模和确切的近代史实。②

不过，综观范先生的立论依据，前者似有误解之嫌疑，因为在《三国志·吴书》中实在找不到鲁肃曾经到过岳阳的记载，即便到过，也无从得出鲁肃死后必定下葬于岳阳的结论；而后者更是缺乏足够的说服力，因为光绪以来对于所谓的鲁肃墓的修葺，虽然是"确切的近代史实"，却并不足以说明周至德、曹锟所重修的就一定是真正的鲁肃墓。鲁肃的真正墓地究竟在哪里，迄今仍不得而知；或许，其墓早已被毁弃。

---

① 《三国志》卷54，中华书局1982年第2版，第1264、1271页。

② 施宣圆、林耀琛、许立言编：《中国文化之谜（第二辑）》，学林出版社1987年版，第89—90页。

天涯何处埋周郎：周瑜墓地究在何方

周瑜（175—210）字公瑾，庐江舒县（今安徽舒城）人。这位东汉末年屈指可数的文武全才，早在汉献帝初平元年（190），就倾心结交后来的孙氏集团的第二代领导人孙策，尔后，为孙策拓地江东六郡立下了汗马功劳。时当建安五年孙策遇刺身亡，周瑜又为孙氏集团最高统治权的平稳过渡呕心沥血，从此与张昭一文一武，同心辅佐孙权，成为孙权的左膀右臂。

黎东方先生曾经比较过周瑜和鲁肃的不同，说鲁肃从一开始就向孙权灌输另起炉灶、自立为帝的思想，他的志向在于攀龙附凤，做新朝的"佐命大臣"；而周瑜恰恰相反，他满脑子都是正统主义，具有强烈的"中兴汉室"的抱负。① 黎先生做出上述评判的重要依据，是建安十三年（208）周瑜在敦促孙权坚决抵抗曹操的时候，说过这样一句话："操虽托名汉相，其实汉贼也。将军以神武雄才，兼仗父兄之烈，割据江东，地方数千里，兵精足用，英雄乐业，尚当横行天下，为汉家除残去秽。"② 很显然，他误解了周瑜的真实意图。周瑜从来就不曾有"中兴汉室"的抱负，他其实与鲁肃一样，早就决意辅助孙权割据称雄，也因此，时当孙权南面称帝，依然念念不忘地说："孤非周公瑾，不帝矣。"③

周瑜之所以成为家喻户晓的名人，这一方面得益于苏东坡的那首《念奴娇·赤壁怀古》，该词唱道：

大江东去，浪淘尽，千古风流人物。故垒西边，人道是，三国周郎赤壁。乱石穿空，惊涛拍岸，卷起千堆雪。江山如画，一时多少豪杰。

遥想公瑾当年，小乔初嫁了，雄姿英发，羽扇纶巾。谈笑间，樯橹灰飞烟灭。

---

① 黎东方：《细说三国》一七《赤壁》，上海人民出版社 2000 年版，第 171 页。
② 《三国志》卷 54《吴书·周瑜传》，中华书局 1982 年第 2 版，第 1261 页。
③ 《三国志》卷 54《吴书·周瑜传》注引《江表传》，中华书局 1982 年第 2 版，第 1265 页。

故国神游，多情应笑我，早生华发。人间如梦，一尊还酹江月。①

另一方面，又受惠于罗贯中《三国演义》对赤壁之战的大肆渲染。不过，周瑜既不像《三国演义》所描写的那样，是一个气度褊狭、忌才妒能的小人，也不像罗贯中所杜撰的那样，是被诸葛亮用计气死的。对于这位江东儒将之死，《三国志·吴书·周瑜传》记载甚详：

> 是时刘璋为益州牧，外有张鲁寇侵，瑜乃诣京见权曰："今曹操新折衄，方忧在腹心，未能与将军连兵相事也。乞与奋威俱进取蜀，得蜀而并张鲁，因留奋威固守其地，好与马超结援。瑜还与将军据襄阳以蹙操，北方可图也。"权许之。瑜还江陵，为行装，而道于巴丘病卒，时年三十六。权素服举哀，感恸左右。丧当还吴，又迎之芜湖，众事费度，一为供给。②

曾经有人以为周瑜病卒后随即下葬于巴丘，明代文人乌斯道的《周瑜墓》诗，即其一例：

> 巴丘一卧梦初残，遂使江东失羽翰。
> 不恨荆州通蜀道，最忧赤壁走曹瞒。
> 山光上下风云壮，江影微茫草树寒。
> 千载尚怜雄杰士，有人箫鼓献杯盘。③

但据《周瑜传》"丧当还吴，又迎之芜湖"的这一记载来看，这种推论显然有误。因为既然其灵柩已从巴丘运抵芜湖，于情于理，绝对不可能折而归葬于巴丘。故此，至今尚留存于巴丘的所谓周瑜墓，显然是十足的赝品。事实上，早在明代，符锡在其所撰《郡志辩疑》中就曾加以断然否定，并推测说：位于巴丘的周瑜墓，可能就是周瑜次子周胤的墓地。至于符氏的这个推论是否准确，则不得而知。

《三国演义》不但杜撰了周瑜被诸葛亮气死的情节，而且还搞错了周瑜的籍贯，称之为舒城人氏，并说周瑜死后，孙权在极度哀伤之余，下令将他安葬在舒城。可

---

① （宋）苏轼：《苏轼词集》，（宋）傅幹注，刘尚荣校证，上海古籍出版社 2017 年版，第 35—36 页。
② 《三国志》卷 54《吴书·周瑜传》，中华书局 1982 年第 2 版，第 1264 页。
③ （明）乌斯道：《春草斋集》卷 4《周瑜墓》，影印文渊阁《四库全书》本。

笑的是，有人对于罗贯中的这一说法竟然信以为真，于是，在舒城县西七十里处的净梵寺，悄然冒出了一座周瑜墓。笔者之所以认定《三国演义》之说纯属虚构，这主要是因为《三国志·吴书·周瑜传》明确记载："周瑜字公瑾，庐江舒人也。"这个舒县，也就是今日的庐江县，而舒城晚至唐玄宗开元二十三年才建县，与汉代的舒县根本是风马牛不相及。更何况，《三国志·吴书·周瑜传》只是说周瑜的灵柩运抵芜湖，而并没有提到厚葬本乡。因此，舒城的那座周瑜墓，也绝对不可能是周瑜的真墓。

时至元代，"博学"而又"笃志复古"①的温州乐清人李孝光，在行经巢县时，据说在该地见到了三国周郎的墓地，其《正月十四日夜宿巢县》诗云：

> 旅食荆吴改岁年，春风远道思绵绵。
> 青山故绕周瑜墓，明月犹窥亚父泉。
> 楚县城荒惟画角，濡湖日落有归船。
> 天涯芳草萋萋绿，想见登楼忆仲宣。②

不过，位于巢县的这座周瑜墓，是否货真价实，难以定论。但可以肯定的是，除了李孝光老先生外，似乎别无他人提及。

又有人说周瑜身为东吴名将，历来颇为后人所景仰，故而予以立墓者甚多，而其真墓则在宿松县，乃其后裔周本所立。这种说法大抵缘起于《明一统志》，该书卷14记载说："周瑜墓，在宿松县北三十五里。"然而，同书同卷又云："周瑜墓，在庐江县东一十瑞安丰乡。瑜，三国时吴将。又见安庆府。"很显然，这种自相矛盾的说法既使人无所适从，自然也难以令人信服。

在有关周瑜墓地的各种假说中，"庐江说"流传得最为广泛。此墓位于庐江县城东门外二里许，明人张吉曾经见过此墓，其《经周瑜墓在庐江县》诗云：

> 破尽曹瞒百万师，建安遗叟望传魔。
> 可怜皎皎钟山月，不照成都赤羽旗。③

据说庐江周瑜墓原高两米，墓门向东，墓碑上题"吴名将周公瑾之墓"八字，

---

① （明）冯从吾：《元儒考略》卷3，影印文渊阁《四库全书》本。
② （元）李孝光：《五峰集》卷17《正月十四日夜宿巢县》，影印文渊阁《四库全书》本。
③ （明）张吉：《古城集》卷6《经周瑜墓（在庐江县）》，影印文渊阁《四库全书》本。

但目前只剩下一堆黄土。这是因为该墓曾在 1942 年，被国民党驻庐江部队 176 师 527 团团长覃振元以修墓之名，盗走墓碑、华表、石狮甚至墓砖。覃团长在掘墓之后，还厚颜无耻地筑墓成台，并请人在石墓上撰刻了一副对联："赤壁展宏图，三十功名，公已勋垂宇宙；佳城封马鬣，二千年后，我来树此风声。"①

　　不过，庐江诚然是周瑜的故乡，但是，假如仅仅依据其籍贯而肯定庐江周瑜墓就是周瑜的最终归宿，却也未免太过草率。更何况，举凡汉代墓葬，早已被历代盗墓贼光顾了无数次，自然不必劳动覃振元团长的大驾。窃以为覃振元所盗掘的所谓周瑜墓，充其量只是经后人重修后的周瑜墓，墓碑上的"吴名将周公瑾之墓"这八个大字就是最好的说明；毕竟，周瑜后人的智商再低，也绝对不会低下到竟然在墓碑上撰刻这几个不合情理的字。那么，周瑜之墓又究竟在何方呢？会不会早已倾圮而无从追寻了呢？

---

　　① 《巢湖史话》，欧阳发等编著，安徽人民出版社 1997 年版，第 136 页。

真作假时假亦真：曹操的七十二疑冢

汉献帝建安二十五年正月庚子（220 年 3 月 15 日），一代枭雄曹操病逝于洛阳，享年六十六岁。同年二月丁卯，在夏侯尚、司马懿等人的陪奉下，曹操的灵柩被运抵邺城，下葬在他亲自选定的邺城西面的山冈上，当时被称作"高陵"，后世以其地处邺城之西，大多称之为"西陵"。

大约从南朝梁代开始，围绕着西陵产生了至少两则传说。一则说，在曹操陵墓中有一孔清泉，泉水气味芳香，因而被称为香水；另一则说，在陵墓中各有两座铜驼、石犬。[①] 这样的传闻显然不着边际，因为根据常情，曹操肯定不会把自己埋葬在湿漉漉的涌泉旁边；而且各种各样的文字材料，包括《三国志》《资治通鉴》等比较严肃的正史在内，都明确记载曹操陵墓中并无金玉珠宝铜铁之类的陪葬品。尽管如此，这些传闻的问世，正可表明民间对曹操的陵墓产生了越来越浓厚的兴趣，只不过梁代的人们对于西陵的猜测，尚停留在好奇这一层面上。不过，时至两宋尤其是南宋，这种正常的好奇心理蜕变成了对曹操人品的质疑、对曹操人格的侮辱。

赵宋皇朝不但从未有过扬眉吐气的大一统，而且经常受到邻邦的欺侮，肉食者们最初还略做反抗以"保卫"国格，后来竟至于逆来顺受。尤其可悲的是，在举国上下的忍气吞声中，滋育出极不正常的国民心态。七十二疑冢传闻的出笼，正与宋人的不正常心态及其在这种心态主导下对曹操的评价有关。[②]

"七十二疑冢"原创版的作者，究系何人，已经很难确考。从现存的相关资料来看，最早述及曹操疑冢的，大概就是北宋王安石的《将次相州》诗："青山如浪入漳州，铜雀台西八九丘。蝼蚁往还空垄亩，骐驎埋没几春秋。功名盖世知谁是，气力回天到此休。何必地中余故物，魏公诸子分衣裘。"[③] 相比较而言，他的叙

---

① （南朝梁）任昉：《述异记》卷上，影印文渊阁《四库全书》本。

② 章义和、唐燮军：《细说曹操》之二十九《七十二疑冢》，上海人民出版社 2014 年第 2 版，第 305—314 页。

③ （宋）王安石：《王荆公诗注》卷 29，（宋）李壁注，影印文渊阁《四库全书》本。

述还算比较平允，南宋文人的指责显然刻薄恶毒得多，譬如俞应符的打油诗《曹公疑冢》：

> 生前欺天绝汉统，死后欺人设疑冢。
> 人生用智死即休，何有余机到丘垄。
> 人言疑冢我不疑，我有一法君未知。
> 直须尽发疑冢七十二，必有一冢藏君尸。[1]

然而，对于宋人不负责任的信口开河，后人却深信不疑。元初落魄文人杨奂的《山陵杂记》，在宋人旧说的基础上又作诡论，胡说曹操因为担心被人盗墓，所以特置七十二疑冢于漳河之上。至如顽冥不化的蒙元遗民刘绍，更作《曹瞒遗冢》诗，对曹操进行了近乎疯狂的人身攻击，他的恶毒程度较诸宋人，可谓有过之而无不及。时至明代，有关七十二遗冢的种种责难，不但集宋元以来之大成，而且附会出许多新的版本。这其中，罗贯中《三国演义》的大肆渲染，虽然极大地促成了"七十二遗冢假说"的广泛流布，但在内容上主要还是因袭了前代的陈词滥调，在理论创建方面乏善可陈；颇有创意的却是那位名不见经传的嘉靖十四年（1535）进士王士性（1547—1598），其万年所作之地理笔记《广志绎》，以为曹操尸首其实并不在七十二疑冢之中：

> 曹操七十二疑冢，皆聚于一处，不数十里而远，今亦有沉于漳河中者。陶九成曰："会须尽伐七十二疑冢，必有一冢藏操尸。"余谓以操之多智，即七十二冢中，操尸犹不在也。[2]

此后，万历四十一年（1613）进士范景文，在所作《魏武疑冢》诗中，同样认定"虚冢七十二，未埋英雄骨"。[3]

尤需注意的是清朝初年的多产作家王士禛，他不但断然否认了曹操葬身疑冢之间的流行看法，而且在《居易录》中记录了一则发生在明武宗正德十一年（1516）的地下发掘报告。报告说那年河北旱情严重，走投无路的饥民一口气发掘了十三所曹操疑冢，以期有所收获，结果发现在这十三所疑冢内，除了若干尸体外，尚有银

① （元）陶宗仪：《南村辍耕录》卷2，中华书局1959年版，第324页。
② （明）王士性：《广志绎》卷3《江北四省》，吕景琳点校，中华书局1981年版，第39页。
③ （明）范景文：《范文忠集》卷11《魏武疑冢》，影印文渊阁《四库全书》本。

花烛台之类的陪葬品，而且其中有一具尸体大概是用水银处理过的，他头戴青巾，身穿黄衣，黄须黑发，栩栩如生。但在报告的结尾部分，王士祯否认那个重见天日的"木乃伊"就是曹操或"人殉"。如今的田野考古证明王士祯的谨慎是正确的。那个可怜的"木乃伊"乃是北魏或北齐的一个皇室成员。

稍后，"鬼话连篇"的蒲松龄先生，在《聊斋志异·曹操冢》中，煞有介事地杜撰了一个与鬼没有直接关联的故事。故事说在许城外有一条水势湍急的河流，在一个炎炎夏日，有人来到河边洗澡。这个"短命鬼"大概一时高兴，扎了一个猛子潜入水中，不料此去竟成永别，浮出水面时已是被截为两断的尸体，从受害的情况来看，显然是被锋利的刀刃横向切割所致。于是，少不得他的家人一顿号啕大哭，之后入殓、出殡。乡亲们大抵以为此事纯属意外，略表同情之余，未做其他联想，却万万没有想到，一波未平一波又起，没过几天，又一男子在下河洗澡时遭遇同样的不幸，这就自然不能不让人联想起传说中的水鬼为害，一时间，谈"河"色变。县太爷闻讯而至，并斗胆下令乡民在上游设闸断流。待抽干潭水，竟发现崖下有洞，洞门上设转轮，转轮锋利异常，显系杀人凶器。进而开门入内，映入眼帘的，除了金银珠宝外，尚有小碑一方，上刻汉篆"曹孟德墓"四字。于是，群情激愤，破棺扬尸。讲完这则聊斋故事后，自称"异史氏"的蒲先生最后总结说，曹阿瞒这只狡猾的老狐狸，死后又欺骗了多少世人，他的遗体原来并不在七十二遗冢间，而是在许城之外的一条无名小河中。[①]自欺又欺人的，其实是蒲先生自己。当然，蒲先生的本意并不是要考证曹操究竟葬于何处，而是声讨曹操的奸诈，从这个角度看，他的目的达到了。

不过，尽管有王立道、蒲松龄等人的卖力鼓吹，但七十二疑冢的假说仍然是主流观点。实际上，在七十二疑冢假说内部，又存在着不同的版本。

民间传说曹操临死时，他所有的亲生儿子都不在身边，在病榻旁聆听遗愿的是他的干儿子。于是，这个干儿子被要求准备七十二口棺木，同时在漳河边建造七十二座坟墓。此外，干儿子还被请求在出殡那天身穿红袍。办白事穿红袍，稀罕！干儿子自然很奇怪，免不了向干爹讨教。曹操解释说他年过花甲升天乃是大喜之事。考虑到这是干爹的最后心愿，干儿子最终同意了。出殡那天，七十二口棺木同时从四门出城，眼花缭乱的人们，根本不知道曹操的遗骸究竟安放在哪口棺木里，更不晓得葬在哪座坟墓之中。最受愚弄的，则是那个干儿子，就在曹操出殡那天，正在祭灵的他，稀里糊涂地被刚刚赶到的曹操亲儿子曹丕，一刀结果了小命。原来是曹操在吩咐干儿子操办后事的同时，暗中给身处外地的曹丕寄了封信，信中要求曹丕

---

① （清）蒲松龄：《聊斋志异》卷10《曹操冢》，中华书局2013年版，第421—422页。

宰杀穿红袍的祭灵者，干儿子就这样成了冤死鬼。也因此，曹操的遗骸究竟埋葬在何处，成了千古难解之谜。这一传闻的破绽多得实在太离谱，没有必要再加以条陈细说。

英雄身上不可能没有任何缺点，正如暴徒心灵深处也有一片净土。走过汉末乱世的风风雨雨，生前的曹操虽有这样或那样的不是，却也问心无愧；卧听人世间形形色色的无稽之谈，九泉之下的他，同样大可心安理得。此正所谓核人贵实，浮论难凭，从古圣贤不能无谤，何况他沛国曹瞒！

对于曹操确切的葬身之处，至今依然聚讼纷纭，莫衷一是。有人根据东晋文人陆机的记载，推测曹操墓在今临漳县西面的丰乐镇西门豹祠一带。[1] 但丰乐镇的西门豹祠建于北齐天保五年（554），逝世于汉献帝建安二十五年（220）的曹操，不可能遗令安葬于此祠之旁。从临漳三台村以西八里的讲武城，到磁州之间，分布着一座座形如山丘的土堆，有人认为这其中必有一座是曹操的坟墓。但从晚清至民国，这些疑冢大多被人盗发，从墓志来看，墓主大多为北魏、北齐时代的王公要人，而且其确切数字也并非七十二，而是一百三十四。

又有人根据魏文帝的《止临菑侯植求祭先王诏》，推测曹操陵墓别出心裁地修建在漳河河底。虽然 1983 年当地农民曾在漳河大桥河床挖到过银元宝、银锹等，但据考古学家推断，漳河大桥下出土的文物，是明代皇室船队在此翻船时的遗留品，与曹操墓无关。

近来，又有学者根据《三国志·武帝纪》《通典》《太平寰宇记》和《彰德府志》等传世文献的有关记载，结合 1975 年在临漳习文村发现的东汉晚期墓葬实物，加以综合分析，认为曹操陵墓位于今河南安阳灵芝村与今河北临漳习文村一带。

作诸如此类的推测，其实并无太大的必要，也没有什么多大的意义。我们的努力方向应该是：尽可能全面地使世人正确地认知作为历史人物的曹操。

---

① 徐亚龙：《曹操墓与西门豹祠》，《殷都学刊》2011 年第 3 期，第 36—38 页。

蜀先主的陵墓所在：成都抑或奉节

章武三年（223）四月，刘备被孙吴大将陆逊惨败于彝陵后，在班师途中连病带气，最终死于白帝城永安宫（位于今重庆市奉节县城内）。同年五月，其灵柩运抵成都，八月即下葬于惠陵。对此，《三国志》言之凿凿：

> 三年春二月，丞相亮自成都到永安。……夏四月癸巳，先主殂于永安宫，时年六十三。亮上言于后主曰："……百僚发哀，满三日除服，到葬期复如礼；其郡国太守、相、都尉、县令长，三日便除服。……臣请宣下奉行。"五月，梓宫自永安还成都，谥曰昭烈皇帝。秋，八月，葬惠陵。[①]

与此同时，陈寿在所撰《三国志·蜀书·二主妃子传》中又补充说，刘备的两位夫人后来也先后合葬于惠陵：

> 先主甘皇后，沛人也。……后卒，葬于南郡。章武二年，追谥皇思夫人，迁葬于蜀，未至而先主殂陨。丞相（诸葛）亮上言："……故昭烈皇后宜与大行皇帝合葬，臣请太尉告宗庙，布露天下，具礼仪别奏。"制曰可。先主穆皇后，陈留人也。兄吴壹，……延熙八年，后薨，合葬惠陵。[②]

时至今日，惠陵不但岿然矗立在四川成都南郊的武侯祠内，而且其周遭景象，较诸晚唐诗人李商隐所描述的"蜀相阶前柏，龙蛇捧閟宫。阴成外江畔，老向惠陵东"，[③]并无质的变易。也难怪盛巽昌先生会如此感慨地说："三国创始人，基业最大的是曹操，寿命最长的是孙权，可是他们的最终归宿处：漳河畔西门豹祠的曹操墓

---

① 《三国志》卷32《蜀书·先主传》，中华书局1982年第2版，第891页。

② 《三国志》卷34《蜀书·二主妃子传》，中华书局1982年第2版，第905—906页。

③ （唐）李商隐：《武侯庙古柏》，《全唐诗》卷539，中华书局1999年增订本，第6212页。

地，随之日月春秋逝去而已不可寻；孙权南京蒋陵在明初犹在，但自朱元璋毁鸡鸣寺建孝陵，它被留下来看陵门，此后虽然号称梅花山的孙陵冈尚存，但当年蒋陵的宏伟规模，亦仅是紫金山下一土丘了。和魏、吴两个创业者相比，基业最小，称帝也短的蜀汉昭烈帝刘备，死后所葬的惠陵，已经历长达 1700 多年，风风雨雨，夕阳渔鼓，至今仍依傍着武侯祠巍然屹立。比起曹操、孙权的最后归宿，那是幸运得多了，就是从纵向比，也比他前后那两个曾割据四川称王立国的公孙述和李雄死无葬身之地要好些，总算有一块方寸的埋身之处，有诗为证：'君不见公孙跃马归乌有，悍骨知他何处朽。又不见李雄建多珠玉，麒麟古冢无踪迹。谁似君王百代思，鬼神呵护无尽时。'"①

然而，对于《三国志》有关刘备葬于惠陵的记载，自两宋以来就颇有学者表示怀疑；据说当年郭沫若先生路过奉节时，也曾认为刘备的陵墓不在成都，而是在奉节。近来，陈剑先生更是撰文详加申说：第一，每年四月以后，正是奉节最为炎热的时候，在尸体最易腐烂发臭的气候条件下，刘备的遗体几乎不可能被运送到千里之外的成都；第二，据宋元以来包括地方志在内的诸多典籍记载，甘皇后其实葬于奉节而非惠陵，因而与她合葬在一起的刘备，也必定葬在奉节；第三，刘备陵墓在奉节的这一传闻不但由来已久，而且近来，文物探测队发现在奉节县府大院下面的地底深处，埋藏着两个长 15 至 18 米、高 5 米的建筑结构，有专家认为它很可能就是刘备及其甘夫人的墓葬所在。②

对于陈剑的此一论辩，谭良啸先生颇不以为然，并据《三国志·蜀书·先主传》的相关记载予以批驳，进而断言："刘备在奉节死后运回成都安葬，陈寿《三国志》记载确凿，是一清二楚的。陈寿（233—297 年），巴西郡安汉（今四川南充）人。……他生于其时，长于其地，关于一国之君墓地所在这种举国皆知的大事，是绝不可能，也不应该错记的。"③ 而近来，不少网民更是纷纷撰文肯定"刘备葬于惠陵"说，并为此做了较为详尽的考辨：

1. 按照汉朝惯例，帝陵在一般情况下都建在首都附近，既然蜀汉全面继承汉朝旧制，那么，刘备之墓应当不会远离成都。更何况《汉晋春秋》曾经明确记载，当公元 263 年蜀后主刘禅有意向魏将邓艾投降时，不愿做亡国奴的其子北地王刘谌，"哭于昭烈庙，先杀妻子，而后自杀"。很显然，在此非常情势下，刘谌不可能跑到

① 盛巽昌：《真墓伪墓 难以弄清：刘备的陵墓在何处》，载《中华文化之谜》，施宣圆、李春元主编，文汇出版社 2002 年，第 303 页。

② 陈剑：《刘备葬在哪里？》，《天府新论》1985 年第 3 期，第 44—45 页。

③ 谭良啸：《八阵图与木牛流马：诸葛亮与三国研究文集》，巴蜀书社 1996 年版，第 239 页。

193

永安去拜哭其祖之庙。

2. 永安当时位于蜀、吴前线，后主、诸葛亮绝对不可能无知到将大行皇帝的灵柩下葬在边境线上。

3. 据《三国志·蜀书·先主传》可知主持葬礼的丞相诸葛亮，在刘备去世后，旋即从永安返回到成都，因而刘备的葬礼肯定举行于成都。

4. 据《三国志·蜀书·后主传》记载，后主刘禅不但在自乃父去世至刘备灵柩运抵成都之间，始终不曾离开成都，而且在亡国后被迫前往洛阳之前从未离开成都。古代最讲究孝顺，特别一国之君，更该如此；在这种情况下，假如刘备果真葬于永安，刘禅不可能不去永安祭扫。

5. 陈寿的《三国志》，历来以著述态度严谨而被视为“信史”。故此，该书有关刘备下葬于惠陵的记载，较诸宋元以来的地方志及其他典籍所云，无疑具有更大的可信度。

6. 2001年，有关部门在武侯祠植树时，在惠陵的封土边缘一尺深处，意外地发现了几块制作于蜀汉时期的砖头，其长40厘米，宽25厘米，厚7厘米。由于发现部位靠近封土边缘而且离土层表面仅有一尺，可以断定这些砖头是修建陵墓时多余的残砖，从而在事实上表明刘备确实下葬于惠陵。

7. “葬于永安”说的主要依据是：刘备死于四月，天气热，尸体难以保存，不可能运回成都。但实际上，《三国志·蜀书·先主传》明确记载，刘备的尸体不但在路上被运送了将近一个月，而且还在成都被存放了三个月。因此，所谓天热尸体难运之说，也纯属无稽之谈。刘备的尸体之所以能够存放得如此长久，是因为尸体保存技术早在西周时就已基本解决。试想，当年秦始皇的尸体都被成功地运回咸阳下葬，更何况400多年后的三国初年！

南宋文人任渊在所撰《重修先主庙记》中曾经提道：“成都之南三里所，丘阜岿然，曰惠陵者，实昭烈弓剑所藏之地。”[①]此所谓“弓剑”，在古代被用以代称皇帝的遗体，但后人因为不知就里，竟将“惠陵”“实昭烈弓剑所藏之地”，误解为惠陵乃刘备的“弓剑墓”“衣冠冢”。称刘备葬于奉节的这种说法，大抵也源自对史料的误解。至此，对于刘备的最终归宿，应该不会再有疑问了吧！

---

① （宋）赵说友等编：《成都文类》卷33任渊《重修先主庙记》，赵晓兰整理，中华书局2011年版，第644页。

悬而未决：曹植《洛神赋》的寓意

　　《洛神赋》是除《七步诗》外曹植（192—232）的又一力作，问世后不久就受到后人的追捧。东晋画家顾恺之就曾以此为素材加以艺术加工，创作出不朽名画《洛神赋图》。而诸多文人在反复吟咏之余，也开始关注这篇名赋的寓意所在。

　　从传世文献的相关记载来看，最早探求《洛神赋》创作目的者，大概就是《文选》李善注所引的无名氏《记》：

　　魏东阿王，汉末求甄逸女，既不遂。太祖因回与五官中郎将。植殊不平，昼思夜想，废寝与食。黄初中入朝，帝示植甄后玉镂金带枕，……仍以枕赉植。植还，度轩辕，少许时，将息洛水上，思甄后。忽见女来，自云：我本托心君王，其心不遂。此枕是我在家时从嫁前与五官中郎将，今与君王。……言讫，遂不复见所在。遣人献珠于王，王答以玉佩，悲喜不能自胜，遂作《感甄赋》。后明帝见之，改为《洛神赋》。①

　　换言之，即是《洛神赋》乃曹植思念梦中情人甄氏（也就是他的兄嫂）而作。然则"感甄说"的这种解释，既曾为何焯《义门读书记》、张云璈《选学胶言》、方伯海《昭明文选大成》等清人论述所驳斥，近来更是遭受学界较为普遍的否定。这一则是因为，当曹丕迎娶甄氏为妻之时，曹植年方十三，根本不可能发生曹植于"汉末求甄逸女"未遂之事；二则因为，无论于情于理，曹植都不大可能表达对其兄嫂的相思之苦；三则因为，载曹植在黄初年间深受魏文帝曹丕的猜嫌，在这种处境下，即便他确尝心仪甄氏，也绝不敢如此露骨地表达，至于曹丕，更不可能因为曹植思念甄氏而以甄氏所用之枕相赐。

　　也因此，清人何焯在驳斥"感甄说"的同时，主要以《洛神赋》中的"虽潜处于太阴，长寄心于君王"为据，转而主张"寄心文帝说"：

---

　　① 《文选》卷 19 曹子建《洛神赋》注引《记》，上海古籍出版社 1986 年版，第 895—896 页。

195

《离骚》："我令丰隆乘云兮，求宓妃之所在。"植既不得于君，因济洛川作为此赋，托辞宓妃以寄心文帝，其亦屈子之志也。①

何氏此说的影响，颇为广泛而又深远，不但得到了清人丁晏《曹集诠评》的呼应，而且为《魏晋南北朝文学史参考资料》等诸多当代论著所信从："按自文帝即位，植备受猜忌，本传载：'植每欲求别见独谈，论及时政，幸冀试用，终不能得。既还，怅然绝望。'就曹植的身世遭遇及其怀抱而论，何、丁之说似亦可信，录以备考。"②

尽管如此，在王书才先生看来，"寄心文帝说"同样破绽百出，因为它曲解了《洛神赋》中"虽潜处于太阴，长寄心于君王"的语意。在王先生的理解中，此所谓"君王"，乃是洛神对曹植的称呼。事实上，王书才先生不但认为"寄心文帝说"过于牵强附会，而且断言"感甄说"荒诞无稽。在此基础上，他认定《洛神赋》实乃曹植悼念、怀恋其亡妻崔氏而作，③因为该赋提道："恨人神之道殊兮，怨盛年之莫当。抗罗袂以掩涕兮，泪流襟之浪浪。悼良会之永绝兮，哀一逝而异乡。无微情以效爱兮，献江南之明珰。虽潜处于太阴，长寄心于君王。"④从这段描述来看，赋中所谓的女神，应该是一个与曹植互相爱恋的真实人物的化身，但这个原型因为某种缘故抱恨终天，遂予诗人以无尽的忧伤和永远的遗恨；而《三国志》及《世语》皆明确记载："植，琰之兄女婿也。""植妻衣绣，太祖登台见之，以违制命，还家赐死。"⑤

王书才先生的这种诠释尽管颇有新意，却也只能算是一家之言，譬如黄金明先生的理解就与他完全不同："英雄气短，儿女情长，这也是历史上人们把《洛神赋》中洛神诠释为甄氏或曹植之母的合理的层面。……当然，洛神还是美好理想的化身，《洛神赋》还传达出作者人生一份苦苦的追求及理想境界可望而不可即的哀怨、彷徨的思绪。……极度的不平与愤恨，失衡的心理世界的另一端便是青少年时期的宠爱及继嗣立业的理想，'顾瞻恋城阙，引领情内伤'，曹植对京城的怀恋，其实也

---

① （清）何焯：《义门读书记》卷45，崔高维点校，中华书局1987年版，第883页。

② 北京大学中国文学史教研室选注：《魏晋南北朝文学史参考资料》，中华书局1962年版，第95页。

③ 王书才：《曹植〈洛神赋〉主旨臆解》，《达县师范高等专科学校学报》2005年第3期，第37—39页。

④ （南朝梁）萧统编：《文选》卷19曹子建《洛神赋》，（唐）李善注，上海古籍出版社1986年版，第900页。

⑤ 《三国志》卷12《魏书·崔琰传》并注引《世语》，中华书局1982年第2版，第369页。

是对过去那份继嗣立业的理想的怀恋。由此，在途经洛水时，……对继嗣立业理想的怀恋便幻化为对洛妃的追求及无望的依恋。……《洛神赋》也可理解为曹植内心一直被抑制的帝王之梦的一次无意识表现。"① 然而，黄先生将《洛神赋》视为曹植帝王之梦无意识表现的这种阐释，虽然文辞优美、观点新颖且能自圆其说，却同样未能为学界所普遍接受。

20 世纪 30 年代初，沈达材先生在其所著《曹植与〈洛神赋〉传说》一书中，就《洛神赋》的寓意问题，提出了与前人截然不同的观点。在他看来，这篇传世名赋"虽然是依托着神话写成的，然也只是寻常作品，丝毫没有什么别样问题，隐藏在里面"，亦即《洛神赋》之作，并非出自特别的创作目的，只是用自陈的方式描写了一段流传已久的神话故事，它与作者的思想感情毫无瓜葛。② 对于沈先生的这种理解，孙鸿飞颇不以为然，因而特作《论〈洛神赋〉的创作目的》一文予以商榷。

在这篇刊于《黑龙江教育学院学报》的短文中，孙鸿飞硕士概括并分析了曹植诗文的类别及其主要的表现手法："综观曹植的诗作，除了一些应酬诗、游仙诗和公文外，其余的作品不是抒发振国兴邦之志，就是表达这种报复难以施展的抑郁心情的作品。这类诗文是曹植作品中的精华，其表现手法上大体可分为两种：一为直陈心曲式，……二为以比兴手法来抒发情感，……且多用男女情事的表层意象来比喻自己不为君王信任、难以建功立业的苦闷心绪。"其次，她比较并强调了曹植身份的特殊性：

曹植的身世经历有别于邺下诸子，他出身于帝王之家，他的父亲是兼军事家和文学家于一身的曹操，他给曹植的是驰骋沙场、振国兴邦和用诗文抒发自己豪迈、激昂情感的双重教育。他的兄长曹丕篡夺了王位后，对他妒恨、怀疑，曹植空有为国家建功立业的雄心壮志却不能施展才能，他抑郁的心境又怎能与出身平民的建安文人相同呢？建安文人可以为文学而生，可以为文学而文学，但曹植不能，他不单单是个文学家，更是个不得志的政治家，他的双重身份决定了他有别于纯文人的思想和情感，因而创作出的文学作品也必然不同。

孙硕士最后断言：第一，曹植的文学作品虽然在创作手法上不尽一致，却莫不"有为而作"，因而沈达材先生将《洛神赋》视作单纯文学创作练习的这一结论，

---

① 黄金明：《论曹植〈洛神赋〉的寓意》，《文艺理论与批评》2005 年第 3 期，第 140—143 页。

② 沈达材：《曹植与〈洛神赋〉传说》，上海华通书局 1931 年版，第 71—85 页。

"似乎难以令人信服"。第二，《洛神赋》乃是曹植借用传统的比兴手法，为表达其忧伤哀痛之情而作。①

　　假如曹植在创作《洛神赋》时果真有所寄托，那么，该赋究竟隐含着作者怎样的思想感情呢？是"感甄""寄心文帝"，抑或悼念、怀恋其亡妻？我们期待着这个至今尚未彻底解答的历史之谜，能够在最近的将来得到圆满的解答。

① 孙鸿飞：《论〈洛神赋〉的创作目的》，《黑龙江教育学院学报》2005 年第 6 期，第 82—83 页。

木牛流马：匠心独运抑或无中生有

诸葛亮在主持蜀汉朝政之后，曾经五出祁山，北伐曹魏。然而，一则因为临阵指挥非其所长，二则由于双方国力对比过于悬殊，因而不但每次远征均铩羽而归，而且他本人也在第五次北伐时病卒于五丈原。"出师未捷身先死，长使英雄泪沾襟。"①

也主要出于对诸葛亮赍志而没的同情心理，千百年来，诸葛亮的形象被无限放大，与他相关的事物也随之被神圣化；有关木牛流马的传闻，即是其中的显著实例。

明代小说家罗贯中，作为诸葛亮的铁杆粉丝，在所撰《三国演义》第一百零二回中，对诸葛亮制造木牛流马一事做了绘声绘色的描述，说这种运输工具"搬运粮米，甚是便利，牛马皆不水食，可以昼夜（转运）不绝"，以至于魏军主帅司马懿得悉之后，羡慕不已，连忙派人偷袭蜀军运粮队，抢劫了数匹木牛流马，命令能工巧匠立即仿制了二千余匹。不过，曹军虽然有能力依样画葫芦，却并未真正掌握驾驭木牛流马的技巧，而且实际上中了诸葛亮的欲擒故纵之计。诸葛亮在得到魏军开始用木牛流马运输粮草的情报之后，随即派遣大将王平率领一千士卒乔装打扮成魏兵模样，偷袭魏军运粮队。时当司马懿得知军粮被劫而遣军增援，王平下令扭转木牛流马的机关，使之动弹不得。也因此，虽然魏军重新夺回了木牛流马，却再也无法驱动木牛流马。就在这魏兵无可奈何之际，魏延、姜维奉诸葛亮之命杀将过来，与此同时，王平又杀了个回马枪，在三路蜀军的夹攻下，魏军大败而逃。蜀军随即打开木牛流马的机关，满载而归。至此，诸葛亮不但借助魏人之力增添了二千余匹木牛流马，更为重要的是，因此轻而易举地获得了对蜀军来说迫切需要的粮草。《三国演义》在做了这段描述之后，又赋诗一首加以盛赞：

剑阁险峻驱流马，斜谷崎岖驾木牛。

---

① （唐）杜甫：《蜀相》，《宋本杜工部集》，国家图书馆出版社 2019 年版，第三册，第 73—74 页。

后世若能行此法，输将安得使人愁？ [1]

但罗贯中的此一描述无异于画蛇添足，也正因为《三国演义》描绘得实在太神奇，以致不少人认为木牛流马纯系小说家的杜撰。

从传世文献的相关记载来看，诸葛亮确曾制造过木牛流马。譬如《三国志·蜀书·诸葛亮传》记载说："（后主建兴）九年，亮复出祁山，以木牛运，粮尽退军，……十二年春，亮悉大众由斜谷出，以流马运，据武功五丈原，与司马宣王对于渭南。"而且诸葛亮本人在文集中，详细地记载了木牛的形状及部分流马零件的尺寸：

木牛者，方腹曲头，一脚四足，头入领中，舌著于腹。载多而行少，宜可大用，不可小使；特行者数十里，群行者二十里也。曲者为牛头，双者为牛脚，横者为牛领，转者为牛足，覆者为牛背，方者为牛腹，垂者为牛舌，曲者为牛肋，刻者为牛齿，立者为牛角，细者为牛鞅，摄者为牛鞦轴。牛仰双辕，人行六尺，牛行四步。载一岁粮，日行二十里，而人不大劳。流马尺寸之数，肋长三尺五寸，广三寸，厚二寸二分，左右同。前轴孔分墨去头四寸，径中二寸。前脚孔分墨二寸，去前轴孔四寸五分，广一寸。前杠孔去前脚孔分墨二寸七分，孔长二寸，广一寸。后轴孔去前杠分墨一尺五寸，大小与前同。后脚孔分墨去后轴孔三寸五分，大小与前同。后杠孔去后脚孔分墨二寸七分，后载克去后杠孔分墨四寸五分。前杠长一尺八寸，广二寸，厚一寸五分。后杠与等版方囊二枚，厚八分，长二尺七寸，高一尺六寸五分，广一尺六寸，每枚受米二斛三斗。从上杠孔去肋下七寸，前后同。上杠孔去下杠孔分墨一尺三寸，孔长一寸五分，广七分，八孔同。前后四脚，广二寸，厚一寸五分。形制如象，靬长四寸，径面四寸三分。孔径中三脚杠，长二尺一寸，广一寸五分，厚一寸四分，同杠耳。[2]

这段记载虽然比较详尽，但因为没有任何实物或图形流传下来，后人既难以复制，也就无法窥见其中的奥妙。于是多年以来，围绕着木牛流马的形状，产生了种种猜测。

一种意见认为木牛、流马是经诸葛亮改进的普通独轮推车。这种说法源出《宋

---

① （明）罗贯中：《三国演义》第一〇二回《司马懿占北原渭桥　诸葛亮造木牛流马》，春明校点，上海古籍出版社 2009 年版，第 589 页。

② （三国）诸葛亮：《诸葛亮集·文集》卷 2《作木牛流马法》，段熙仲、闻旭初编校，中华书局 2014 年第 2 版，第 45 页。

史》《后山丛谈》《稗史类编》等史书，意谓木制独轮小车在汉代被称作鹿车，诸葛亮加以改进后改称为木牛、流马。此说还认为木牛、流马的模样，与出土于四川渠县蒲家湾的东汉无名阙背面的独轮小车浮雕，大体上相近似。

另一种意见则认为，木牛、流马乃诸葛亮所创制的新颖自动机械。其依据则是《南齐书·文学传》，据该传记载，祖冲之"以诸葛亮有木牛流马，乃造一器，不因风水，施机自运，不劳人力"。[①] 也就是说，祖冲之有鉴于诸葛亮曾经创制木牛流马，遂立志发明，最终制造出既"不因风水"又"不劳人力"的自动机械。

第三种意见认为木牛、流马其实就是如今在四川地区仍然广泛存在的四轮车和独轮车，其理由是：虽然这两种运输工具的尺寸与史书记载中的木牛流马不尽相符，但从其工作原理来看却大体近似；四轮的木牛虽然行进缓慢，但载重量可观，比较适宜在平缓的道路上行驶；独轮的流马则专门用于山区运输。当年诸葛亮北伐曹魏之时，其军粮必须从遥远的川西平原运抵秦陇地区，沿途既有平原又有山地，尤其是出川的蜀道又窄又险，也只有流马这种独轮车才能通行；更何况蜀汉国力相对较弱，其国内的大部分马匹被用于作战，运输粮草大多依靠人力，而以人工为主的木牛流马正可弥补这一缺陷，故而得以广泛应用。

第四种意见虽然认为木牛、流马是四轮车和独轮车，但究竟何者四轮、何者独轮，其认识却截然相反。宋人高承在所著《事物纪原》一书中推测："木牛，即今小车之有前辕者；流马，即今独推者是，而民间谓之江州车子。"[②] 近来，范文澜先生则认为，木牛其实是一脚四足的人力独轮车，其中一脚就是一个车轮，四足就是装配在车旁前后的四条木柱，至于流马，则是改良的木牛，也就是人力四轮车。

此外，尚有学者对木牛和流马究竟是一物还是两物有着不同的看法。这其中，在谭良啸先生看来，木牛和流马其实是同一物体，是一种新的人力木制四轮车。王湔先生虽然认为木牛、流马同属一物；王开先生则认为木牛与流马是两种东西，前者是人力独轮车，后者是经改良的四轮车。而陈从周、陆敬严则通过勘察川北广元一带现存的古栈道遗迹及其宽度、坡度和承重，不但认为二者异物，而且具体地分析了木牛流马的差异：木牛有前辕，前进时有人或畜在前面拉，后面有人推；流马与木牛大致相同，但没有前辕，不用人拉，仅靠推力行进，外形似马。

诸如此类的推测，其数甚夥，但究竟何种推论最接近于木牛流马的原貌，至今仍然难以定论。假如诸葛亮泉下有知，定会后悔当初为何不留下详尽的制作图解。

---

① 《南齐书》卷52《文学·祖冲之传》，中华书局1972年版，第906页。

② （宋）高承：《事物纪原》卷8"小车"条，（明）李果订，金圆、许沛藻点校，中华书局1989年版，第404—405页。

变化万方的战阵：诸葛亮的"八阵图"

在史家陈寿看来，诸葛亮诚乃"识治之良才，管、萧之亚匹"，但"应变将略，非其所长"。[①] 而在诸多文人的心目中，诸葛亮却是上晓天文、下知地理的几乎无所不通的超人。在《三国志·蜀书·诸葛亮传》中，陈寿仅仅提道："亮性长于巧思，损益连弩，木牛流马，皆出其意；推演兵法，作八阵图，咸得其要云。"而后世文人例如诗圣杜甫，又主要以此为据，极力美化八阵图，其作于唐代宗大历元年（766）的《八阵图》诗云：

> 功盖三分国，名成八阵图。
> 江流石不转，遗恨失吞吴。[②]

至于向来崇拜诸葛亮的罗贯中，更是极尽所能地加以神化，而在《三国演义》第八十四回写道：章武元年（221），刘备为报东吴偷袭荆州并杀害关羽之仇，亲率大军东伐。结果却在次年，被前来抵挡的东吴大将陆逊火烧连营七百里，大败于彝陵。尔后，陆逊率领吴军乘胜追击，一直攻打到蜀国境内的夔关，并在夔关前看到一阵杀气冲天而起，似有无数伏兵，于是暂且按兵不动。未久，探马回报说前方并无一兵一卒，只是江边有乱石八九十堆；而土人又说这些乱石乃是诸葛亮精心布置的奇阵。陆逊听后嗤之以鼻，以为"此乃惑人之术，有何益焉"，遂引数骑直入石阵欲看个究竟。但是，就在陆逊等人冲入石阵之时，阵内突然间狂风大作，在一阵遮天盖地的飞沙走石后，但见怪石嵯峨，又闻江涛怒吼，陆逊等人因此大惊失色却又走投无路。也合当他们命不该绝，生平乐善好施的诸葛亮岳父黄承彦，这时又动了恻隐之心，遂将陆逊等人引出"八阵图"。心有余悸的陆逊，不但即刻下令班师，

---

① 《三国志》卷 35 "评曰"，中华书局 1982 年第 2 版，第 934 页。
② （唐）杜甫:《八阵图》,《宋本杜工部集》卷 16，国家图书馆出版社 2019 年版，第四册，第123 页。

而且由衷地感叹道："孔明真卧龙也，吾不能及！"①

也主要因为《三国演义》的大肆渲染，诸葛亮的八阵图在世人的心目中具有相当的神秘性。不过，也曾经有人对《三国演义》的这种描述表示怀疑，认为八阵图其实只是一种行军、作战、宿营的章法，是诸葛亮在治军原则问题上一项重要创造。其依据，一是诸葛亮的对手魏军统帅司马懿的感慨，《三国志·蜀书·诸葛亮传》记载说：

> （后主建兴）十二年春，亮悉大众由斜谷出，以流马运，据武功五丈原，与司马宣王对于渭南。……相持百余日。其年八月，亮疾病，卒于军，时年五十四。及军退，宣王案行其营垒处所，曰："天下奇才也！"②

二是李兴作于晋惠帝永兴年间（305—306）的《立碣表闾文》，其中提到"推子八阵，不在孙、吴"③，意思就是诸葛亮的八阵图，不见于前代军事家孙子、吴起所著的兵书。

但有学者对此说不以为然，转而认为八阵图其实并不具有原创性，这不仅是因为在它问世前，就早已存在相传为黄帝所首创的"丘井之法"，以及在"丘井之法"基础上改编而成的孙膑"八阵法"，而且已被运用于军事实践，譬如据《后汉书·窦融传》及该传所录班固《封燕然山铭》记载，还在汉和帝永元元年（89）七月，车骑将军窦宪就曾"勒以八阵"，大败北匈奴于稽落山。因此，该学者认定诸葛亮的八阵图充其量只是对古代阵法理论的继承和发展，具体而言，则是对孙膑八阵法的总结和改进。④

从传世史书的相关记载来看，诸葛亮曾经至少三次使用过八阵图，其一在川东奉节县的长江边，此则《水经注》卷33"江水"条言之甚明：

> 江水又东迳诸葛亮图垒南，石碛平旷，望兼川陆，有亮所造八阵图，东跨故垒，皆累细石为之。自垒西去，聚石八行，行间相去二丈，因曰：八阵既成，自今行师，庶不覆败。⑤

---

① （明）罗贯中：《三国演义》第八十四回《陆逊营烧七百里　孔明巧布八阵图》，春明校点，上海古籍出版社2009年版，第473—478页。

② 《三国志》卷35《蜀书·诸葛亮传》，中华书局1982年第2版，第925页。

③ 《三国文类》卷59李兴《立碣表闾文》，影印文渊阁《四库全书》本。

④ 李伯勋：《古代八阵源流及诸葛亮八阵考略》，《成都大学学报》1998年第1期，第51—57页。

⑤ 陈桥驿校释：《水经注校释》卷33"江水"条，杭州大学出版社1999年版，第586页。

其二在四川新都县牟弥镇，《太平寰宇记》卷 72 云：

八阵图，在县北三十里。《蜀志·诸葛亮传》曰："亮推演兵法，作八阵图，咸得其要。"李膺《益州记》云："稚子阙北五里武侯八阵图，土城西门，中起六十四魁，八八为行，魁方一丈，高三尺也。"①

其三在陕西勉县定军山附近，《渊鉴类函》卷 215 小字注引无名氏《晋记》云："诸葛孔明于汉中积石为垒，方可数百步，垒四郭，又聚石为八行，相去二丈许，谓之八阵图。"

有学者认为《三国演义》对于八阵图的描述虽然颇多夸张，但八阵图本身确实具有不容低估的威力，而这种威力主要源自其布局的复杂性。据他推测，八阵图按照八卦原理布置兵力，其中生门、景门、开门为吉门，而休门、伤门、杜门、惊门、死门则为凶门；它共用马步兵二万四千人，这些兵力可以根据实际需要互相变换位置、改变阵容，因而具有切割、肢解敌军进而加以各个击破的威力；此外，八阵图还人为地设有石块或辎重等障碍和掩体，因而迂回曲折，遂能有效阻挡敌军进攻的锐势。简言之，随机应变的阵容、机动灵活的兵力、紧相呼应的配合、可分可合的布局、高屋建瓴的指挥，正是这几个方面的综合，使得八阵图具有不容低估的威力。②

又有学者根据《三国演义》的描述，从心理学的角度，分析了八阵图予人以神秘感的原因。首先，诸葛亮巧妙利用复杂的自然条件，将八阵布置在江边，因而每当傍晚，江风裹挟着浪涛声在乱石丛中回荡，这就犹如此起彼伏的战鼓声和呐喊声，从而具有一种震慑人心的气势；其次，石堆被按照八卦图形布置，因而结构奇特犹如迷宫，一旦身陷其中，也就难以辨清东西南北；再者，敌军本就有怕中埋伏的心理，在进入八阵图后，因为迷失方向而容易产生危机四伏的恐惧。该学者最后断言：八阵图之所以被视为秘不可测，其实只是人们对不明事物的心理反应。③

对于八阵图的排兵布阵，北宋阮逸在其伪撰的《李靖问对》一书中曾经详加阐述。据他介绍，八阵图由五队人马组成，这五队人马在一个类似于正方形的区域

---

① （宋）乐史：《太平寰宇记》卷 72《剑南西道一》"益州新都县"条，王文楚等点校，中华书局 2007 年版，第 1471 页。

② 余太吉：《诸葛亮八阵图及阵法试探》，《中国史研究》1994 年第 3 期，第 24—33 页。

③ 李伯勋：《诸葛亮八阵遗址真伪商榷》，《成都大学学报》1992 年第 2 期，第 48—50 页。

内，分别排列在正中和四角，除了中央的一队人马固定不动之外，其余四队都可根据需要在正方形四边依次移动变换位置。不过，阮逸的这一阐述，理当出自他本人的杜撰。因为与他几乎同时代的苏轼，却对八阵图不甚了了，此观《东坡先生志林》可知：

> 诸葛亮造八阵图于鱼腹平沙之上，垒石为八行，相去二丈。桓温征谯纵，见之曰："此常山蛇势也。"文武皆莫识。吾尝过之，自山上俯视，百余丈，凡八行，为六十四蕝，蕝正圜，不见凹凸处，如日中盖影。予就视，皆卵石，漫漫不可辨，甚可惜也。[①]

既然连北宋的苏东坡都不清楚八阵图，那么，当代学者的既有描述也更多地出自推测。或许，随着史学研究的继续深入和地下考古的全面展开，诸葛亮的八阵图这份历史遗产，将褪尽其神秘色彩而为世人所彻底了解和应用。果如是，则幸甚！

---

① （宋）苏轼：《东坡先生志林》卷2《八阵图》，文物出版社2020年版，第75—76页。

兵败街亭：马谡的责任及其下场

蜀后主建兴六年（228）春，自从刘备卒后局势一度趋于缓和的魏蜀边境，突然间硝烟四起。当时，诸葛亮声东击西，出兵祁山，打了曹魏一个措手不及，不但天水、南安、安定三郡闻风而降，而且声震整个关中地区。

不过，正如《三国志》作者陈寿所分析的那样，诸葛亮虽然是一流的治国天才，却明显缺乏临阵指挥的才能；在收降天水、南安、安定三郡之后，他精心准备已久的第一次北伐实际上已经止步不前。这就给了魏军以从容反击的机会，其前锋部队一直向西推进至街亭（今甘肃庄浪东南），并与蜀军前锋发生了正面碰撞。

负责守卫街亭的蜀军主将，乃是"才器过人，好论军计"的襄阳人马谡。据《三国志·蜀书·马良传》记载，刘备在临终之际曾经告诫诸葛亮说："马谡言过其实，不可大用，君其察之！"但诸葛亮却不以为然，不但依然"深加器异"，而且"每引见谈论，自昼达夜"。① 也正因为有诸葛亮的垂青，马谡得以取代魏延、吴懿等大将，被委以正印前锋之重任。

刘备所谓"马谡言过其实"云云，实非无的放矢之论，因为马谡这人虽然不是纸上谈兵的赵括之流，却不但从未领兵作战，而且实际上并无独当一面之才，从《襄阳耆旧记》的下段记载来看，他的强项显然与诸葛亮近似，仅仅在于出谋划策：

> 建兴三年，亮征南中，谡送之数十里。亮语曰："虽共谋之历年，今可更惠良规。"谡曰："南中恃其险阻，不服久矣。虽今日破之，明日复反耳。……夫用兵之道，攻心为上，攻城为下，心战为上，兵战为下，愿公服其心而已。"亮纳其策，赦孟获以服南方。[故]终亮之世，南方不敢复反。②

---

① 《三国志》卷39《蜀书·马良传》，中华书局1982年第2版，第983页。

② 《襄阳耆旧记校注》卷2《马谡》，（东晋）习凿齿原著，舒焚、张林川校注，荆楚书社1986年版，第134页。

擅长谋划而缺乏实战经验，既是马谡被诸葛亮引为同道而委以重任的关键原因，实际上也是他后来兵败街亭的根源所在。

《三国志·蜀书·诸葛亮传》断言马谡之所以兵败街亭，其因就在于他"违亮节度，举动失宜"，[①] 具体而言，就是过分机械地搬用了"置之死地而后生"的战略战术，竟然"舍水上山"，[②] 于是在被魏将张郃切断水源后铩羽而归，进而牵一发而动全身，导致诸葛亮的第一次北伐的夭折。

后主刘禅在颁发于建兴七年（229）的《策复诸葛丞相诏》中说："街亭之役，咎由马谡，而君引愆，深自贬抑。"[③] 不过，他的这种定性显然有失公允。马谡作为败军之将，对街亭失利自然难辞其咎，但他的罪责仅仅在于违抗诸葛亮的既定部署及其临阵退却；相比较而言，作为最高统帅的诸葛亮，其实应该担负更大的责任，而且这种责任也绝非其《街亭之败戮马谡上疏》中所自定的"授任无方"而已。

一方面，诸葛亮理当清醒地认识到，在魏蜀国力悬殊的情况下，己方唯有突施冷箭才有一线胜机，但他却错误地选择了稳扎稳打的保守战术，而对魏延的正确建议置若罔闻，此则《资治通鉴》载之甚详：

> 诸葛亮将入寇，与群下谋之。丞相司马魏延曰："……今假延精兵五千，负粮五千，直从褒中出，循秦岭而东，当子午而北，不过十日，可到长安。……比东方相合聚，尚二十许日，而公从斜谷来，亦足以达。如此，则一举而咸阳以西可定矣。"亮以为此危计，不如安从坦道，可以平取陇右，十全必克而无虞，故不用延计。[④]

另一方面，诸葛亮既然已经主动挑起边界争端，却又临事而惧、观望不前，从而不但自我贻误了战机，而且使得马谡的前锋部队成为远悬于外的孤军。执此而论，马谡的兵败街亭其实早在开战之初就已经被注定了，其根源就在于诸葛亮战略决策的失误。

主要因为《三国演义》的渲染，诸葛亮"挥泪斩马谡"既成为诸葛亮治军严明、执法如山的典型例证，也成为学界内外的一般知识而被广泛接受。当然，罗贯中先生的这一艺术加工也确实有其史料依据，这就是东晋史家习凿齿的《襄阳耆旧

---

① 《三国志》卷35《蜀书·诸葛亮传》，中华书局1982年第2版，第922页。

② 《三国志》卷43《蜀书·王平传》，中华书局1982年第2版，第1049页。

③ （三国）诸葛亮：《诸葛亮集》附录卷1刘禅《策复诸葛丞相诏》，段熙仲、闻旭初编校，中华书局2014年第2版，第109页。

④ 《资治通鉴》卷71魏明帝太和二年条，中华书局1956年版，第2239—2240页。

记》。据该书记载，在马谡被问斩后，蒋琬万分惋惜地对诸葛亮说："天下未定，而戮智计之士，岂不惜乎！"而诸葛亮"流涕"答曰："孙武所以能制胜于天下者，用法明也。是以杨干乱法，魏绛戮其仆。四海分裂，交兵方始，若复废法，何用讨贼邪！"① 此外，陈寿在所撰《三国志·蜀书·诸葛亮传》及《王平传》中也曾明确记载马谡在失街亭后为诸葛亮所斩，前者说"戮谡以谢众"，② 后者云"丞相亮既诛马谡及将军张休、李盛"。③

不过，马谡失街亭后被斩的这一传统说法，近来遭到黎东方《细说三国》的质疑。④ 黎先生予以质疑的主要原因，乃是陈寿在《三国志》中记载了马谡兵败街亭后的三种不同下场，其一便是《诸葛亮传》及《王平传》所谓的"为诸葛亮所斩杀"，其二，便是《马良传》的"下狱物故"，其词云：

> 建兴六年，亮出军向祁山，时有宿将魏延、吴壹等，论者皆言以为宜令为先锋，而亮违众拔谡，统大众在前，与魏将张郃战于街亭，为郃所破，士卒离散。亮进无所据，退军还汉中。谡下狱物故，亮为之流涕。⑤

众所周知，"物故"一词在古汉语中虽可用以泛指死亡，但主要是指生病死亡。从《马良传》的文意来看，马谡显然并未为诸葛亮所斩，而是在下狱后因为生病死于牢房之中。其三，便是《向朗传》的始则畏罪潜逃、终乃被戮：

> 朗素与马谡善，谡逃亡，朗知情不举，亮恨之，免官还成都。臣松之案：朗坐马谡免长史，则建兴六年中也。⑥

近来，任乃强先生在给《华阳国志》卷7"长史向朗以不时臧否，免罢"作注时推测：

> 盖朗与谡同县人，实惜谡才，知亮执法严，不得免，劝之使逃，故亮恨之。而

---

① 《襄阳耆旧记校注》，（东晋）习凿齿原著，舒焚、张林川校注，荆楚书社1986年版，第135页。

② 《三国志》卷35《蜀书·诸葛亮传》，中华书局1982年第2版，第922页。

③ 《三国志》卷43《蜀书·王平传》，中华书局1982年第2版，第1050页。

④ 黎东方：《细说三国》二六《诸葛亮北伐》，上海人民出版社2000年版，第272—274页。

⑤ 《三国志》卷39《蜀书·马良传》，中华书局1982年第2版，第984页。

⑥ 《三国志》卷41《蜀书·向朗传》，中华书局1982年第2版，第1010页。

谡匿未久，复出就刑，故亮免朗表文，但责其"不时臧否"人物，讳谡逃亡事。[①]

　　也就是说，马谡先是接受向朗的建议畏罪潜逃，尔后又出来自首，但最终还是被诸葛亮绳之以法；而诸葛亮既想惩罚教唆犯向朗，却又不欲公布马谡曾经畏罪潜逃之事，于是只得借口向朗"不时臧否"而免去其长史之职。

　　由此看来，马谡虽然因兵败街亭而死，但究竟是被斩、病故抑或先逃后诛，却似乎难以遽下定论。但不管如何，马谡应该被视为诸葛亮避重就轻地承担战败责任的替罪羊。

---

　　① 《华阳国志校补图注》卷7《刘后主志》,（晋）常璩撰，任乃强校注，上海古籍出版社1987年版，第396页。

蜀汉后主刘阿斗：大愚乎？大智乎？

继乃父刘备而立的蜀汉后主刘禅（207—271），在做了长达41年的皇帝之后，终于在公元263年丧家亡国，尔后被押送至洛阳，降格做了曹魏的安乐县公。据东晋史家习凿齿《汉晋春秋》记载，这位亡国之君在洛阳之初的言行举止，令人啼笑皆非：

> 司马文王与禅宴，为之作故蜀技，旁人皆为之感怆，而禅喜笑自若。……他日，王问禅曰："颇思蜀否？"禅曰："此间乐，不思蜀。"郤正闻之，求见禅曰："若王后问，宜泣而答曰'先人坟墓远在陇、蜀，乃心西悲，无日不思'，因闭其目。"会王复问，对如前，王曰："何乃似郤正语邪！"禅惊视曰："诚如尊命。"左右皆笑。①

部分因此之故，刘宋史家裴松之在为《三国志》作注时，将刘禅定性为"凡下之主"；②其后，明代小说家罗贯中更是变本加厉，将之贬为扶不起的阿斗。也主要是因为《三国演义》的大肆渲染，苟且偷生的懦弱无能之辈，成为刘禅的固定形象而深入人心。

事实上，不但普通大众认定刘禅是不可救药的窝囊废，就连诸多学识渊博的史家，同样认为《三国演义》的刻画虽然有所夸大，却也基本符合历史事实。

这首先是因为，刘禅之所以能够成为三国时期在位时间最长的君主，这始则得益于诸葛亮的全力扶持，尔后又受到蒋琬、费祎的忠心辅佐；其次是因为《三国志·蜀书·诸葛亮传》明确记载，刘备临终之前对他的这个宝贝儿子的治国才能很不放心，为此特意嘱咐诸葛亮："若嗣子可辅，辅之；如其不才，君可自取。"③有道

---

① 《三国志》卷33注引习凿齿《汉晋春秋》，中华书局1982年第2版，第902页。
② 《三国志》卷4裴松之注，中华书局1982年第2版，第127页。
③ 《三国志》卷35《蜀书·诸葛亮传》，中华书局1982年第2版，第918页。

是知子莫如父，刘备此言理当被视为刘禅乃"凡下之主"的铁证；再者，刘禅在用人方面也很成问题，宠信专事拍马奉承的宦官黄皓，疏远刚正不阿的董永，就是其中的两个典型实例，而其弟甘陵王刘永仅仅因为憎恶黄皓，竟至于"不得朝见者十余年"。①

但与此同时，历代以来仍然颇有学者断言刘禅其实不但并非如此昏庸，反而是大智若愚。其论据之一，便是《诸葛亮集》所录刘备给刘禅的遗诏，其中谈到："射君到，说丞相叹卿智量甚大，增修过于所望，审能如此，吾复何忧！"②在他们看来，诸葛亮显然不是阿谀奉承之徒，刘备也有着自知之明，既然他俩都说刘禅"智量"甚大，那就至少不会太离谱。

其论据之二，便是在兵连祸结的当时，刘禅在位长达41年之久，这个事实本身就表明他有其过人之处。至于诸葛亮五出祁山，姜维九伐中原，这一次次的劳师远征，假如没有刘禅的批准和支持，又怎能持续进行？而他对北伐事业的批准和支持，又在事实上表明他其实内具统一天下的宏图大志。

其论据之三，便是刘禅作为最高统治者，不但用人不疑，而且善始善终。唯其如此，诸如诸葛亮、蒋琬、费祎、董允等贤相良臣得以先后执掌蜀汉朝政。假如对比诸葛亮分别在刘备、刘禅手下所受到的待遇，刘禅甚至比乃父更能用人不疑：虽然刘备曾经自称"孤之有孔明，犹鱼之有水也"，但他在临终之际，对诸葛亮仍然心有疑忌，"若嗣子可辅，辅之；如其不才，君可自取"的这句话，③就是明证；至于刘禅，不但对诸葛亮言听计从，而且时当诸葛亮病故而安汉将军李邈上疏加以诽谤，刘禅读后勃然大怒，当即下诏处死李邈，此则《华阳国志》载之甚详：

> （蜀后主建兴）十二年，（诸葛）亮卒，后主素服发哀三日，（李）邈上疏曰："吕禄、霍禹未必怀反叛之心，孝宣不好为杀臣之君，直以臣惧其逼，主畏其威，故奸萌生。亮身杖强兵，狼顾虎视，五大不在边，臣常危之。今亮殒没，盖宗族得全，西戎静息，大小为庆。"后主怒，下狱诛之。④

也因此，刘禅此举深得后世学者譬如周寿昌的好评："李邈何人，敢为此疏，直是全无心肝，使非后主之明断，则谗慝生心，乘间构衅，恐唐魏元成仆碑之祸，

---

① 《三国志》卷34《蜀书·二主妃子传》，中华书局1982年第2版，第907页。
② 《诸葛亮集》附录卷1刘备《遗诏》，中华书局2014年第2版，第108页。
③ 《三国志》卷35《蜀书·诸葛亮传》，中华书局1982年第2版，第913、918页。
④ 《三国志》卷45《蜀书·杨戏传》注引《华阳国志》，中华书局1982年第2版，第1086页。

明张太岳籍没之惨，不待死肉寒而君心早变矣。见疏生怒，立正刑诛，君子谓后主之贤。于是乎不可及。"①

其论据之四，便是在处理具体政务方面表现出较为高明的策略，其典型例证，则是鱼豢《魏略》的下段记载：

> （夏侯）霸字仲权。（其父）渊为蜀所害，……及司马宣王诛曹爽，……以为祸必转相及，心既内恐；又霸先与雍州刺史郭淮不和，而淮代（夏侯）玄为征西，霸益不安，故遂奔蜀。……蜀闻之，乃使人迎霸。初，建安五年，时霸从妹年十三四，在本郡，出行樵采，为张飞所得。飞知其良家女，遂以为妻，产息女，为刘禅皇后。故渊之初亡，飞妻请而葬之。及霸入蜀，禅与相见，释之曰："卿父自遇害于行间耳，非我先人之手刃也。"指其儿子以示之曰："此夏侯氏之甥也。"厚加爵宠。②

据此不难想见，刘禅这几句看似轻描淡写的话，对于消释夏侯霸与蜀汉之间的前嫌，曾经起到怎样大的作用，而他对夏侯霸的"厚加爵宠"，又显然并非胸无城府者所能为。

对于刘禅宠信黄皓之举，秉持"大智若愚论"者以为这并非刘禅昏庸的表现，而源自他的过分自信，因为《三国志·蜀书·姜维传》注引《华阳国志》明确记载，时当姜维"恶黄皓恣擅，启后主欲杀之"，后主答曰："皓趋走小臣耳，往董允切齿，吾常恨之，君何足介意！"③

刘禅的"乐不思蜀"，曾经遭到世人的唾弃，被认为是不可救药的表现，而在"大智若愚论"者的理解中，却是韬光养晦以自全之举。他们分析说，刘禅作为阶下之囚，尤其是作为亡国之君，其处境相当险恶，一旦言行举止失当，即有人头落地之可能。在这种处境下，他的嬉笑自若及其"乐不思蜀"的答复，与其说出自糊涂与昏庸，还不如说是故作痴呆的自我保护。"大智若愚论"者进而指出：正因为刘禅伪装得实在太高明，以至于不但骗取了司马昭的掉以轻心，而且骗过了古往今来的无数人士。④

作为阶下之囚的刘禅，其在洛阳的抢眼表现，究竟源自其不可救药的懦弱，还

① 《三国志集解》，（晋）陈寿撰，（南朝宋）裴松之注，卢弼集解，钱剑夫整理，上海古籍出版社 2009 年版，第 2814 页。

② 《三国志》卷 9《魏书·夏侯渊传》注引《魏略》，中华书局 1982 年第 2 版，第 272—273 页。

③ 《三国志》卷 44《蜀书·姜维传》注引《华阳国志》，中华书局 1982 年第 2 版，第 1066 页。

④ 王珍：《论刘禅是陪衬蜀汉英雄群体的绿叶》，《文史杂志》2021 年第 1 期，第 28—31 页。

是用心良苦的伪装？作为一国之主的他，究竟是一个从善如流的明君，还是一个昏庸无能的"凡下之主"？诸如此类的疑问，迄今为止，似乎仍难以盖棺定论。一言以蔽之，仁者见仁，智者见智，如此而已。

狐媚以取天下：司马懿的发迹

公元 332 年正月某日，后赵开国皇帝石勒在建德殿大摆酒宴，招待来自高句丽、宇文屋孤两国的使者。觥筹交错间，他突然垂询陪坐的中书令徐光："爱卿意以为朕可同前代哪位开国君主相媲美？"徐中书令乘机大拍马屁："陛下的神武谋略超过汉高祖刘邦，雄艺卓荦远在魏武帝曹操之上，自古至今，仅次于轩辕黄帝一人而已。"对于徐光的无耻恭维，石勒虽然没有照单全收，却依然大言不惭："爱卿言过其实。朕若与汉高祖同时，理当拱手称臣；假如与汉光武帝同时，则与其逐鹿中原，究竟鹿死谁手，很难预料。大丈夫行事，应该光明磊落，绝对不能像曹操、司马懿父子那样，欺他孤儿寡妇，狐媚以取天下也。"[1] 石勒这人，论行军作战，确实还可以；论知识学问，却是十足的文盲一个。假如他仅仅是文盲，那还值得同情，毕竟家境贫寒无从念书不是他的错；但是，这个文盲却喜欢胡说八道，那就不但不值得同情，反而很讨人厌了。他的胡说八道，正好验证了那句古谚：无知者胆大。

姑且不论石勒的自我评价是否属实，单就曹操来说，他何尝做过欺人孤儿寡妇的勾当。曹操传给他儿子曹丕的基业，是他自己历经千辛万苦，好不容易才打出来的；要不是他始则糊涂奉迎了汉献帝，继而自我约束不曾予以废黜，哪会有什么东汉皇朝的建安时代。建安时代是曹操的建安时代，他不但把中国的大部分地区重新统一起来，而且在控制区内清除了贪官污吏和强盗土匪，根绝了宦官、外戚迭相专权的顽症痼疾。他不但革新了政治，整饬了民风，而且还开创了中国文学史上的崭新时代。曹操的错误在于他试图拿皇帝押宝，"挟天子以令诸侯"，结果还未来得及"令诸侯"，便被"诸侯"们臭得一塌糊涂，就连被他所挟的汉献帝也影响了一茬又一茬的人不断地找他的麻烦。不管曹操心里想的是什么，反正他一直到死，都没有叫汉献帝脱下皇袍给他穿。欺人孤儿寡妇，以狐媚篡夺皇位的，实乃河内温县人司马懿（179—251）。

---

① （唐）房玄龄等：《晋书》105《石勒载记下》，中华书局 1974 年版，第 2749 页。

　　建安六年（201），二十三岁的司马懿被河内太守辟为主管人事工作的"上计掾"。时当建安十三年六月曹操进位丞相，又被充实到丞相府，担任文学掾。与他同时任职丞相府的人，尚有原冀州别驾从事崔琰、原司空东曹掾毛玠、原冀州主簿卢毓，以及他的哥哥、原冀州魏郡元城县令司马朗。除了司马懿之外，其余四人原本就在曹操手下干事，这次工作调动，基本上属于平调，只有司马懿一人从外单位调入，而且连升了几级。

　　后来，晋朝的史官为了替司马氏阴谋篡魏辩解，杜撰说：在建安六年至十三年间，曹操曾经征辟司马懿到他的司空府任职，但情系汉室的司马懿，坚决不肯屈节事奉大逆不道的曹操，甚至为此假装风瘫。曹操自然不信，于是派人前往司马府暗中刺探。对此早有预防的司马懿，"坚卧不动"，这就骗过了刺探和曹操。晋朝的史官还说，曹操在建安十三年征辟司马懿为丞相文学掾时，已经知道司马懿上次并非真有风瘫，所以特意关照使者：倘若司马懿这次再不肯来就职，就把他关入监狱。于是在被逼无奈的情况下，司马懿很不情愿地接受了曹操的聘请。①

　　但实际的情况是，司马氏家族与曹操的关系很不错。司马懿的胞兄司马朗早在曹操进位司空之初就投靠了曹操，被辟为司空掾属，此后历任成皋县令、堂阳县长、元城县令等职，建安十三年又被提拔为丞相主簿。而且，司马懿既然肯做河内郡的"上计掾"，就表明他在政治立场上并不排斥曹操。因为河内郡隶属于兖州，而当时的兖州牧，恰恰就是曹操。更何况，司马懿又不是曹操急需引进的紧缺人才，在整个建安年间，他实际上可有可无，既没有被安排在关键岗位，也不曾发挥重要作用。要不是曹操及其亲信死得早，要不是曹操的后人太窝囊，根本就不会有司马懿上蹿下跳的机会。

　　三十岁的司马懿很乖巧也很滑头，曹操叫他做丞相府的文学掾，他却找曹丕"游处"，施展他的"媚功"，极力加以巴结。他巴结人的水平是超一流的，既无微不至，又不留痕迹，更何况他还有些文化，于是三下五除二，很快就把二十二岁的曹丕"征服"了。

　　通过曹丕，司马懿的官一升再升，先后做过黄门侍郎、议郎、丞相东曹掾属，至少在建安十九年（214）十一月之前，已经做到负责丞相府事务的主簿，成了曹操智囊团的核心成员。

　　随着建安二十一年五月曹操的晋位魏王，司马懿在曹丕那里的长期感情"投资"，也终于得到了实质性的"回报"，被任命为"太子中庶子"，专门侍奉曹丕。于是，司马懿的"媚"功，有了更确定的对象。他常常受曹丕之邀，"参与机密"，

---

　　① （唐）房玄龄等：《晋书》卷1《宣帝纪》，中华书局1974年版，第2页。

而且每次参与机密，都能拿得出"奇策"。也因此，越来越得到曹丕的信任。不过，司马懿在太子中庶子这一职位上，待的时间并不长，很快就被曹操调到自己的身边，做了丞相军司马。[①]

在担任军司马期间，司马懿确实为曹操出了些好主意。以民屯为样板，推行于建安二十三年的军屯，就是他出的点子。司马懿最重要的一次建议，是在关羽水淹七军、襄樊告急之际的建安二十四年十月。据说当时曹操唯恐许都有失，有意迁都以避关羽的锋芒。在此关键时刻，司马懿和西曹掾属蒋济一道，极力劝说曹操打消迁都的念头，说迁都之举不但会助长关羽的气焰，也必将引发淮沔一带民众的骚动不安。他们进而提出了借助孙权之力对付关羽的建议，并分析说：孙、刘两派外虽结盟，内实相忌，刘备的关羽打胜仗，绝对不是孙权所希望的。于是，茅塞顿开的曹操，一面亲提大军南下救援，一面派人与孙权联络。果如司马懿、蒋济两人所料，早就将关羽视为眼中钉肉中刺的孙权，在明确了曹操的意向之后，立即命令吕蒙偷袭南郡，在关羽背后捅了致命一刀。就这样，司马懿等人利用外力钳制关羽的建议，使得曹操不但轻易地解除了关羽的严重威胁，而且成功地拆散了孙刘同盟。这次，司马懿功劳不小。

但曹操在了解了司马懿的才干之后，对这个比自己年轻整整二十四岁的晚辈，隐隐约约地产生了一种防范之意。这时，又有人打小报告，对曹操说司马懿有"狼顾相"。曹操在核实了司马懿走路姿势确实有点像狼之后，猜忌之心更重。因为面相书上说，但凡"狼顾相"的人，肯定生性凶狠，心术不正。而且，曹操本人也做过一个噩梦，梦见有三匹马，同在一个马槽里吃草（草、曹同音），因而对司马懿更加不放心。曹操于是告诫曹丕，不要过于信任司马懿。但曹丕早已被司马懿灌了迷魂汤，根本听不进父亲的忠告。他不但不按曹操的意思，疏远司马懿，而且经常帮司马懿说好话。

乖巧的司马懿，也觉察到曹操对自己很不放心。为了讨好曹操，他更加卖力地为曹操干事，卖力到经常通宵达旦。无论是大事、小事，也不管是分内之事、分外之事，他都肯做，乐做，而且做好。曹操也因此逐渐放松了对司马懿的警惕。

自古有廉耻之心的人，最终是要被无耻的人算计的，不管前者有多英雄。曹操一生最缺乏的"素质"，一是像刘备那样的流氓习气，二是像司马懿那样的媚功，归根到底就是曹操不够无耻。不过，假如不做道德评判而仅予以历史评判的话，司马懿的"狐媚"，似乎也未必一无是处。

对于曹操在建安二十五年正月的逝世，大概没有人比司马懿更开心。如释重负

---

① 黎东方：《细说三国》三十四《司马懿》，上海人民出版社 2000 年版，第 365 页。

的感觉，司马懿应该体会得很深刻。作为曹丕的亲信，司马懿被授权与夏侯尚、贾逵等人一道，负责处理曹操的丧事。而在四十五年后，则是他的孙子司马炎，把曹魏皇朝送入了地狱。历史老人真的很会开玩笑。

真伪难辨：陈寿"索米鬻笔"

西晋陈寿（233—297）所撰的《三国志》，在其成书之初就享有崇高的声誉，不但范頵等人以为该书"辞多劝诫，明乎得失，有益风化，虽文艳不若相如，而质直过之"，甚至于连正在潜心编撰《魏书》的夏侯湛，也在拜读《三国志》之后，"便坏己书而罢"。① 时至宋文帝元嘉六年（429）七月，裴松之在《上三国志注表》中，依然声称陈寿此书"铨叙可观，事多审正"，"诚游览之苑囿，近世之嘉史"。②

不过，大抵就在陈寿被目为"有良史之才"的同时，其史德也受到了不少学者的质疑，此则北周史家柳虬言之甚明，《周书·柳虬传》载其言曰：

> 汉魏已还，密为记注，徒闻后世，无益当时，非所谓将顺其美，匡救其恶者也。且著述之人，密书其事，纵能直笔，人莫之知。何止物生横议，亦自异端互起。故班固致受金之名，陈寿有求米之论。③

时至唐代，质疑陈寿史德者，尤见其夥，譬如《晋书·陈寿传》记载说："或云丁仪、丁廙有盛名于魏，寿谓其子曰：'可觅千斛米见与，当为尊公作佳传。'丁不与之，竟不为立传。"④ 又如刘知几《史通·曲笔》批判道：

> 若王沈《魏录》滥述贬甄之诏，陆机《晋史》虚张拒葛之锋，班固受金而始书，陈寿借米而方传。此又记言之奸贼，载笔之凶人，虽肆诸市朝，投畀豺虎可也。⑤

---

① （唐）房玄龄等：《晋书》卷82《陈寿传》，中华书局1974年版，第2137页。
② 《三国志》书末裴松之《上三国志注表》，中华书局1982年第2版，第1471页。
③ 《周书》卷38《柳虬传》，中华书局1971年版，第681页。
④ （唐）房玄龄等：《晋书》卷82《陈寿传》，中华书局1974年版，第2137页。
⑤ （唐）刘知几：《史通通释》卷7《曲笔》，（清）浦起龙释，上海古籍出版社1978年版，第196页。

其后，南宋目录学家陈振孙在所著《直斋书录解题》卷 4 中亦云："寿书初成，时人称其善叙事，张华尤善之。然乞米作佳传，以私憾毁诸葛亮父子，难乎免物议矣。"①

近者，方诗铭先生不但认定陈寿索米之说实有其事，而且补充说："由于索米不遂，陈寿《三国志》的《魏志》不但不为丁氏兄弟作'佳传'，而且对其父丁冲的功绩也一笔抹杀。"② 方先生此一论断的依据主要是：其一，据袁宏《后汉纪》卷 28 记载：

（献帝兴平二年）六月，侍中杨琦、黄门侍郎丁冲、锺繇、尚书左丞鲁充、尚书郎韩斌与（李）傕将杨奉、军吏杨帛谋共杀傕，会傕以他事诛帛，奉将所领归（郭）汜。③

而《三国志·魏书·董卓传》却省作："（李）傕将杨奉与傕军吏宋果等谋杀傕，事泄，遂将兵叛傕。傕众叛，稍衰弱。"④ 这就删除了丁冲参与谋杀李傕的行动；其二，《后汉纪》卷 29 记载说：

（献帝建安元年）封卫将军董承、辅国将军伏完、侍中丁冲、种辑、尚书仆射锺繇、尚书郭浦、御史中丞董芬、彭城相刘艾、左冯翊韩斌、东郡太守杨众、议郎罗邵、伏德、赵蕤为列侯，赏有功也。⑤

但这条材料根本不见于《三国志》，这就再次抹杀了丁冲拥戴汉献帝的勤王之功。

与刘知几《史通·曲笔》、陈振孙《直斋书录解题》的观点截然相反的是，宋人晁公武在所撰《郡斋读书志》中，则对"陈寿索米"之说不以为然："至于谓其

---

① （南宋）陈振孙：《直斋书录解题》卷 4，徐小蛮、顾美华点校，上海古籍出版社 1987 年版，第 100 页。

② 诗铭：《曹操与"白波贼"对东汉政权的争夺——兼论"白波"及其性质》，《历史研究》1990年第 4 期，第 105—114 页。

③ （东晋）袁宏：《后汉纪》卷 28《孝献皇帝纪》，张烈点校，《两汉纪》下册，中华书局 2002 年版，第 539 页。

④ 《三国志》卷 6《魏书·董卓传》，中华书局 1982 年第 2 版，第 185 页。

⑤ （东晋）袁宏：《后汉纪》卷 29《孝献皇帝纪》，张烈点校，《两汉纪》下册，中华书局 2002 年版，第 553 页。

衔诸葛孔明髡父而为贬辞，求丁氏之米不获，不立仪、廙传之类，亦未必然也。"①
而清代学者朱彝尊更予以彻底否定，其《曝书亭集》云：

> 陈寿，良史也。世误信《晋书》之文，谓索米丁氏之子不获，竟不与立
> 传。……寿于魏文士，惟为王粲、卫觊五人等立传。粲取其兴造制度，觊取其多识
> 典故，若徐干、陈琳、阮瑀、应玚、刘桢，仅于《粲传》附书。彼丁仪、丁廙，何
> 独当立传乎？造此谤者，亦未明寿作史之大凡矣。②

朱彝尊的大意是：连"建安七子"中的陈琳等人在《三国志》中都没有专传，
更何况是等而下之的丁仪、丁廙兄弟。朱氏此论，后来得到杭世骏《道古堂文集》、
潘眉《三国志考证》的呼应，前者以为丁氏兄弟本非善类，根本不配立佳传：

> ……是夺嫡之罪，仪、廙为大，当与吴之全寄、吴安、孙奇、杨竺等皆在不
> 赦。而仪与廙又恃宠而害贤，毛玠、徐奕、何夔、桓阶之流，当世所谓鲠臣硕辅，
> 耻为阿屈，仪等化青蝇而成锦贝，莫不交构其恶，疏斥之而后快。然则之二人者，
> 盖巧言令色孔壬之尤者也，史安得立传？③

而潘氏也曾断言："按丁仪、丁廙，官不过右刺奸掾及黄门侍郎，外无摧锋接
刃之功，内无升堂庙胜之效，党于陈思王，冀摇家嗣，启衅骨肉，事既不成，刑戮
随之，斯实魏朝罪人，不得立传明矣。《晋史》谓索米不得不为立传，此最无识之
言。"④

在朱彝尊、杭世骏既有论说的基础上，王鸣盛进一步分析说：第一，陈寿虽
不曾为丁氏兄弟立传，但在《王粲传》《刘廙传》《陈思王传》《卫臻传》中多次述
及，这些附带记载已经足以反映他们的生前行迹；第二，较之于王沈《魏书》、鱼
豢《魏略》、张骘《文士传》的专揭二丁之短，陈寿《三国志》对于丁氏兄弟的记
载最为平允，例如陈寿明知毛玠之所以为曹操所杀，实源自丁氏兄弟的诋毁，但在
《三国志·魏书·毛玠传》述及此事时，他并未指名道姓地说诋毁者就是丁氏兄弟，
而是讳作"后有白玠者"。因此，王鸣盛断言："索米等说，特史家好采稗野，随手

---

① 《郡斋读书志校证》卷5，（宋）晁公武撰，孙猛校证，上海古籍出版社1990年版，第181页。
② （清）朱彝尊：《曝书亭集》卷59《陈寿论》，影印文渊阁《四库全书》本。
③ 杭世骏：《道古堂文集》卷22《论丁仪丁廙》，《杭世骏集》，蔡锦芳、唐宸点校，浙江古籍出版社2015年版，第324页。
④ （清）潘眉：《三国志考证》卷5，中华书局1985年版，第81页。

掇拾，聊助谈资耳。"①

较诸清末之前的史家主要从逻辑层面驳斥"陈寿索米"之说的不确，晚近史家则更多地从事实层面加以辨析，譬如陶懋炳《陈寿曲笔说辨诬》论曰：

《陈思王植传》明载："文帝即王位，诛丁仪、丁廙，并其男口。"……如据此记载，丁仪之子不存，陈寿米将谁求？索米之说，不攻自倒。②

换言之，既然丁氏已遭灭族之灾，所谓"索米"云云，也就成了无稽之谈。此外，又有学者从考察两晋时期的官员俸禄着手加以辨析。据《晋书·职官志》记载，当时职位最高的"诸公及开府位从公者"，也仅"食奉日五斛"而已，③其后虽有所增加，但增幅有限，不过春绢一百匹、秋绢二百匹、绵二百斤、菜田十顷。在这种情况下，假如陈寿果真索米千斛，那么，他的这个要价未免太离谱。

诸如此类的对于"陈寿索米"之说的争议，不但由来已久，而且至今未有定论。对此，我们一方面应该充分重视《晋书·陈寿传》的记载，因为该篇传记既已加以明确记载，自然有其一定的依据；另一方面，又需时刻记取"尽信书不如无书"的千年古训，寻找并甄别新的史料，以期尽早圆满解答这一历史之谜。

---

① （清）王鸣盛：《十七史商榷》卷39"陈寿史皆实录"条，黄曙辉点校，上海书店出版社2005年版，第277—278页。

② 陶懋炳：《陈寿曲笔说辨诬》，《史学史研究》1981年第3期，第74—77页。

③ （唐）房玄龄等：《晋书》卷24《职官志》，中华书局1974年版，第726页。

书史疑案:《兰亭集序》乃王羲之手书?

据《晋书》记载,东晋穆帝永和九年(353)三月初三,时任右军将军、会稽内史的王羲之,与谢安、孙绰等当时名流共四十余人,在山阴兰亭修禊。修禊是古代的一种习俗,据说每年农历三月三日,如果临水而祭的话,就可以除凶恙、去宿垢,文人雅集自不免诗文唱和,但不曾料想的是,就是这样一次不经意的"一觞一咏"[1],竟然诞生了中国书法史上的划时代作品《兰亭集序》。

被书法界誉为"天下第一行书"的这篇序文,共计 324 字,每字都姿态殊异、圆转自如,无论横、竖、点、撇、钩、折、捺,真可说极尽用笔使锋之妙,此则唐何延之《兰亭记》载之甚详:

> 兰亭者,晋右军将军、会稽内史琅耶王羲之字逸少所书之诗序也。右军蝉联美胄,萧散名贤,雅好山水,尤善草隶,以晋穆帝永和九年暮春三月三日,尝游山阴,与太原孙绰兴公……等四十有一人,修被禊之礼。挥毫制序,兴乐而书。用蚕茧纸、鼠须笔,遒媚劲健,绝代更无。凡二十八行,三百二十四字。字有重者,皆构别体。就中"之"字最多,乃有二十许个,变转悉异,遂无同者。[2]

综观全文,则又犹如行云流水,潇洒飘逸,在尺幅之内蕴含着极为丰裕的艺术美,也正如解缙《书学详说》所论:"昔右军之叙兰亭,字既尽美,尤善布置,所谓增一分太长,亏一分太短。"[3]

《兰亭集序》不但千百年来倾倒了无数的习书者,即便是王羲之本人也颇为自得,将之视为传家宝,代代相传,一直传到七世孙智永手中。可是,智永不知何故出家为僧,身后自然没有子嗣,也就将祖传真本传给了弟子辩才和尚。

---

① 《晋书》卷 80《王羲之传》,(唐)房玄龄等撰,中华书局 1974 年版,第 2099 页。
② (唐)张彦远:《法书要录》卷 3 唐何延之《兰亭记》,影印文渊阁《四库全书》本。
③ (明)解缙:《文毅集》卷 15《书学详说》,影印文渊阁《四库全书》本。

对王羲之的书法艺术钦佩不已的唐太宗，在得知《兰亭集序》真迹为辩才和尚所有的消息之后，千方百计地想占为己有，这就引出一段唐太宗骗取《兰亭集序》，原迹随之陪葬昭陵的故事。其中，刘悚《隋唐嘉话》载其事曰：

王右军《兰亭序》，梁乱出在外，陈天嘉中为僧永所得。至太建中，献之宣帝。隋平陈日，或以献晋王，王不之宝。后僧果从帝借揾。及登极，竟未从索。果师死后，弟子僧辩得之。太宗为秦王日，见揾本惊喜，乃贵价市大王书《兰亭》，终不至焉。及知在辩师处，使萧翊就越州求得之，以武德四年入秦府。贞观十年，乃揾十本以赐近臣。帝崩，中书令褚遂良奏：“《兰亭》先帝所重，不可留。”遂秘于昭陵。①

而何延之《兰亭记》所录，则有异于刘氏《隋唐嘉话》。何氏称唐太宗在得知《兰亭集序》为辩才所获后，先后三次召见之，而辩才每次都诡称“荐经丧乱，坠失不知所在”。于是，在房玄龄的荐举下，监察御史萧翼乔装改扮成潦倒书生，刻意结交辩才，遂成忘年之交，其后辩才夸耀所藏，出示其悬于屋梁之《兰亭》真迹，萧翼乘机窃取之，返回长安复命。太宗命拓数本赐太子诸王近臣，临终，又语太子曰：“吾所欲得兰亭，可与我将去。”于是，《兰亭集序》真迹被作为随葬品，埋葬于其昭陵之中。②

《隋唐嘉话》《兰亭记》有关《兰亭集序》的不同记载，引起了南宋姜夔的注意，江氏进而质问道：“然考梁武收右军帖二百七十余轴，当时难言《黄庭》《乐毅》《告誓》，何为不及《兰亭》？”③不过，姜夔虽然怀疑梁代所流传的《兰亭集序》并非真迹，却仍然深信《兰亭集序》出于王羲之之手。而从根本上否认《兰亭集序》乃王羲之作品的第一人，乃是清末顺德人李文田。李氏所论，可见其为《汪中本定武兰亭》所作的跋语之中。其理由，一是《世说新语》刘孝标注引王羲之此文时，引作《临河序》而非《兰亭集序》；二是定武本《兰亭集序》较诸《临河序》，在“夫人之相与”以下“多无数字”，显系“隋唐间人知晋人喜述老庄而妄增之”。此外，李氏还从文字字体角度断言《兰亭集序》必为后人伪造：“故世无右军之书则已，苟或有之，必其与《爨宝子》《爨龙颜》相近而后可。以东晋前书与汉魏隶书相似时代为之，不得作梁、陈以后体也，然则《定武》虽佳，盖足以与昭陵

---

① （唐）刘悚：《隋唐嘉话》卷下，程毅中点校，中华书局1979年版，第53—54页。
② （唐）张彦远：《法书要录》卷3唐何延之《兰亭记》，影印文渊阁《四库全书》本。
③ （宋）桑世昌：《兰亭考》卷3《纪原》，（宋）高似孙删定，影印文渊阁《四库全书》本。

诸碑伯仲而已，隋、唐间之佳书，不必右军笔也。"①

由李文田所开启的有关王羲之《兰亭集序》真伪之辩，时至20世纪60年代，更是引发了空前轰动。当时，郭沫若根据在新近出土于南京附近的东晋《王兴之夫妇墓志》《谢鲲墓志》等文物，撰写了一篇题为《由王谢墓志的出土论到兰亭的真伪》的长文。在该文中，他认为《兰亭集序》前后格调不一致，尤其是自"夫人之相与，俯仰一世"以后的那段文字，不符合王羲之的一贯思想，从而认定"《兰亭序》不仅从书法上来讲有问题，就是从文章上来讲也有问题"。②换言之，在郭氏看来，不但《兰亭集序》帖并非王羲之所书，就连《晋书·王羲之传》明言为王羲之所作的这篇文章，也并非王羲之所写。

主要因为郭沫若在政界、文坛的特殊身份和地位，郭氏的这篇文章在《光明日报》1965年5月刊载后，得到国内诸多学者的呼应，甚至有人认为《兰亭序》就是在《临河序》的基础上加以删改、移易、扩大而成的。不过，在铺天盖地的附和声中，原南京文史馆馆员高二适先生，却对郭沫若此说不以为然，最终克服重重障碍，在《文物》杂志上发表了他的大作《〈兰亭序〉的真伪驳议》。

在文中，高二适先生针对此前的否定意见，逐一加以辨析。首先，他通过考察东晋一代的书法风格，同时依据流传至今的许多碑帖摹本，断言当时已有楷书、行书（需要指出的是，高先生此说颇有道理，这一则因为1998年，在南京东郊与王羲之同代的东晋名臣高松墓中出土了两件楷体墓志，二则因为在南京及其周边地区先后发现的30多件东晋墓碑上，不仅有隶书，还有行楷、隶楷），认定《兰亭集序》为王羲之所作"是不可更易的铁案"；其次，对于《临河序》《兰亭集序》的题名差异，高先生解释说，这是因为王羲之"写此文时并无标目，其标目乃是同时人及历代录此文者以己意加上去的"，故此有《临河序》《兰亭诗序》《修禊序》《曲水序》等不同的名称；再者，高先生虽也承认《兰亭集序》前后有矛盾之处，但这种矛盾主要源自王羲之的思想中存在着"许多矛盾的地方"；最后，高先生推测说：《世说注》中的《临河序》之所以比《兰亭集序》少了一段感伤文字，实乃刘孝标删节所致。③

对于高二适的驳斥，郭沫若最初不曾予以回应，似乎也"懒"得加以理睬，后来方才回应说："这个问题，七八年前曾经热烈地辩论过，在我看来，是已经解决

---

① （清）李文田：《兰亭序跋》，《〈兰亭序〉研究史料集》，水赉佑编，上海书画出版社2013年版，第826页。

② 郭沫若：《由王谢墓志的出土论到兰亭序的真伪》，《文物》1965年第6期，第1—25页。

③ 高二适：《〈兰亭序〉的真伪驳议》，《光明日报》1965年7月23日第2、3版。

了。不仅帖是伪造，连序文也是掺了假的。"[1] 其实，有关《兰亭集序》的真伪问题，从未获得圆满的解决。时至今日，相关的争论仍在进行中。譬如在 1999 年的南京《兰亭集序》学术研讨会上，与会学者对此依然见仁见智而莫衷一是。俱往矣，兰亭美景和那些曾经宴游于此的晋人！但是，《兰亭集序》这篇中国书法史上的千古绝唱，却仍将予人以长久的思索。

---

① 郭沫若：《新疆出土的晋人写本〈三国志〉残卷》，《文物》1972 年第 8 期，第 2—6、67—68 页。

书圣归宿：王羲之终老何处？

王羲之（303—361）字逸少，祖籍琅琊（今山东临沂），其先人于西晋末年南迁后，定居于会稽山阴（今浙江绍兴）。在中国书法史上被尊为"书圣"的王羲之，绝非浪得虚名。因为他早就以"尤善隶书"见称于时，以其"飘若浮云，矫若惊龙"的笔势，被誉"为古今之冠"，①后又博采众长，一变汉魏质朴之书风，开创了妍美流畅的行、草书法先河，也难怪唐太宗如此推崇备至："所以详察古今，研精篆素，尽善尽美，其惟王逸少乎！观其点曳之工，裁成之妙，烟霏露结，状若断而还连；凤翥龙蟠，势如斜而反直。玩之不觉为倦，览之莫识其端，心慕手追，此人而已。其余区区之类，何足论哉！"②

晋穆帝永和十一年（355）三月，王羲之以生病为借口，主动辞去右军将军、会稽内史之职务，从此不再入仕为官。一般认为王羲之所以"称病去郡"，源自不受朝廷重用，但从《晋书·王羲之传》的下段记载来看，此说显然有误：

> 时骠骑将军王述少有名誉，与羲之齐名，而羲之甚轻之，由是情好不协。……及述为扬州刺史，……羲之耻为之下，……述后检察会稽郡，辩其刑政，主者疲于简对。羲之深耻之，遂称病去郡，于父母墓前自誓曰："……谨以今月吉辰肆筵设席，稽颡归诚，告誓先灵。自今之后，敢渝此心，贪冒苟进，是有无尊之心而不子也。子而不子，天地所不覆载，名教所不得容。信誓之诚，有如皦日！"……朝廷以其誓苦，亦不复征之。③

由此可见：王羲之的"称病去郡"，其关键就在于他的恃才傲物及其矫情。

据《晋书·王羲之传》记载，王羲之"既去官，与东土人士尽山水之游，弋钓

---

① （唐）房玄龄等：《晋书》卷 80《王羲之传》，中华书局 1974 年版，第 2093 页。

② （唐）房玄龄等：《晋书》卷 80"制曰"，中华书局 1974 年版，第 2108 页。

③ （唐）房玄龄等：《晋书》卷 80《王羲之传》，中华书局 1974 年版，第 2100—2101 页。

为娱。又与道士许迈共修服食，采药石不远千里，遍游东中诸郡，穷诸名山，泛沧海，……年五十九卒"，^①但该篇传记对于王羲之究竟何时去世及其终老何处，却未曾加以只字提及。也主要因此之故，诸多对王羲之颇感兴趣的当代学人，往往只能根据历代史籍的点滴记载，而推测其终老之处。这其中，部分学者认为王羲之很可能终老于会稽郡治所在的山阴。其依据之一，便是《晋书·王羲之传》的下段文字：

羲之雅好服食养性，不乐在京师，初渡浙江，便有终焉之志。会稽有佳山水，名士多居之，谢安未仕时亦居焉。孙绰、李充、许询、支遁等皆以文义冠世，并筑室东土，与羲之同好。^②

其依据之二，便是《嘉泰会稽志》卷16《翰墨》的相关记载，其词云：

僧法极字智永，会稽人，王右军七代孙，号永禅。师与兄子孝宾俱舍家入道，孝宾改名惠欣。初落发时，住会稽嘉祥寺，即右军之旧宅。后以每年拜墓便近，因移此寺。梁武帝以欣、永二人故，号所住之寺曰"永欣"焉。今云门淳化寺。^③

王羲之在任职会稽期间，确实曾经为会稽山水风情所吸引，并因此吟咏出"山阴道上行，如在镜中游"的千古名句。^④但是，至于王羲之有否终老山阴，却难以确定。有学者甚至断定：所谓王羲之因为欣赏稽山鉴水而决心终老山阴，实乃臆测之词。至于说智永为了就近祭祀王羲之而从嘉祥寺移居永欣寺，也同样难以确认，至少从《嘉泰会稽志》中无从得出这一结论。

另有部分学者在否认王羲之终老山阴之说的同时，转而认定王氏终老诸暨苎罗。其依据则是《嘉泰会稽志》卷6的下段记载：

王羲之墓，在诸暨县苎罗山。孔晔《记》云："墓碑孙兴公文，王子敬之书也。"而碑亡矣。^⑤

而且他们认为孔晔《会稽记》有关王羲之"墓碑孙兴公文"的记载，可从《晋

---

① （唐）房玄龄等：《晋书》卷80《王羲之传》，中华书局1974年版，第2101—2102页。
② （唐）房玄龄等：《晋书》卷80《王羲之传》，中华书局1974年版，第2098—2099页。
③ （宋）施宿：《嘉泰会稽志》卷16《翰墨》，影印文渊阁《四库全书》本。
④ （宋）陈思编：《两宋名贤小集》卷73《蓥斋小集》"镜湖"条，影印文渊阁《四库全书》本。
⑤ （宋）施宿：《嘉泰会稽志》卷6《冢墓》，影印文渊阁《四库全书》本。

书·孙楚传附孙绰传》得到佐证，该传记云："绰少以文才垂称，于时文士，绰为其冠。温、王、郄、庾诸公之薨，必须绰为碑文，然后刊石焉。"[①] 不过，仍有学者对王羲之终老诸暨苎萝之说表示怀疑，其理由是：一、《晋书》"温、王、郄、庾诸公之薨"中的"王"未必就是王羲之，也可能是王羲之的父辈王旷、王异，昆弟彪之、兴之，或子侄辈徽之、越之等人，凡是当时与孙绰友善的王姓贵族、闻人都有可能；二、当晋孝武帝太元四年（379）王羲之卒时，而孙绰早在九年之前已然过世，王氏显然不可能在生前就请孙绰写好碑文，既然如此，王羲之终老诸暨苎萝之说也就不足凭信。

此外，尚有不少学者认为王羲之终老于嵊县金庭，而且此说近来颇为盛行，其声势远非前两种假说所堪比拟。诸多学者之所以认定此说可信，一则因为其可据以佐证的史料较多，譬如唐人裴通在所撰《金庭观晋右军书楼墨池记》中提道："越中山水奇丽，剡为最。剡中山水奇丽，金庭洞天为最。……有晋一代，六龙失驭，五马渡江，中朝衣冠，尽寄南国。是以琅琊王羲之领右军将军，家于此山，书楼墨池，旧制犹在。"[②] 又如白居易《沃洲山禅院记》云：

东南山水越为首，剡为面，沃洲、天姥为眉目。夫有非常之境，然后有非常之人栖焉。……高士名人有戴逵、王洽、刘恢、许玄度、殷融、郄超、孙绰、桓彦表、王敬之、何次道、王文度、谢长霞、袁彦伯、王蒙、卫玠、谢万石、蔡叔子、王羲之，凡十八人，或游焉，或止焉。[③]

他如南宋高似孙《剡录·山水志》亦云："又东为丹池山，积翠缥缈，云霞所兴，神仙之宫也。池有水赤色，勺之洁白，是为金庭洞天，晋右军羲之居焉。墨池、书楼，遗雅不绝。"[④] 此外，王鉴皓主修的《金庭王氏族谱》，不但将王羲之视为王氏家族"自琅琊迁会稽、自会稽迁金庭之祖"，而且明言王羲之病逝后，其子嗣以"右军爱金庭之胜，胥宇于此，遂埋王于居宅之旁"。[⑤]

二则因为，不但在金庭一带流传着有关王羲之晚年隐居金庭的诸多传说，而且金庭至今仍然保存着许多有关王羲之的遗迹。这其中，在今金庭观旧址右端，尚有

---

① （唐）房玄龄等：《晋书》卷56《孙楚传附孙绰传》，中华书局1974年版，第1547页。

② （南宋）高似孙：《剡录》卷5裴通《金庭观晋右军书楼墨池记》，影印文渊阁《四库全书》本。

③ （唐）白居易：《白居易文集校注》卷31《沃洲山禅院记》，谢思炜校注，中华书局2017年版，第1863页。

④ （南宋）高似孙撰：《剡录》卷2《山水志》，影印文渊阁《四库全书》本。

⑤ 成仁才、李兴林主编：《琅琊王氏族谱发现与研究》，三秦出版社2016年版，第180页。

清道光二十九年（1849）王氏裔孙秀清所建的王羲之墓道和碑坊，观后墓前也仍然矗立着立于明弘光年间的墓碑。此外，金庭附近有许多据说与王羲之有关的地名，诸如华堂乡、灵鹅村、王罕岭等。

三、王羲之生在佛道鼎盛之秋，且与当时高僧竺道潜、支遁、白道酞等人交往甚密。王羲之既崇尚隐逸，又为便于与高僧交往，在这种情况下，辞官后的他，完全有可能选择金庭作为归隐终老之所。

然而，尽管金庭墓穴犹存，谱牒可稽，王姓后人甚众，典籍记载亦最多，但此说仍然并未为学界所普遍接受。事实上，秉持王羲之终老金庭之说的学者，其用以证实的论据确实不尽可信；毕竟族谱、传闻之类，远不如史传记载可靠。也因此，若欲探究王羲之的终老之所，尚需做深入细致的考察。

淝水之战：以少胜多的典型战例？

美国史学家迈克尔·罗杰斯在其所著《苻坚载记：正史的一个案例》中，指出《晋书·苻坚载记》所叙述的内容其实并非前秦的真实历史，而是运用神话、想象与虚构的手法，折射了隋炀帝时期与唐太宗时期的历史，进而将淝水之战视为初唐史家混合事实和想象而编成的故事。但迈克尔·罗杰斯的这种解读，诚如孙伟国《淝水之战：初唐史家们的虚构？——对迈克尔·罗杰斯用后现代方法解构中国官修正史个案的解构》所论，虽视角新颖，其结论却极为荒诞不经。①

与并不擅长中国古代史研究的迈克尔·罗杰斯截然相反的是，熟悉并能准确解读史料的历代中国史家，不但深信淝水之战实有其事，而且对这场战争的来龙去脉及其对中国历史发展所具有的意义都了如指掌。也因此，中国的传统史家包括现当代的大多数史学研究者，其研究的角度可能并不新颖，却绝对不会"乱弹琴"。

淝水之战就其缘起而言，实则源自大秦天王苻坚意欲整合南北的雄心壮志。苻坚这人，虽然并非白手起家，但前秦王国正是在他的治理下方才臻于鼎盛，自永嘉之乱后日趋混乱的华北政局，更因为他的东征西战而重归一统。同时，苻坚的政治野心也正由于华北政局的一统及其粗安而急剧膨胀，因而不顾群臣的激烈反对，悍然于建元十九年（383）八月南下攻打东晋，《十六国春秋·前秦录七》记载说：

> 八月戊午，遣征南大将军阳平公融……等率步骑二十五万为前锋。甲子，坚发长安，戎卒、戎卒六十余万，骑二十七万，前后千里，旗鼓相望。②

但此后战事的发展却与苻坚的预计大相径庭，据说只有八万兵力的晋军，在宰

---

① 孙伟国：《淝水之战：初唐史家们的虚构？——对迈克尔·罗杰斯用后现代方法解构中国官修正史个案的解构》，《河北学刊》2004年第1期，第77—83页。

② 《十六国春秋辑补》卷36《前秦录六·苻坚》，（清）崔鸿撰，（清）汤球辑，刘晓东点校，齐鲁书社2000年版，第290页。

相谢安的调遣下，在北府名将谢石、谢玄、刘牢之等人的直接指挥下，始则强渡洛涧，夜袭秦军大营，歼敌 15000 余人，尔后又"水陆继进"，向前推进至淝水东岸，与秦军主力部队隔河对峙。面对晋军的强势出击，苻坚"怃然始有惧色"。[①]

其后的战局更富戏剧性：聪明一世的大秦天王居然一时糊涂到同意晋军渡河与之决战，结果却是退一步而全线崩溃，最终铩羽而归，《资治通鉴》卷 105 载其事曰：

> 秦兵逼肥水而陈，晋兵不得渡。谢玄遣使谓阳平公融曰："君悬军深入，而置陈逼水，此乃持久之计，非欲速战者也。若移陈少却，使晋兵得渡，以决胜负，不亦善乎！"秦诸将皆曰："我众彼寡，不如遏之，使不得上，可以万全。"坚曰："但引兵少却，使之半渡，我以铁骑蹙而杀之，蔑不胜矣！"融亦以为然，遂麾兵使却。秦兵遂退，不可复止。……秦兵大败，自相蹈藉而死者，蔽野塞川。[②]

苻坚的这一"却军"战术，后来遭到清初文人龙燮的严厉批评，其《咏史》诗云：

谢傅儿曹亦斗鸡，投鞭真可断虹霓。
休夸决胜东山墅，只为苻坚下子低。[③]

号称百万之众的秦军，竟然被八万晋军打得如此狼狈不堪，这在中国战争史上实属罕见，也因此，淝水之战历来被视为以少胜多的典型战例。时至今日，权威如翦伯赞《中国史纲要》、王仲荦《魏晋南北朝史》者，也均作如是观。

不过，这一权威观点近来却颇受诸多学者的质疑乃至否定。譬如邱久荣先生在其大作《淝水之战双方兵力略释》中，就认为不宜将淝水之战视为以少胜多的典型战例。其理由是：一、据当时华北人口总数估计，前秦总兵力绝对不可能超过百万，即便有之，也绝不可能全部被征调南下。至于那些被征调南下攻打东晋的秦军，虽然多达八十余万，却并未在淝水之战爆发时悉数赶到前线，因为《晋书·苻坚载记下》明确记载说："坚至项城，凉州之兵始达咸阳，蜀汉之军顺流而下，幽冀之众至于彭城"，所以淝水战前集结在淮淝一带的秦军，实际上只有苻融麾下的

---

① 《资治通鉴》卷 105 晋孝武帝太元八年条，中华书局 1956 年版，第 3311 页。
② 《资治通鉴》卷 105 晋孝武帝太元八年条，中华书局 1956 年版，第 3311—3312 页。
③ 徐世昌辑：《晚晴簃诗汇》卷 42 龙燮《咏史》，中华书局 2018 年版，第 1647 页。

二十五万前锋部队，即便如此，这二十五万秦军也并未全部投入淝水之战，而是被布置在西至郧城、东到洛涧的长达五百余里的战线上，真正投入战斗的秦军士卒，充其量不过十余万人；二、至于东晋方面，它原本就在长江中游至淮水一带的边境地带驻守了不少兵力，时当秦晋双方对阵淝水，又新增了将近八万的由谢石、谢玄统领的北府军，因而晋军投入淝水之战的兵力至少在二十万以上，其数实则多于秦军。邱先生最后认定淝水之战的实际情况应该是：占据优势的晋军，击退了远来疲惫而又立足未稳的秦军。①

邱久荣先生的这篇大作，虽然资料翔实、论证严密，却并未得到学界的普遍认可。此后，信从旧说者不但依然甚夥，而且也通过微观考察以证实之。譬如舒朋，在分以下五种不同情况对比了交战双方的兵力后，认为双方投入战斗的兵力仍然是晋少秦多，淝水之战仍不失为一个以少胜多的典型战例。

其一，全国兵力总数的对比：在淝水战前，前秦兵籍上的总兵力多达九十七万，而当时东晋的全国总兵力不过二十万多一点，相当于前者的五分之一。

其二，双方为战争而动员的兵力对比：前秦实际上能动员的最高兵额可维持在九十万左右，而东晋方面大约十八万，仍只是前秦的五分之一。

其三，双方抵达前线的兵力对比：前秦到达前线的军队总数约为 34 万，而晋军到达前线的总兵力不超过十二万，较诸前秦，约为一比三。

其四，双方在淮淝前线的兵力对比：前秦三十万前锋部队大多驻扎在淮淝前线，外加苻坚从项城带来的八千轻骑，其总数当在二十七八万，而与之对峙的晋军只有八万。就淮淝前线而言，秦军总数仍在晋军三倍以上。

其五，双方参战兵力对比：淝水之战事实上应该包括洛涧、淝南两个主要战役，在这两大战役中都是晋军以少胜多，其中在洛涧之战中，刘牢之以五千人马击溃五万秦军，而在淝南之役中，谢玄又以八千精兵大破前秦数万以上。②

然而，舒先生的这种分析及其结论，也如同邱久荣先生的考辨，仅仅只是一家之言。在淝水之战中，晋军究竟是否以少胜多抑或以多胜少，不但迄今尚无定论，相信今后也不可能形成统一的意见。这其中的原因，归根到底，源于史书记载的语焉不详。唯一可以肯定的是，淝水之战不但确曾发生过，而且在这场关键战役中晋军取得了最后的胜利，从而使得中国历史在公元 383 年之后朝着我们所熟知的南北朝分立、对峙的方向逐步演进。

---

① 邱久荣：《淝水之战双方兵力略释》，《历史研究》1980 年第 2 期，第 105—106 页。
② 舒朋：《淝水之战双方兵力问题综释——兼评邱久荣同志的新说》，《北京师范学院学报》1983 年第 3 期，第 36—43 页。

南燕国都的废弃：毁于战火抑或自然消亡

位于今山东青州西北的广固城，乃是继先秦临淄败落后崛起在齐鲁大地的又一座核心城市。从《晋书·地理志下》的下段记载来看，该城大抵始建于晋怀帝永嘉五年（311）：

> 自永嘉丧乱，青州沦没石氏。东莱人曹嶷为刺史，造广固城，后为石季龙所灭。①

广固在建城后，长期为异族政权所占据，只是在晋孝武帝太元八年（383）的淝水之战后，才由东晋中央政府设置幽州加以掌控，而且好景不长，时至晋安帝隆安四年（400），又为慕容德的南燕政权（398—410）所侵占，并将该城定为国都。也因此，广固城成为郡县时代整个山东地区绝无仅有的一座帝都。

晋安帝义熙五年（409）二月，本就内外交困的南燕，竟然自不量力地南下攻打东晋，"大掠淮北，执阳平太守刘千载、济南太守赵元，驱略千余家"②。于是，一方面为了维护北部边境地区的安宁，另一方面也为了树立自己的威望，东晋权臣刘裕趁机北伐南燕。同年四月，晋军从首都建康出发，乘船由淮河进入泗水，到达下邳后弃船登岸，改从陆路向琅邪进发。

当时，昏庸无能的燕主慕容超，拒不接受其麾下大将公孙五楼的坚壁清野、扼守大岘的建议，企图利用晋军远来疲惫加以速战速决，遂屯重兵于临朐，结果却在当年六月的临朐会战中一败涂地，然后退守广固。于是尾随而至的晋军，迅即包围了南燕国都，历经长达八个月的狂攻，最终于义熙六年二月丁亥（410年3月25日）攻克广固城。

据《宋书·武帝纪上》记载，刘裕在攻占南燕都城之后，"屠广固。（慕容）超

---

① （唐）房玄龄等：《晋书》卷15《地理志下》，中华书局1974年版，第450页。

② （南朝梁）沈约：《宋书》卷1《武帝纪上》，中华书局1974年版，第15页。

踰城走，征虏贼曹乔胥获之，杀其王公以下，纳口万余，马二千疋，送超京师，斩于建康市"①。然则其后，魏收在《魏书·岛夷刘裕传》中却记作：

> （刘）裕乃伐（慕容）超，遂屠广固，执超，斩其王公以下三千人，纳口万余、马二千匹，夷其城隍。送超于建业，斩之。②

对于魏收的这个记载，北宋司马光在著《资治通鉴》时予以全盘接受，而撰成于清德宗光绪年间的《益都县图志·古迹》在述及广固城消失之因时，更是断言刘裕"以藉险难攻，夷其城隍，故无基址可寻"。于是此后，广固城为刘裕所夷平之说，几乎成为不易的确论。

但近来，这个长期以来被奉为圭臬的传统说法，受到李森先生的质疑。李先生根据文献资料和考古发掘，从以下四个方面加以逐条辨析，断言广固城其实并未为刘裕所"夷"：③

其一，《宋书·刘敬宣传》明确记载："司马道赐者，晋宗室之贱属也，为敬宣参军。至高祖西征司马休之，道赐乃阴结同府辟闾道秀及左右小将王猛子等谋反。道赐自号齐王，以道秀为青州刺史，规据广固，举兵应休之。"④考《晋书·安帝纪》云："（义熙十一年）夏四月乙卯，青、冀二州刺史刘敬宣为其参军司马道赐所害。"⑤假如广固城果真是在义熙六年被刘裕夷平，那么，当义熙十一年（415）司马道赐作乱时，又怎能再行"规据广固"？

其二，《北齐书·慕容绍宗传》云："（天平）二年，宜阳民李延孙聚众反，乃以绍宗为西南道军司，率都督厍狄安盛等讨破之。军还，行扬州刺史，寻行青州刺史。丞相府记室孙搴属绍宗以兄为州主簿，绍宗不用。搴谮之于高祖，云：'慕容绍宗尝登广固城长叹，谓其所亲云大丈夫有复先业理不。'由是征还。"⑥孙搴所言固然是诬陷之词，但如果当时广固城已然不存，人将焉登？也岂不正好暴露了自己的诬陷丑行。

其三，现藏于青州偶园内的国家一级文物《司空公青州刺史临淮王像碑》，立于北齐后主武平四年（573）。碑文中对当时的广固城有这样一句描述："耸丹山而

① （南朝梁）沈约：《宋书》卷1《武帝纪上》，中华书局1974年版，第17页。
② （北齐）魏收：《魏书》卷97《岛夷刘裕传》，中华书局1974年版，第2131页。
③ 李森：《南燕广固城被"夷其城隍"说辨正》，《历史教学》2000年第4期，第30页。
④ （南朝梁）沈约：《宋书》卷47《刘敬宣传》，中华书局1974年版，第1415页。
⑤ （唐）房玄龄等：《晋书》卷10《安帝纪》，中华书局1974年版，第265页。
⑥ 《北齐书》卷20《慕容绍宗传》，中华书局1972年版，第273页。

峭立，回紫城而郁连。败燕之势未沦，巨汉之容尚在。"① 这就清楚地表明广固城至少在北齐后期依然存在于世。

其四，现藏于青州博物馆的国家一级文物《故朱府君墓志铭》，也是颇有说服力的物证。据墓志铭，可知其墓主朱神达生于北朝末年隋代初期，卒于隋文帝开皇六年（586）十月二十五日，"葬于广固城之南，函霞山之左"。② 倘使当时广固城已非客观的存在，那么，墓志铭对于墓地方位的指示，岂不成了言之无物的妄载？

正是根据这四条依据，李森先生不但认定《魏书·岛夷刘裕传》所载广固城为刘裕"夷其城隍"之说"言过其实，不足征信"，而且认为该城在公元410年之后长期存在，只是因为经历了长达八个月的攻守战，故而遭到极为严重的破坏；唯其如此，新任青州刺史羊穆之宁可另建东阳城作为州治所在地，也不愿重加修茸，此则《晋书·地理志下》言之凿凿：

> 慕容超移青州于东莱郡，后为刘裕所灭，（刘裕）留长史羊穆之为青州刺史，筑东阳城而居之。③

于是此后，广固城这座旧日的帝王之都也就形同虚设，几乎无人加以理会。李先生进而断言：也正由于人们的废弃和忽视，没有毁于刘裕之手的广固城，却在遭受兵燹战乱的严重破坏后，久经历史沧桑巨变而逐渐消失。

应该说，李森先生的大作在选题上能发前人和他人所未发，具有很高的学术含金量；在具体论证过程中，又能较好地融汇文献记载与考古发现，论据相当充分。但也必须指出的是，主要由于侧重点的不同，李先生的这篇论文仅仅否定了广固城为刘裕所夷的这个传统观点，而没有解答广固城何时消失又如何消失的问题。后一问题在可以预计的将来，或许仍将长期成为难以解答的历史之谜。

---

① 无名氏：《司空公青州刺史临淮王像碑》，附录于《青州龙兴寺历史与窖藏佛教造像研究》，李森著，山东大学出版社2012年，第216页。

② 《青州博物馆》之《隋朱神达墓志》，王华庆主编，文物出版社2003年版，第211页。

③ （唐）房玄龄等：《晋书》卷15《地理志下》，中华书局1974年版，第451页。

湮没的文明：楼兰古城的消失

在通往波斯、印度和罗马的丝绸之路上，曾经活跃着一个高度文明的古国——楼兰。据《史记·大宛列传》及《汉书·西域传》记载，早在公元 2 世纪以前，楼兰王国就是西域三十六国中一个有着 14000 多居民、3000 多士兵的强国，而位于今新疆巴音郭楞蒙古族自治州若羌县北境、罗布泊以西、孔雀河道南岸 7 公里处的楼兰古城，则是交通繁忙、经济繁荣的商业之都。

从《史记·匈奴列传》的相关记载来看，楼兰王国最早为汉人所知，大抵始于汉文帝元平四年（前 176）。当时，匈奴冒顿单于在写给西汉皇帝的国书中提道："定楼兰、乌孙、呼揭及其旁二十六国，皆以为匈奴。"① 其后，毛遂自荐出使西域的张骞，回国后报告说："楼兰、姑师邑有城郭，临盐泽。盐泽去长安可五千里。"② 也因此，汉朝对楼兰有了更具体的认知。为了解除匈奴的威胁，一代天骄汉武帝决定开通西域，于是调兵遣将，远征楼兰，不久就俘虏了楼兰王，并在其境内设置相应的行政管理机构。

不过，由于此后中国政局日趋混乱，因而楼兰与中国的关系愈益疏远，最终在公元 4 世纪后，不再见录于中国史册。大抵也就在公元 4 世纪后，曾经辉煌一时的楼兰王国突然间人去"楼"空，是以三百年后，唐僧玄奘前往天竺取经路过此地时，但见"城郭岿然，人烟断绝"。③ 而在意大利著名旅行家马可·波罗的笔下，该地更是被描写成为"罪恶的幽灵出没的场所"。④ 因而此后直至 19 世纪底，除了极少数盗墓贼来此盗墓外，别无他人光顾此地，更遑论对曾经存在于这片神奇土地上的楼兰王国有何认知了。

---

① 《史记》卷 110《匈奴列传》，中华书局 1959 年版，第 2896 页。

② 《史记》卷 123《大宛列传》，中华书局 1959 年版，第 3160 页。

③ 《大唐西域记汇校》卷 12，（唐）玄奘、辩机撰，范祥雍汇校，上海古籍出版社 2018 年版，第 626 页。

④ 《马可波罗行纪》，（意）马可波罗口述，鲁斯梯谦笔录，张胜璋编，海峡文艺出版社 2002 年版，第 114 页。

楼兰废墟的重见天日，得益于瑞典探险家斯文·赫定（1865—1952）。1900 年 12 月，他在国王奥斯卡的资助下，率领一队人马沿着罗布泊南面而行，横越大沙漠到了若羌绿洲，尔后朝塔克拉玛干的罗布沙漠进发。20 多天后，他们在罗布泊旧河床发现了几间木屋残迹、几枚中国古钱、几把铁斧、几块木雕，并在木屋东南 1 公里处发现了 4 座塔楼。不过，由于饮用水储备告急，赫定一行不敢逗留。在返回途中准备宿营的他，发现唯一的挖水工具铁铲不慎遗留在木屋之中，于是派遣助手埃尔迪克回去寻找，并且幸运地找到了那把铁铲。然而，埃尔迪克在归途中却遇上了风暴，风暴过后面前出现了一些高大的泥塔和房址，起初他还以为这是传闻中的海市蜃楼，但走近细看，才发现是座被风沙湮没了一半的古城堡。于是，当次日傍晚埃尔迪克与赫定等人会合并告知所见所闻时，赫定欣喜万分，预感到这一发现将会"使亚洲中部古代史上得到不曾料到的新光明"，但当时苦于严重缺水，不得不放弃。1901 年 3 月 3 日，经过精心准备的赫定一行，重返那座神秘的古城堡，并大肆盗挖了一个星期，共计发掘 150 件魏晋时期的汉文木简残纸和少量的佉卢文书，以及大批汉唐古币、各类精美的丝织品和雕刻品。这批文物被赫定带回瑞典后，由奥斯卡国王邀请德国语言学家希姆加以鉴定。后者根据文物上的"Kroralna"一词，断定这座古城堡就是湮没千年之久的楼兰。[①]

此一消息立即轰动了全世界。于是此后，楼兰便成了塔克拉玛干沙漠的考古圣地之一，更多的西方探险家纷至沓来。这其中，最著名的便是英籍匈牙利人斯坦因，他先后在 1906 年和 1914 年，两次对楼兰及其周围遗址进行了盗掘。其间出土的各类古器物，诸如汉代的丝织品和建筑构件，大批汉文、佉卢文、粟特文的木简残纸，都被他席卷而去，其中有不少珍品至今还保存在大英博物馆。

接踵而至的日本人桔瑞超、俄国人奥登堡，也加入了争夺楼兰古物的行列。这其中，被桔瑞超所发掘的"李柏文书"，为了解十六国时期的前凉如何经营西域提供了翔实的第一手资料；至于奥登堡究竟掠走了多少楼兰古物，更是无人知晓。

中国科学家对楼兰古城的考察始于 1927 年，时间相对较晚。当时，著名考古学家黄文弼、地理学家陈宗器在楼兰遗址上出土了 70 多枚写有明确西汉纪年的汉文木简，以及相当数量的铜器、铁器、木器、漆器等实物。时至 20 世纪 70 年代末，随着中央电视台与日本 NHK 电视台联合拍摄《丝绸之路》系列片，对于楼兰的考古工作由此进入新纪元。1979 年，新疆考古研究所为配合《丝绸之路》电视系列片的拍摄，特地组织了楼兰考古队，开始对楼兰古城进行全面的考察。通过将近两年的详细考察，最终确认楼兰古城位于东经 89 度 55 分 22 秒、北纬 40 度 29

[①]　胡尔克编：《中国百年考古大发现》，兵器工业出版社 2001 年版，第 326—328 页。

分 55 秒，占地面积 10 万多平方米。其中，城东、城西尚残留高 4 米、宽约 8 米的黄土城墙，城中心的坐北朝南的土坯建筑，墙厚 1.1 米，残高 2 米，似为统治者的居所，而居民区的院墙，则是用芦苇或柳条编扎而成并附以黏土。

据报道，考古工作者从古城遗址中发掘出大量的陶器和丝、毛、棉、麻织物的残片，以及钱币、铜器、玻璃器皿、铁刀、木盘、竹简、木牍等物体。此外，他们还在孔雀河下游地区发现了大批的古墓，其中几座墓葬不但外表壮观，而且外形奇特，犹如一个大太阳，至于这种形状究竟包含何种意义，仍不得而知。尤其令人瞩目的是，在木棺中还发现了一具保存较为完好的女尸。这具被称为"楼兰美女"的尸体，距今 3800 多年，面容清秀，金发大眼高鼻尖颌，皮肤呈古铜色，其长长的眼睫毛和身上各处汗毛仍清晰可见，甚至肌肉尚有弹性。考古人员估计她生前应该是一位身体强壮而又丰满的中年美貌妇女，而上海自然博物馆及原上海医科大学的专家，进而认为这具女尸的年龄在 40 岁左右，其血型为 O 型，系属欧洲人种。

从史书记载和考古发掘来看，两千年前的楼兰古城曾是丝绸之路上一个贯通南北、交汇东西的重要交通枢纽。那么，这个辉煌一时的古代商城为何会在极短时间内成为一个被黄沙覆埋的废墟呢？对于此一问题的解答，学术界迄今依然众说纷纭。

其中，有学者将楼兰古城的湮没之因，归结为由楼兰人口剧增而导致的自然环境的恶化，进而使之无法继续生存下去。而更多的学者以为这可能源自水道的变迁，其赖以立论的依据，其一便是北魏郦道元《水经注》的下段记载：

> 注滨河又东经鄯善国北，治伊循城，故楼兰之地也。……国在东垂，当白龙堆，乏水草，常主发导，负水担粮，迎送汉使，故彼俗谓是泽为牢兰海也。[①]

其二则是赫定所得文书中有"水大波深必泛"之语。正是据此两条记载，学者推定当时的楼兰乃是河水所经之道，并为湖水所环绕，只是后来因为气候变化，河水改道，导致牢兰海干枯，绿洲变成沙漠，居民们因此被迫迁居他乡。此外，尚有学者认为楼兰古城的毁灭与楼兰人大肆建造"太阳墓"有关。在他们看来，正是因为"太阳墓"的盛行，大量树木被砍伐，从而使得楼兰人在不知不觉中埋葬了自己的家园。

由于楼兰古城位于罗布泊的西岸，所以有学者试图通过考察罗布泊的变迁探求楼兰消亡的原因。譬如俄国探险家 H.M. 普尔热瓦尔斯基，早在 1876 年就已指出：

---

① 陈桥驿校释：《水经注校释》卷 2《河水》，杭州大学出版社 1999 年版，第 19—20 页。

由于地壳运动，罗布泊的位置并不固定；至于罗布泊之所以时有迁移，是因为塔里木河与孔雀河每年有大量泥沙冲刷到罗布泊湖口，如此日积月累，泥沙越积越多，淤塞了河道，塔里木河与孔雀河因此改道，流向低洼处，从而形成新的湖泊，而旧湖在炎热的气候中逐渐蒸发成为沙漠。正是罗布泊湖水的北移，使得楼兰城的水源最终枯竭，居民们因此不得不弃城而走，去寻找新的水源，而楼兰古城由于失去了罗布泊水的滋养，最终被沙土所淹没。[①]

然而，诸如此类的诠释，虽然大都能够自圆其说，但究竟哪种说法更接近于历史的真相，显然仍待做进一步的科学考察。

---

① 侯灿：《楼兰发现与其纠葛——楼兰发现百年祭》，《丝绸之路》2001 年第 3 期，第 4—9 页。

"五斗米"与"乡里小人"：陶渊明隐居之谜

据《宋书·隐逸传》及《晋书·隐逸传》等史书记载，东晋安帝义熙二年（406），出于对当时黑暗政治的强烈不满，41 岁的彭泽县令陶渊明主动下岗离职，此后直至宋文帝元嘉四年（427）辞世，始终不曾入仕为官。不过，陶渊明虽然长期隐居田园，却并未忘情江湖，因为他所作的诗歌散文，往往在平淡中蕴含着对时世的不满和愤慨。

千百年来，对于这位很有骨气的田园诗人，人们一直传颂着他不为五斗米折腰的故事，唐代诗人胡曾更因此赋诗一首予以极力褒美：

> 英杰那堪屈下僚，便载门柳事萧条。
> 凤皇不共鸡争食，莫怪先生懒折腰。[①]

据传世文献的相关记载可知，"陶渊明不为五斗米折腰"的这则故事，虽最早见录于沈约《宋书·隐逸·陶潜传》，却又以《晋书·隐逸·陶潜传》所载最为详尽，其词云：

> ……为彭泽令。……素简贵，不私事上官。郡遣督邮至县，吏白应束带见之，潜叹曰："吾不能为五斗米折腰，拳拳事乡里小人邪！"义熙二年，解印去县，乃赋《归去来》。[②]

在世人对"陶渊明不为五斗米折腰"这个故事的长期传唱中，又不难发现"五斗米"在他们的理解中，无疑是指微薄的俸禄。

然而，这个长期以来被普遍接受的解释，近来受到邹文生的否定；在邹先生

---

① （唐）胡曾：《彭泽》,《全唐诗》卷 647，中华书局 1999 年增订本，第 7483 页。
② （唐）房玄龄等：《晋书》卷 94《隐逸·陶潜传》，中华书局 1974 年版，第 2461 页。

看来，"五斗米"并非是指微薄的俸禄，而是应当另有所指。为此，邹先生首先据《宋书·百官志下》有关"县令、长，秦官也。大者为令，小者为长，……县令千石至六百石，长五百石"①的记载，考证出当时县令的俸禄其实不止五斗米；在此基础上，他认为"五斗米"其实是指"五斗米道"，因为这在陈寿《三国志》、范晔《后汉书》等史书中多有记载，譬如唐章怀太子李贤在给《后汉书·灵帝纪》作注时，就曾引用刘艾的相关记载："时巴郡巫人张修疗病，愈者雇以米五斗，号为'五斗米师'。"②又如《三国志·魏书·张鲁传》云：

> 张鲁字公祺，沛国丰人也。祖父陵，客蜀，学道鹄鸣山中，造作道书以惑百姓，从受道者出五斗米，故世号米贼。陵死，子衡行其道。衡死，鲁复行之。③

因此，邹先生断言陶渊明所谓的"不为五斗米折腰"，应该被理解成为"不向五斗米道徒折腰"。④

据《宋书·隐逸·陶潜传》及《晋书·隐逸·陶潜传》记载，陶渊明虽然"少有高趣"，但因为家境贫寒的关系，不得不出任江州祭酒。但不久之后，就因"不堪吏职"而"自解归"。据邹文先生考证，当时的江州刺史不是他人，正是大书法家王羲之的公子、虔诚的五斗米道徒王凝之。邹先生进而推测：由于家族政治社会地位的差异，家道中落的陶渊明很可能受到了王凝之的歧视，于是，"不戚戚于贫贱，不汲汲于富贵"的他，因为不愿卑躬屈膝地侍奉王凝之，所以断然辞职归家。换言之，邹先生认定陶渊明不肯为之折腰的"五斗米道徒"，正是他的顶头上司江州刺史王凝之。⑤

史称陶渊明从江州辞职回家后，虽然有意终身隐居，却也仍然迫于生计，曾经先后三次历时短暂地入仕为官，其中41岁那年任职彭泽县令时，上任仅仅八十余日，就愤而离职，从此永别官场。对于这次辞职的原因，陶渊明在所作《归去来兮辞》的序言中，自称出于为其妹奔丧之故：

> 余家贫，耕植不足以自给。幼稚盈室，瓶无储粟，生生所资，未见其术。亲故

---

① （南朝梁）沈约：《宋书》40《百官志下》，中华书局1974年版，第1258—1259页。
② （南朝宋）范晔：《后汉书》卷8《灵帝纪》注引刘艾之说，（唐）李贤等注，中华书局1965年版，第349页。
③ 《三国志》卷8《魏书·张鲁传》，中华书局1982年第2版，第263页。
④ 邹文生：《陶渊明"不为五斗米折腰"辨》，《中州学刊》1997年第3期，第99—101页。
⑤ 邹文生：《陶渊明"不为五斗米折腰"辨》，《中州学刊》1997年第3期，第99—101页。

多劝余为长吏，脱然有怀，求之靡途。会有四方之事，诸侯以惠爱为德，家叔以余贫苦，遂见用于小邑。于时风波未静，心惮远役，彭泽去家百里，公田之利，足以为酒，故便求之。及少日，眷然有归与之情。何则？质性自然，非矫厉所得。饥冻虽切，违己交病。尝从人事，皆口腹自役。于是怅然慷慨，深愧平生之志。犹望一稔，当敛裳宵逝。寻程氏妹丧于武昌，情在骏奔，自免去职。仲秋至冬，在官八十余日，因事顺心，名篇曰《归去来兮》。①

不难发现，陶氏的这一自我解释，显然与《宋书》《晋书》的诠释颇相出入。对此，南宋学者洪迈在所著《容斋五笔》卷1"陶潜去彭泽"条推测说："观其语意，乃以妹丧而去，不缘督邮。所谓矫厉违己之说，疑必有所属，不欲尽言之耳！词中正喜还家之乐，略不及武昌，自可见也。"② 亦即认为《宋书》《晋书》所载不误，陶氏自序所云乃托词而已。至于清人陶澍的相关分析，则更是切中肯綮：

先生之归，史言不肯折腰督邮，序言因妹丧自免。窃意先生何托而去，初假督邮为名，至属文，又迁其说于妹丧以自晦耳。其实闵晋祚之将终，深知时不可为，思以岩栖谷隐，置身理乱之外，庶得全其后凋之节也。故曰："景翳翳以将入，抚孤松而盘桓。"又曰："帝乡不可期。"一篇之中，三致意焉。③

也就是说，在陶澍看来，陶渊明本已深知"时不可违"，并因此更加坚定了辞职归隐的意愿，恰逢督邮前来视察工作，不愿伺候这个"乡里小人"的他，于是乘机挂冠而去；但是，他在撰写《归去来兮辞》时又觉得直言不妥，因而假托奔赴其妹之丧以自晦。行文至此，邹文先生断言：《晋书·隐逸·陶潜传》中的"吾不能为五斗米折腰，拳拳事乡里小人邪"，不但涉及陶渊明的两次主动辞职归隐，而且应该被理解为：我曾经坚决不向五斗米道徒卑躬屈膝，难道今日还会恭恭敬敬地侍奉这乡里小人吗？这其中的五斗米道徒是指江州刺史王凝之，而乡里小人则是指浔阳督邮。④

众所周知，陶渊明的"不为五斗米折腰"，曾经为后世无数仁人志士所仰慕和

---

① 《陶渊明集校笺》（修订本）卷5《归去来兮辞并序》，（东晋）陶潜著，龚斌校笺，上海古籍出版社2018年版，第413页。

② （宋）洪迈：《容斋随笔》，上海古籍出版社1996年版，第819页。

③ （清）陶澍：《靖节先生集注》卷5，《陶澍全集》（修订本），岳麓书社2017年版，第八册，第127页。

④ 邹文生：《陶渊明"不为五斗米折腰"辨》，《中州学刊》1997年第3期，第99—101页。

仿效。假如"五斗米""乡里小人"的内涵果真如邹文先生所理解的那样，那么，这个玩笑就开大了。不过，邹先生的分析虽然能够自圆其说，但毕竟只是推测之词。他的这种推测是否就是历史事实，大概只有黄泉之下的陶渊明本人自知了。

梦里寻她千百度：桃花源究在何处

晋末宋初的陶渊明（365—427）在《桃花源记》中，以异常优美流畅的笔调，描绘了一幅与世隔绝的理想社会图景：

> 晋太元中，武陵人捕鱼为业。缘溪行，忘路之远近。忽逢桃花林，夹岸数百步，中无杂树，芳草鲜美，落英缤纷。渔人甚异之。复前行，欲穷其林。林尽水源，便得一山。山有小口，仿佛若有光。便舍船从口入，初极狭，才通人。复行数十步，豁然开朗，土地平旷，屋舍俨然。有良田、美池、桑竹之属。阡陌交通，鸡犬相闻。其中往来种作，男女衣着，悉如外人。黄发垂髫，并怡然自乐。见渔人乃大惊，问所从来，具答之。便要还家，为设酒杀鸡作食。村中闻有此人，咸来问讯。自云先世避秦时乱，率妻子邑人，来此绝境，不复出焉，遂与外人隔绝。问今是何世，乃不知有汉，无论魏晋。①

在这个世外桃源中，唯有长幼、男女之分，而无贵贱、贫富之别；淳朴厚道的人们和睦相处，过着自食其力的幸福安宁生活。因而历代以来，这一人间乐土引发了无数人的憧憬。

与此同时，虽然千百年来不断有人声称桃花源纯属陶渊明的虚构，但更多人却倾向于认定它有其真实的原型。这其中，位于湖南桃源县西南十五公里处的水溪，曾经被公认是桃花源的故地。此地俯临沅水、背倚青山，景色绮丽，风光旖旎，好似陶渊明笔下的桃花源。因而早在唐代，就有人在此兴建寺观加以纪念；此后，不但无数文人骚客前去寻访，从而留下了诸多茶余饭后的谈资和不乏价值的墨宝遗迹，而且历朝地方政府纷纷斥资建造或重修了诸如 "桃花观" "集贤祠" "水源亭" "缆船洲" 等亭台楼阁，由此形成了神话故乡桃仙岭、道教圣地桃源山、福地

---

① 《陶渊明集校笺》（修订本）卷 6《桃花源记》，（东晋）陶潜著，龚斌校笺，上海古籍出版社 2018 年版，第 425 页。

洞天桃花山、世外桃源秦人村四个景区近百个景点。

不过，这一广为流传的说法近来受到了刘自齐《〈桃花源记〉与湘西苗族》的质疑。在刘先生看来，"《桃花源记》所描绘的那幅没有压迫、没有剥削、人人劳动、平等自由的美好的社会生活图景，并非作者的凭空虚构，也不是幻想的再创造，而是切切实实的当时居住在武陵地区的苗族社会的写真"①。

刘自齐先生用以论证的依据主要是《苗族简史》的相关考述：在六朝时期的武陵苗人群落中，虽然"出现了自耕农的私有制"，"但由于生产力还比较低，所能提供的剩余生产品极少，因此，还产生不了突出的富户和显贵人物"，从而呈现出没有阶级压迫、阶级剥削的现象。刘先生据此推测苗人聚居区的这种生活形态，当时很有可能被当作异闻四处传播，并被陶渊明等人略加改编而记载下来。刘敬叔《异苑》的下段记载便是有力的旁证：

> 元嘉初，武溪蛮人射鹿，逐入石穴，才容人。蛮人入穴，见其傍有梯，因上梯，豁然开朗，桑果蔚然，行人翱翔，亦不以怪。此蛮于路斫树为记，其后茫然，无复仿佛。②

两相比较，可见所不同者仅仅只是主人公的身份而已，换言之，在《桃花源记》中他是一位渔民，而在刘敬叔的笔下则是一名猎人。刘自齐先生还指出，武陵苗人对于桃树的崇拜及其见客"便道还家，设酒杀鸡作食"的习俗，都与《桃花源记》的相关描述相契合。

此外，又有人根据陶渊明的行踪，断言桃花源既不在湖南的桃源水溪，也并非湘西的苗家寨，而是在江苏连云港的宿城、高公岛一带。宿城山西麓三面环山，东面向海，除了翻越虎口岭，别无其他通道可与外界联系。该地四时好花常开，八节鲜果不绝，春生琪花瑞草，秋染五色层林，左映清流激湍，右带茂林修竹，而且风光旖旎，有悟正庵的前年银杏、保驾山的郁郁苍松、滴水崖的漱玉喷珠、枫林湾的飞金流丹等人间奇景。秉持此说者，根据陶渊明所作《饮酒诗》中的"在昔曾远游，直至东海隅"，③称他曾经到过高公岛。晋安帝隆安末，陶氏作为镇军参军，确实在高公岛上参与过镇压孙恩之乱，而且期间曾经赋诗一首，也就是见录于《文

---

① 刘自齐：《〈桃花源记〉与湘西苗族》，《学术月刊》1984 年第 7 期望，第 69—71 页。

② （南朝宋）刘敬叔：《异苑》卷 1，影印文渊阁《四库全书》本。

③ 《陶渊明集校笺》卷 3《饮酒二十首》之十，（东晋）陶渊明著，龚斌校笺，上海古籍出版社 2018 年版，第 246 页。

选》卷 26 的《始作镇军参军经曲阿作》：

> 弱龄寄事外，委怀在琴书。
> 被褐欣自得，屡空常晏如。
> 时来苟宜会，宛辔憩通衢。
> 投策命晨旅，暂与园田疏。
> 眇眇孤舟游，绵绵归思纡。
> 我行岂不遥，登降千里余。
> 目倦修涂异，心念山泽居。
> 望云惭高鸟，临水愧游鱼。
> 真想初在衿，谁谓形迹拘？
> 聊且凭化迁，终反班生庐。[①]

　　显而易见的是，该诗表达了诗人身在宦途的痛苦及其意欲高蹈远去的心境。秉持此说者正是据该诗推论：既然陶渊明亟欲归隐，那么，他在看到高公岛上的秀丽景色之后，感慨之余，完全有可能将胸中块垒涂抹成他的千古名作《桃花源记》。

　　正由于宿城、高公岛一带的地理方位与《桃花源记》所描述的对象颇为吻合，同时也因为陶渊明确实曾经到过该地，故而历代以来，将该地目为桃花源原型者，不乏其人。譬如唐代诗人李中，就曾加以认同，而于所作诗篇中抒发过"犹怜陶靖节，诗酒每相亲"[②]的感慨；至如以陶渊明后裔自居的清末两江总督陶澍，不但在宿城法起寺旁建造"晋镇军参军陶靖节先生祠堂"加以纪念，而且特意著成《靖节先生年谱考异》一书。[③]与此同时，总督大人还依据陶渊明所作《五柳先生传》，在祠堂门前植柳栽桃，并贴上对联一副：

> 此间亦有南山，看云归欲夕，鸟倦知还，风景何殊栗里。
> 在昔曾游东海，忆芳草缘溪，林花夹岸，烟村别出桃源。[④]

---

　　① （南朝梁）萧统编：《文选》卷 26 陶渊明《始作镇军参军经曲阿作》，（唐）李善注，上海古籍出版社 1986 年版，第 1233 页。

　　② （唐）李中：《春日书怀寄胸山孙明府》，《全唐诗》卷 748，中华书局 1999 年增订本，第 8604 页。

　　③ （清）陶澍：《靖节先生年谱考异》，《陶澍全集》（修订本），岳麓书社 2017 年版，第八册，第 191—237 页。

　　④ 冯克诚、田晓娜主编：《中国通史全编》之五《三国两晋历史编》，青海人民出版社 2002 年版，第 204 页。

　　于是此后，昔日"山有小口，仿佛若有光"的宿城，日益繁华，到如今已是出入通达的旅游重镇。

　　综上以观，为了找到诗人生花妙笔之下的世外桃源，后人不可谓不煞费苦心。然而，桃花源的原型究竟在何地，恐怕只有陶渊明本人才清楚；无论是湖南桃源县的水溪，还是武陵的苗寨，抑或江苏宿城、高公岛一带，充其量不过是后人的不很离谱的揣测。又或许，桃花源仅仅只是陶渊明为文学创作而虚构的场景，它根本无从查考，更无须如此费神寻觅。而这一切的一切，迄今仍然是无法解答的谜团。目前所能肯定的只是：对于桃花源的寻寻觅觅，实际上寄托了世人对美好生活的无限渴望。

无法详究的数据：十六国北朝的户口

虽然在西晋统一南北之初，社会经济由于政治统一而出现了一定程度上的繁荣景象，但好景不长，在"八王之乱"后，尤其是在"永嘉之乱"后，华北及西北地区继春秋战国之后再次陷入大动乱之中，成为各族竞逐的猎场，中国历史也由此进入分裂割据长达270多年之久的十六国北朝时期。

据传世文献记载，在这一历史阶段，各族统治者既彼此争夺，又相互勾结，对各族人民进行了残酷的掠夺和血腥的屠杀。这就不但严重地破坏了社会生产力，而且直接导致人口总数的急剧下降。同时也主要因为战火纷飞的关系，此期完整的户籍资料至今业已荡然无存，幸而留存于世的若干数据，却非但残缺不全，而且多有不实之处。唯其如此，当下学界对于十六国北朝户口问题的探讨，相互间往往存在着较大的出入。

十六国北朝残存户口数据

时代	时间	户数	口数	资料来源
十六国	后赵石勒元年（319）	290000	阙	《晋书·石勒载记》
	前燕建熙十一年（370）	2458969	9987935	《晋书·苻坚载记》
北朝	北魏盛期（476—520）	5000000	32400000	《魏书·地形志》
	北魏尔朱之乱后（534）	3375368	阙	《通典·食货典七》
	东魏武定年间（543—550）	2004167	8233979	《魏书·地形志》
	北齐幼主承光元年（577）	3302528	20006686	《周书·武帝纪》
	北周静帝大象年间（579—580）	3590000	9009604	《通典·食货典七》
	北周静帝大象二年（580）	3999604	阙	《通典·食货典七》

这其中，宁可先生对此期户口存量的估算并不乐观，而于所作《试论中国封建社会的人口问题》一文中断言：

五胡十六国以及南北朝时期激烈的民族斗争使生产遭到严重破坏，人口大量死亡流徙；入主中原的少数民族的落后的生产形式，……对生产的破坏从而对人口增长的阻碍作用，在一定时期内是相当严重的。[1]

较诸宁可先生的这一估计，胡焕庸、张善余的《中国人口地理》显得更为悲观，竟至于认定："在这场延续百年的大动乱中，我国北方的人口究竟下降到什么程度，没有具体数字可资稽考，但损失极大是可以想象的，恐怕与东汉末年的大动乱相比亦不遑多让。"[2]

对于宁可、胡焕庸等人的悲观估计，王育民先生颇不以为然，并为此撰写并发表了《十六国北朝人口考索》《十六国北朝人口再探》两文。在王先生看来：①黄河流域及其附近地区的户口，虽然在十六国前期有所损耗，但在其后期则处于不断上升之中；②时至北朝之世，更是从北魏末年的"户三百三十七万五千三百六十八"，到北周全盛时期增至 4622528 户、29016484 人，从而大体上恢复到东汉时期的水平；③东西魏户口发展趋于停滞；④北周的户口数乃前人误植，并非实际数字。在此基础上，王先生进而分析说，十六国前期黄河流域及其附近地区的户口总数之所以有所损耗，虽是战乱所致，但更为关键的因素还在于：在此期间，北方汉人为逃避战乱、饥荒和民族压迫而纷纷南渡，其总数大约在 100 万人以上；至于北方户口在北朝时期的大幅增长，则与三长制、均田制、租调制的实施有着极为密切的关联。[3]

然而，王育民先生的这一考察成果也并未为学界所普遍接受，而袁祖亮先生更是明确表示异议，并为此先后刊发了《十六国北朝人口蠡测》《再论十六国北朝时期人口的有关问题》两篇大作予以商榷，其结论是：①十六国时期的户口消涨，明显呈现出减少—增长—减少的马鞍型变化：第一阶段从公元 304 到 318 年，其间由于战乱、灾荒、疾疫等原因，北方人口出现大幅度下降，户数从西晋太康元年（280）的 140 多万下降到不足 100 万户；第二阶段从公元 318 到 329 年，其间北方户数约 120 万户、口数约 800 万；第三阶段从公元 329 年到 352 年，此期北方人口有所增长，总户数约 180 万户、口数约 1200 万人；第四阶段从公元 352 到 383 年，

---

[1] 宁可：《试论中国封建社会的人口问题》，《中国史研究》1980 年第 1 期，第 3—19 页。

[2] 胡焕庸、张善余：《中国人口地理》上册，华东师范大学出版社 1984 年版，第 28 页

[3] 王育民：《十六国北朝人口考索》，《历史研究》1987 年第 2 期，第 74—86 页；王育民：《十六国北朝人口再探——答袁祖亮同志》，《社会科学战线》1993 年第 5 期，第 148—152 页。

北方人口有了较大幅度的增长，估计在 1800 万到 2000 万之间，这不但超过了西晋太康初年的数字，而且是东汉亡国后北方人口的最高数额；第五阶段从公元 383 年淝水之战后到公元 400 年前后，北方人口在 200 万户以下，口数接近 1000 万人。②北朝时期北方户口总数并未恢复到东汉时期的水平。③东、西魏的户口数量仍有增长。④北周的户口悬案在于户均人口不高。① 不过，袁祖亮先生的考察成果，虽然具体而微，但响应者似乎也不多见。

有关十六国北朝户口总数的统计数据之所以存在着如此大的出入，其直接原因，自然源自史料的匮乏，但更为关键之所在，尚在于当时户口统计之不实。而当时户口统计之所以不实，据吕思勉《两晋南北朝史》分析，其因不外如下数端：

第一，即是兵士军人、僧尼及营户皆不入民籍，此则史册班班可考，例如《隋书·高祖纪下》就曾经明确记载：

（开皇十年）五月乙未，诏曰："魏末丧乱，宇县瓜分，役车岁动，未遑休息。兵士军人，权置坊府，南征北伐，居处无定。家无完堵，地罕包桑，恒为流寓之人，竟无乡里之号。朕甚愍之。凡是军人，可悉属州县，垦田籍帐，一与民同。军府统领，宜依旧式。罢山东河南及北方缘边之地新置军府。"②

而《魏书·释老志》也曾提到北魏孝文帝太和十年冬有司上奏："前被敕以勒籍之初，愚民侥幸，假称入道，以避输课，其无籍僧尼罢遣还俗。重被旨，所检僧尼，寺主、维那当寺隐审。其有道行精勤者，听仍在道；为行凡粗者，有籍无籍，悉罢归齐民。今依旨简遣，其诸州还俗者，僧尼合一千三百二十七人。"③

第二，便是民众的漏籍和豪强的隐占，前者例如《魏书·昭成子孙传》所载元晖上书曰：

国之资储，唯藉河北。饥馑积年，户口逃散，生长奸诈，因生隐藏，出缩老小，妄注死失。收人租调，割入于己。人困于下，官损于上。自非更立权制，善加检括，损耗之来，方在未已。请求其议，明宣条格。④

---

① 袁祖亮：《十六国北朝人口蠡测——与王育民同志商榷》，《历史研究》1991 年 2 期，第 94—106 页；袁祖亮：《再论十六国北朝时期人口的有关问题与王育民同志商榷》，《郑州大学学报》1996 年第 3 期，第 56—62 页。

② （唐）魏徵等：《隋书》卷 2《高祖纪下》，中华书局 1973 年版，第 34—35 页。

③ （北齐）魏收：《魏书》卷 114《释老志》，中华书局 1974 年版，第 3039 页。

④ （北齐）魏收：《魏书》卷 15《昭成子孙传》，中华书局 1974 年版，第 380 页。

后者如《晋书·慕容德载记》所载，尚书韩卓在上疏中，指出当时百姓"因秦晋之弊，迭相荫冒，或百室合户，或千丁共籍，依托城社，不惧熏烧，公避课役，擅为奸宄"。[①]

第三，乃是民众的流亡，此则见诸《魏书·韩茂传》，即有"河外未宾，民多去就"之记载。[②]

平心而论，吕思勉先生对于十六国北朝户口统计不实原因的分析，尽管略有不够全面之嫌疑，却也大体近实。[③] 在这种前提下，即便当时的官方人口统计数据流传至今，也难以采信。唯其如此，十六国北朝时期的户口总数，也就不能不成为几乎无法解答的历史之谜。

---

① （唐）房玄龄等：《晋书》卷 127《慕容德载记》，中华书局 1974 年版，第 3170 页。

② （北齐）魏收：《魏书》卷 51《韩茂传》，中华书局 1974 年版，第 1129 页。

③ 吕思勉：《两晋南北朝史》，上海古籍出版社 2005 年版，第 829—834 页。

蒙冤而死抑或罪有应得：范晔谋反之谜

　　范晔（398—445）字蔚宗，原籍顺阳（今河南淅川），南朝刘宋时期的著名历史学家。他虽然以所著《后汉书》享誉后世，其实却有着多方面的才学，据沈约《宋书·范晔传》记载，他不但"博涉经史，善为文章"，而且"能隶书，晓音律"。也主要因为才情横溢，所以难免目空一切而性格怪异、持身不谨，其中的显著实例，便是"开北牖听挽歌为乐"，并因此由尚书吏部郎被贬为宣城太守：

　　元嘉九年冬，彭城太妃薨，将葬，祖夕，僚故并集东府。晔弟广渊，时为司徒祭酒，其日在直。晔与司徒左西属王深宿广渊许，夜中酣饮，开北牖听挽歌为乐。义康大怒，左迁晔宣城太守。①

　　也就在任职宣城期间，郁郁不得志的他，"乃删众家《后汉书》为一家之作"②。撰成后来被誉为"前四史"之一的《后汉书》。
　　江山易改，本性难移。范晔虽然曾经因为自视甚高而被贬官，却并不因此改变其性格，故而时至元嘉十六年（439），又做出了极度出格之事，《宋书·范晔传》载其事曰：

　　十六年，母亡，报之以疾，晔不时奔赴，及行，又携妓妾自随，为御史中丞刘损所奏，太祖爱其才，不罪也。

　　而其最终结果，则是在元嘉二十二年（445），据说与孔熙先等人密谋造反未遂，因而身首异处。
　　对于范晔等人的未遂政变，沈约不但在《宋书·范晔传》中详加记载，而且

---

　　① （南朝梁）沈约：《宋书》卷69《范晔传》，中华书局1974年版，第1819—1820页。
　　② （南朝梁）沈约：《宋书》卷69《范晔传》，中华书局1974年版，第1820页。

在《宋书》卷5《文帝纪》、卷26《天文志四》、卷52《谢景仁传附谢述传》、卷60《范泰传》、卷63《沈演之传》、卷66《何尚之传》、卷68《彭城王义康传》、卷71《徐湛之传》、卷74《臧质传》、卷100《自序》一再提及。而在此后的相当长时期内，包括唐李延寿《南史》、北宋司马光《资治通鉴》在内的诸多史书，也莫不将范晔定性为大逆不道之徒。于是，范晔因谋反未遂而死的这种说法成为世人的共识。

但时至清代乾嘉时期，此一千古定案受到了考据学大师王鸣盛的异议。王氏在所著《十七史商榷》中详加考辨，转而认定范晔不可能犯上作乱，原因是：一、范晔生于东晋而长于刘宋，"故国之思既已绝无，新朝之恩则又甚渥"，没有理由造反；二、范晔不但与宋文帝君臣相处甚欢，而且曾经因为携妓妾奔丧遭弹劾而得到文帝的宽赦，在这种情况下，怎会丧心病狂地反戈一击？三、范晔曾因"开北牖听挽歌为乐"而被彭城王义康贬为宣城太守，其心必存怨恨，怎么可能再行效忠乃至于殉身呢？四、《宋书》称范晔参与谋反是受孔熙先的引诱，但孔氏的引诱之词（宋皇室因为看不起范晔，所以不与他联姻）完全站不住脚，因为当时门户高于范氏家族者多的是，却并未都与皇室联姻，范晔岂能以此怨恨？五、范晔撰史，"贵德义，抑势利，黜奸雄"，其立言如此，其人品可知，犯上作乱之行径必不可为也。[①]

王鸣盛的这篇翻案文章问世后，随即得到李慈铭《越缦堂读书记》、陈澧《东塾集》、傅维森《缺斋遗稿》的共鸣，甚至有学者推认范晔"谋反"的罪名乃宋文帝所强加，其依据则是《宋书·范晔传》的下段记载：

> 晔长不满七尺，肥黑，秃眉发。善弹琵琶，能为新声，上欲闻之，屡讽以微旨，晔伪若不晓，终不肯为上弹。上尝宴饮欢适，谓晔曰："我欲歌，卿可弹。"晔乃奉旨。上歌既毕，晔亦止弦。[②]

换言之，正因为范晔不肯弹琵琶，所以宋文帝怀恨在心，最终借口范晔谋反而害之。但是，正如瞿林东先生所分析的那样：通观范晔和宋文帝的君臣关系，这种观点似乎难以成立。[③]

---

① （清）王鸣盛：《十七史商榷》卷61"范蔚宗以谋反诛"条，黄曙辉点校，上海书店出版社2005年版，第485—487页。

② （南朝梁）沈约：《宋书》卷69《范晔传》，中华书局1974年版，第1820页。

③ 瞿林东：《范晔"谋反"新说——兼论沈约对范晔的评价》，《安徽史学》2006年第1期，第11—14页。

王鸣盛的持论虽然不乏响应者，但更多的学者却依然认定范晔确如《宋书》所论，乃谋反未遂而死。譬如汪涌豪先生，就曾逐一反驳王鸣盛的持论：一、宋文帝虽予范晔频加荣爵，其实只是重其才艺，并不认为他是可以托付社稷的国器重臣。文帝的这种态度，不能不让"耻做文士"的范晔失望，由失望转为怨望，也在情理之中。因此，所谓君臣相得仅是表面现象，不可以此作为范晔不反的理据；二、范晔及其父范泰，与刘义康的关系非同一般。虽然范晔因为听挽歌而遭贬，但后来经人调解，已取得刘义康的谅解。因此，时当刘义康与文帝有隙而图谋起事，范晔受共同利益的驱使，也完全有可能与刘义康走到一起；三、在《后汉书·宦者列传》卷末史论中，范晔认为"自古丧大业绝宗祀者，其所渐有由矣"。既然范晔有此历史观，也就有可能会将篡逆之事视为稀松平常，从而不但表达在他的著作之中，而且反映在他的为人处事之中；四、从《宋书·范晔传》的相关记载来看，范晔早年曾经入仕东晋，尔后又背弃东晋改事刘宋，既然如此，他又为何不能背弃文帝而改事彭城王义康呢？更何况在整个魏晋南北朝时期，篡逆废立之事屡见不鲜。衡之以范晔早年经历及当时社会风气，其参与谋反应该说是其来有自的。[①]

总而言之，在汪涌豪先生看来，范晔既有才用未尽之憾，其思想观念又不避狂狷，颇尚"进利"，于是遇上一个看重其才又与之有些交情的主子，从而滋生出做从龙功臣的野心，这种可能性并非不存在。

此外，王锦贵先生的《〈汉书〉与〈后汉书〉》和束世澂先生的《范晔与〈后汉书〉》，虽然不赞同王鸣盛的观点，却认为范晔参与谋反乃是合理之举，具有进步意义；至于瞿林东先生的《范晔"谋反"新说》，则又认为范晔虽然参与谋反，但平心而论，他的预乱乃是孔熙先等人利用其恃才傲物、乏于律己等弱点，然后设置陷阱所导致。

一代良史范蔚宗，究竟有没有参与谋反？他在元嘉二十二年的被诛，究竟是蒙冤而死还是罪有应得？诸如此类的疑案，显然需要我们作更加深入细致的考察，方有可能揭示其谜底。

---

① 汪涌豪：《范蔚宗谋反一事辨正》，《上海师范大学学报》1988年第2期，第60—64页。

史坛疑案：沈约《宋书》的快速成书

多达百卷的沈约《宋书》，始撰于齐武帝永明五年（487）春，至次年二月，即撰成本纪十卷、列传六十卷，只有诸志三十卷尚未毕功。自古修史之速未有若此者，是以唐代史家刘知几颇予质疑，断言其因就在于作者沈约（441—513）仅"补缀所遗"而已：

> 宋史，元嘉中，著作郎何承天草创纪传。自此以外，悉委奉朝请山谦之补承天残缺。后又命裴松之续成国史。松之寻卒，史佐孙冲之表求别自创立，为一家之言。孝建初，又敕南台侍御史苏宝生续造诸传，元嘉名臣皆其所撰。宝生被诛，大明六年，又命著作郎徐爰踵成前作。爰因何、孙、山、苏所述，勒为一书，……自永光已后，至禅让十余年中，阙而不载。至齐著作郎沈约，更补缀所遗，制成新史。自义熙肇号，终乎昇明三年，为纪十、志三十、列传六十，合百卷，名曰《宋书》。①

时至南宋，若干学者在刘知几这一推论的影响下，认定沈约《宋书》之所以能够在短期内定稿，乃在于该书以何承天《宋书》为底稿，这其中的典型代表，就是晁公武《郡斋读书志》有关沈约《宋书》"以何承天书为本，旁采徐爰之说"的论评，② 以及高似孙《史略》关于沈约《宋书》"本何承天旧书，采山谦 [之]、徐爰、苏宝生诸说"的断语。③

虽然都受到《史通·古今正史》的影响，但清代学者，诸如王鸣盛、赵翼、周中孚、李慈铭等人，转而主张沈《书》以徐爰《宋书》为本。例如王氏《十七史商

---

① （唐）刘知几：《史通通释》卷 12《古今正史》，（清）浦起龙释，上海古籍出版社 1978 年版，第 352—353 页。

② 《郡斋读书志校证》卷 5，（宋）晁公武撰，孙猛校证，上海古籍出版社 1990 年版，第 184 页。

③ 《史略校笺》卷 2 "宋书" 条，（宋）高似孙撰，周天游校笺，书目文献出版社 1987 年版，第 63 页。

榷》云："盖《宋书》自何承天、山谦之、苏宝生、徐爰递加撰述，起义熙讫大明，已自成书，约仅续成永光至禅让十余年事，删去桓玄、谯纵、卢循、马鲁、吴隐、谢混、郗僧施、刘毅、何无忌、魏咏之、檀凭之、孟昶、诸葛长民十三传而已，玩约上书表自见，本极径省，故易集事。"①至如赵翼的《廿二史札记》，不但推论沈约所撰仅"永光以后纪传"而已，而且以沈约《宋书》讳称晋宋易代为据，明言是书"多徐爰旧本"：

> 今《宋书》内永光以后纪传，盖约等所补也。……余向疑约修《宋书》，凡宋、齐革易之际宜为齐讳，晋、宋革易之际不必为宋讳，乃为宋讳者反甚于为齐讳，然后知为宋讳者徐爰旧本也，为齐讳者约所补辑也。……《宋书》作于齐，其于晋、宋革易之际，固可无所避讳，……（然是书）凡遇朝廷过举，无一不深为之讳，此皆徐爰旧书也。约作《宋书》于齐朝，可无所讳，爰作《宋书》于宋朝，自不得不讳。……沈约急于成书，遂全抄旧文，而不暇订正耳。②

于是此后，沈约《宋书》"补缀"徐爰《宋书》"所遗"部分而成书的这种说法不胫而走，几成定谳。

但在笔者看来，这一传统观点有待修正，为此，在相关考述中一再予以辨析。这其中，拙文《诗人之外的沈约：对沈约思想与生平的文化考察》认为凭沈约的博学多识和足智多能，完全有可能在短期内，在参考包括徐爰《宋书》在内的既有撰述的基础上，独力完成对全部刘宋史事的编撰工作，其理由主要是：首先，沈约《宋书》无论史书体例抑或叙事断限，较诸徐爰《宋书》，均多有差异；其次，这两部《宋书》在具体内容的表述上也存在着较大的出入，譬如同为宋武帝作本纪，沈约《宋书·武帝纪》的相关记载，就不同于为《艺文类聚》卷13"宋武帝"条所收录的徐爰《宋书》佚文。③

尔后，笔者又在《沈约〈宋书〉平议》中，再次驳斥了沈约《宋书》"多徐爰旧本"说。首先从理论上来说，沈约《宋书》既然是纪传体史书，那么，该书除了本纪之外，也就绝不可能简单地以永光元年（465）为界截然两分，而从事实层面

---

① （清）王鸣盛：《十七史商榷》卷53"沈约宋书"条，黄曙辉点校，上海书店出版社2005年版，第388页。

② 《廿二史札记校证》（订补本）卷9"宋书多徐爰旧本"条，（清）赵翼著，王树民校证，中华书局1984年版，第179—180页。

③ 唐燮军：《诗人之外的沈约：对沈约思想与生平的文化考察》，《文学遗产》2006年第4期，第37—45页。

来看，《宋书》沈约自撰部分确实不止永光元年至昇明三年之间（465—479），《南齐书·文学·王智深传》的相关记载，即其有力的佐证：

世祖使太子家令沈约撰《宋书》，拟立《袁粲传》，以审世祖。世祖曰："袁粲自是宋家忠臣。"约又多载孝[武]、明帝诸鄙渎事，上遣左右谓约曰："孝武事迹不容顿尔。我昔经事宋明帝，卿可思讳恶之义。"于是多所省除。①

其次，撰成于萧齐末年的沈约《宋书》，虽从理论上来说可以实录前代史事，但事实上却难以据事直书，因为当沈约奉敕撰述之时，前宋可书之人，其子孙、友朋往往俱存，面对世情利害，他不能不有所顾忌，《南史》的下段记载便是明证：

初，子野曾祖松之，宋元嘉中受诏续修何承天宋史，未成而卒，子野常欲继成先业。及齐永明末，沈约所撰《宋书》称"松之已后无闻焉"。子野更撰为《宋略》二十卷，其叙事评论多善，而云"戮淮南太守沈璞，以其不从义师故也"。约惧，徒跣谢之，请两释焉。②

更何况沈约祖辈林子、田子等人曾经长期追随宋武帝刘裕，为后者的"造宋"事业四处征战，在这种情况下假若沈约直书晋宋革易之事，沈林子等人势必由刘宋的开国功臣"沦"为东晋的乱臣贼子，沈约既有此饰非文过之必要，可见其《宋书》中"为宋讳者"也未必就是徐爰旧本。这篇文章的结论则是：沈约《宋书》之取材，虽前有所承，却多能钩稽融会、断以己意，绝非徒事钞撮者。③

近来，笔者在考述南齐官方修史重心的转移问题时，进一步探讨了沈约在短期内撰成《宋书》的原因所在。文章认为：齐高帝君臣由于俱非史才，误将开国之年定为本朝国史的叙事上限，这就不但自我放弃了诠释宋齐递嬗进程的主导权，也予不满现状的刘祥以可乘之机，遂撰《宋书》以"讥斥禅代"；然则刘氏此举显然并非人君所能隐忍，因而不久之后，齐武帝既伺机将之远贬广州，又随即诏令沈约、王智深重撰宋史，冀以消除由刘祥《宋书》"讥斥禅代"所导致的负面影响，进而规范刘宋史事的叙述模式；沈约在接受这一委任之后，为了不辜负齐武帝的期许，不但在选择《宋书》入传人物、取舍史料问题上往往仰听宸断，而且加班加点，最

① 《南齐书》卷52《文学·王智深传》，中华书局1972年版，第896—897页。
② 《南史》卷33《裴松之传附裴子野传》，中华书局1975年版，第866页。
③ 唐燮军：《沈约〈宋书〉平议》，《晋阳学刊》2007年第5期，第50—54页。

终在不到一年的时间内撰成了其《宋书》的纪传部分。[①]

尽管笔者对于上述分析的正确性充满自信，然而，这些考述是否已经完全揭示出沈约《宋书》在短期内成书的原因，则仍有待并世明哲之检核。

---

① 唐燮军：《刘祥〈宋书〉与南齐官方修史重心的转移》，《历史教学问题》2013 年第 2 期，第 77—79 页。

北魏宫廷疑案：孝文帝乃冯太后私生子？

文明太后冯氏生前曾经先后两次临朝听政，其首次听政，上起天安元年（466）二月平定乙浑之乱，下迄皇兴元年（467）八月孝文帝拓跋宏出生，历时颇为短暂，此则魏收《魏书》言之甚明：

> 显祖即位，尊为皇太后。丞相乙浑谋逆，显祖年十二，居于谅闇，太后密定大策，诛浑，遂临朝听政。及高祖生，太后躬亲抚养。是后罢令，不听政事。……迄后之崩，高祖不知所生。①

与此同时，这段文字又似乎暗示：文明太后之所以"不听政事"，就是为了亲自抚养襁褓中的拓跋宏。

据《魏书·显祖纪》及《高祖纪上》所载，可知拓跋宏乃文成帝和李贵人的长孙、献文帝和李夫人的长子，他与冯氏虽然在辈分上是祖孙关系，但在血缘上其实并无任何瓜葛。不过，《文成文明皇后冯氏传》有关"及高祖生，太后躬亲抚养。是后罢令，不听政事。……迄后之崩，高祖不知所生"的这段记载，还是令诸多学者浮想联翩，转而认定拓跋宏其实并非献文帝和李夫人的亲生骨肉，而是冯太后的私生子；为了掩人耳目，冯太后始则将自己的私生子冒作李夫人所生，尔后又害死了李夫人以免走漏风声，这大概也是"高祖不知所生"所隐含的意思。

称孝文帝可能是冯太后私生子的假说，乃吕思勉先生所首倡。在所著《两晋南北朝史》中，吕先生推测说：

> 案高祖之生，在皇兴元年八月，其时显祖年仅十三，能否生子，实有可疑。……窃谓文明后好专权势之人，岂有因生孙而罢政？且亦何必因此而罢政？岂

---

① （北齐）魏收：《魏书》卷13《皇后·文成文明皇后冯氏传》，中华书局1974年版，第328、330页。

高祖实后私生之子，后因免乳，乃不得不罢政欤？此事固无证据可举，然以事理推之，实不得不作如是想。①

随后，日本学者大泽阳典不但接受了这个推论，而且做了进一步论述；② 近来，郑钦仁先生又以下列杨椿《诫子孙》两处出现"母子"字样为据，断言吕思勉先生当年的推测至为正确③：

　　……太和初，吾兄弟三人并居内职，……自相诫曰："今忝二圣近臣，母子间甚难，宜深慎之。又列人事，亦何容易，纵被瞋责，慎勿轻言。"……太和二十一年，吾从济州来朝，在清徽堂豫宴。高祖谓诸王、诸贵曰："北京之日，太后严明，吾每得杖，左右因此有是非言语。和朕母子者唯杨椿兄弟。"④

也正是在吕思勉、郑钦仁等人的倡导及应和下，孝文帝乃冯太后私生子之说，几乎成为不易的确论。

但显而易见的是，孝文帝乃冯太后私生子之说，缺乏过硬的凭证，也因此遭到李凭先生的否定。在其所著《北魏平城时代》中，李先生主要从以下六个方面驳斥了"私生子"之说：

第一，诚如周一良《魏晋南北朝史札记》所指出的那样，早娶妻早生子乃拓跋氏的传统习俗。受此影响，北魏诸帝大多生子较早，献文帝年十三（周岁）生子，虽然令人惊讶，但并非最年轻的生育者，因为文成帝出生时，其父拓跋晃只有十三虚岁。因此，不能因为献文帝年龄尚小而怀疑甚至否定其有生育能力。

第二，《文成文明皇后冯氏传》中的"迄后之崩，高祖不知所生"一语，在后人看来可能怪异，但在北魏宫廷中却并非奇事，因为"子贵母死"在北魏时期被定为国家制度而长期实行。《魏书》作者魏收之所以写下"迄后之崩，高祖不知所生"，其意并不是想要表明孝文帝的出生有疑点，只是为了说明冯太后生前一直不愿让孝文帝了解其生母的情况，以此反映冯太后性格的专横妒忌。"所以，这条记载不仅

---

　　① 吕思勉：《两晋南北朝史》第十一章第一节《冯后专朝》，上海古籍出版社 2005 年版，第451—452 页。

　　② （日本）大泽阳典：《冯氏与其时代——北魏政治史之一出》，《立命馆文学》192 号，1961 年6 月。

　　③ 郑钦仁：《北魏中给事（中）稿——兼论北魏中叶文明太后的时代》，《食货月刊》复刊第三卷第一期。

　　④ （北齐）魏收：《魏书》卷 58《杨播传附杨椿传》，中华书局 1974 年版，第 1290 页。

不能作为怀疑孝文帝不是李夫人所生的依据，反而只能引出相反的结论，作为孝文帝并非文明太后私生的证明。"

第三，退一万步说，如果孝文帝果真是冯太后的私生子，那么为隐秘其事，最保险的办法莫过于在冯太后分娩的同时或稍后，按照"子贵母死"的既有制度，杀死预定要冒作孝文帝生母的李夫人。但实际上，据《魏书·皇后·献文思皇后李氏传》记载，李夫人死于皇兴三年（469），其时孝文帝已经一岁多了，试问冯太后既然有意掩人耳目，又怎会留此活口长达一年多呢？

第四，妇女怀孕、分娩、哺乳是一个历时久长而又难以隐瞒的过程，尤其是像冯太后这种身份的人，不可能长期不抛头露面，假如她确曾怀孕并分娩，又怎能瞒得过献文帝。曾几何时，献文帝就以冯太后私生活不检点作为攻击她的武器，而且诛杀了冯太后的内宠李弈，在这种情况下，假如孝文帝确系冯太后的私生子而又为献文帝所得知，献文帝又怎能容忍，何况这个私生子还要寄靠在他的名下？

第五，两次出现于杨椿《诫子孙》中的"母子"一词，其实只是泛称而非实指，这一方面是因为诸如此类的泛称在《魏书》中时或可见，譬如《魏书·世祖纪上》云："世祖太武皇帝，……天赐五年生于东宫，体貌瑰异。太祖奇而悦之，曰：'成吾业者，必此子也。'"另一方面，值得注意的是：孝文帝说"和朕母子者唯杨椿兄弟"这话时的场合比较庄重，时间相当敏感，"即使孝文帝确实就是文明太后的私生子，他也不会有所流露，更不敢公然承认"，否则，"不仅会引起不必要的非议，甚至还可能引发新的政治危机"。

第六，《魏书·高祖纪下》记载说："文明太后以帝聪圣，后或不利于冯氏，将谋废帝。乃于寒月，单衣闭室，绝食三朝，召咸阳王禧，将立之，元丕、穆泰、李冲固谏，乃止。"很显然，假如孝文帝确系冯太后的私生子，那么，冯太后既不会将之"单衣闭室，绝食三朝"，更不会"以帝聪圣""将谋废帝"，改立与她并无血缘关系的咸阳王禧。

据此，李凭先生断言孝文帝绝对不可能是冯太后的私生子。此外，他还否定了吕思勉先生有关冯太后因娩乳而罢政的推测，转而认为："如果孝文帝当真是文明太后所生的话，她也大可不必为哺乳之事而罢朝政，因为对一位太后而言，为孝文帝安排一个乳母是极为平常的事情。更何况，与子贵母死制度相应，北魏宫中一向就有以保姆或乳母抚养太子的传统。"[①]

平心而论，李先生的这一辨析相当精辟，其结论也至为正确。"孝文帝是否冯太后私生子"，这个原本不应该成为疑案的疑案，至此也得到了圆满的解答。事实

---

① 李凭：《北魏平城时代》（修订本），上海古籍出版社 2011 年版，第 188—197 页。

上，冯太后"躬亲抚养"与她没有血缘关系的孝文帝，其手法和意图正如汉灵帝之母董太后之收养汉献帝，说白了，就是长期的政治投资；不同的只是，董太后几乎颗粒无收，而冯太后却连本带利赚了个满罐。

"郦学"悬案：郦氏生年与《水经注》中的水道

魏收（505—572）所撰的《魏书》，自从北齐文宣帝天保五年（554）成书以来，就被定性为"秽书"。这种传统认识近来虽被认为有失偏颇，但至少《魏书》的立传标准确实很成问题；这其中一个比较特出的例子，就是中古时期最伟大的地理学家、北魏范阳（今河北涿州）人郦道元，竟然与胡泥、李洪之、于洛侯、高遵等人一道，被列入《魏书·酷吏传》。

魏收不但令人费解地将郦道元列入《魏书·酷吏传》，而且在该篇传记中较为简略地提到了郦道元的死因：

> 道元素有严猛之称。司州牧、汝南王悦嬖近左右丘念，常与卧起。及选州官，多由于念。念匿于悦第，时还其家，道元收念付狱。悦启灵太后请全之，敕赦之。道元遂尽其命，因以劾悦。是时雍州刺史萧宝夤反状稍露，悦等讽朝廷遣为关右大使，遂为宝夤所害，死于阴盘驿亭。[①]

虽然我们可以根据这段史料，断定郦道元被害于北魏孝明帝孝昌三年（527），却无法得知他的生年。于是一方面，后人只能根据模糊不清的点滴史料，推测郦道元生年这一"郦学"研究领域内的重要疑难问题，另一方面，也正因为史料的残缺，对于郦道元生年问题的各种推测，相互间颇有出入。

这其中，清末民初的杨守敬在所撰《水经注疏》中，认为郦道元卒于孝昌二年（526），享年四十有二，上推生于北魏孝文帝太和九年（485）。对于杨氏此说，丁山不以为然，其《郦学考序目》转而从考察乃父郦范行迹入手，反推郦道元的生年。据丁氏考证，郦范大约生于北魏太武帝神䴥元年（428），根据男子三十而娶、十年而字的通则，丁山断言郦道元生于北魏献文帝皇兴元年（467）。

不过，丁山的这一推论同样并未为学界所普遍接受。其后，赵贞信的《郦道元

---

① （北齐）魏收：《魏书》卷 89《酷吏传》，中华书局 1974 年版，第 1926 页。

之生卒年考》，依据郦道元本人在《水经注·巨洋水》中的下段自述加以推测：

> 先公以太和中，作镇海岱。余总角之年，侍节东州。至若炎夏火流，闲居倦想，提琴命友，嬉娱永日，桂笋寻波，轻林委浪，琴歌既洽，欢情亦畅，是焉栖寄，寔可凭衿。①

据此，赵先生首先考证出郦范"作镇海岱"也即任职青州刺史的时间，在太和二年至太和十二年（478—488）之间，进而推测说：假如郦道元的总角之年在太和三年（479）或四年，则其生于和平六年或皇兴元年（466—467）；假如其总角之年在太和十年（486）左右，则生于孝文帝延兴二年（472）左右。②

赵贞信先生的这一推论，曾经被奉为圭臬，在学界广为流传，侯仁之、黄盛章的《中国古代地理名著选读》就曾予以完全接受："至于道元生在何年，史无明文，据推求或在北魏和平六年（465），或在延兴二年（472），享年五十六岁或六十二岁。"然则近来，赵先生的这个说法为越来越多的学者所摒弃。

譬如赵永复先生，在驳斥杨守敬《水经注疏》、丁山《郦学考序目》、赵贞信《郦道元之生卒年考》诸说的基础上，详细地排比了北魏孝文帝太和年间历任青州刺史的任职时间，确定郦范任职青州刺史的时间，上起太和八年（484），下迄太和十二年（488）间，尔后又旁参《水经注·瀰水》《魏书·穆罴传》等文献的记载，断定郦道元出生在皇兴四年（470）左右。③ 又如张鹏飞先生，在概述前人相关考察成果之余，推测郦道元大概生于皇兴三年（469）：

> 郦道元卒年，已论定为北魏孝明帝孝昌三年（527）；而其生年，则无定论。……现据《水经注》中三条记载考证："先公以太和中，作镇海岱，余总角之年，侍节东州"（《巨洋水注》）；"余生长东齐，极游其下"（《淄水注》）；"魏太和中，此水复竭，辍流积年，先公除州，即任末期，是水复通"（同上）。可见，确定郦范第二次出任青州时间为考证道元年之关键所在，考证郦范第二次任青州刺史当在太和八年（484），总角之年为十六岁，则道元应出生于皇兴三年（469）。④

---

① 《水经注校释》卷26《巨洋水》，陈桥驿校释，杭州大学出版社1999年版，第467页。

② 赵贞信：《郦道元之生卒年考》，《禹贡》第7卷1—3期（1937年4月）。

③ 赵永复：《郦道元生年考》，《复旦学报》1980年第S1期，第135—138页。

④ 张鹏飞：《郦道元年谱考略》，《湖北大学学报》2006年第4期，第479—481页。

由此也不难发现，包括张鹏飞《郦道元年谱考略》在内的既有论著，它们对于郦道元生年的推测，绝大多数通过考察郦道元的"总角之年"推定其生年。然而，正如陈桥驿先生所指出的那样，由于"总角"一词泛指童年，并非确切的时间概念，因而仅仅以此为据，根本无法准确地解答郦道元的生年问题。

事实上，除了郦道元的生年问题，其《水经注》究竟记载了几条水道，同样也是"郦学"研究领域内的一个难解之谜。

据传世文献记载，郦道元自幼就有"访渎搜渠，辑而缀之"①的浓厚兴趣，并为此广泛阅读了包括《山海经》《禹贡》《周礼职方》《汉书·地理志》《水经》在内的大量古代地理学著作；入仕后，他又充分利用在各地做官的机会进行实地考察，其足迹遍及今河北、河南、山东、山西、安徽、江苏、内蒙古。正是在博采群书、实地调查的基础上，最终撰成《水经注》40 卷这一划时代的地理巨著。该书虽名为注释，却不仅记载了河流流经区域的古今地名沿革、历史典故，而且还详细地记载了各地山川、都市、祠庙、名胜古迹、风俗、歌谣、怪异和动植物，因而实际上却是一部全面系统介绍我国古代河流分布的水文地理著作，也因此被国际地理学会前会长李希霍芬（1833—1905）称为"世界地理学的先导"。

最早提到《水经注》所载水道总数的传世典籍，当属唐李林甫所撰之《唐六典》：

> 凡天下水泉三亿三万三千五百五十有九，其在遐荒绝域，殆不可得而知矣。其江、河自西极达于东溟，中国之大川者也；其余百三十有五水，是为中川者也；桑钦《水经》所引天下之水百三十七，江、河在焉。其千二百五十有二水，斯为小川者也。郦善长注《水经》，引其枝流一千二百五十二。②

由于对这段史料的理解有所不同，因而相关的统计结果也就出现了较大的差异。这其中，侯仁之等人的《中国古代地理名著选读》，认为《水经注》所载河流共计 1252 条，而辛志贤《〈水经注〉所记水数考》则认为多达 1389 条，也就是 1252 条"小川"加上 135 条"中川"再加上长江、黄河这 2 条"大川"。③

或许是鉴于既有统计结果的截然不同，赵永复先生改变统计方法，对《水经

---

① 《史略校笺》卷 6 "水经"条，（南宋）高似孙撰，周天游校笺，书目文献出版社 1987 年版，第 172 页。

② （唐）李林甫等：《唐六典》卷 7，陈仲夫点校，中华书局 2014 年版，第 225—226 页。

③ 辛志贤：《〈水经注〉所记水数考》，《北京师范大学学报》1981 年第 3 期，第 40—41 页。

注》进行通检梳理，从中统计出全书所载湖、淀、陂、泽、泉、渠、池、故渎等水体共计2596处。[①] 不过，主要因为《水经注》在其流传过程中有所散佚，故此，无论是1252条、1389条，还是2596处，似乎都不大可能就是《水经注》原书所记载的水道总数。

---

① 赵永复：《〈水经注〉究竟记述多少条水》，《历史地理》1982年第2辑，第115页。

笔墨官司：梁武帝会晤菩提达摩

据《隋书·经籍志四》及《道学传》记载，梁武帝萧衍在他篡位称帝之前，其实信奉道教，即便在他即位之初，也仍然如此，并于天监二年（503）"置大、小道正"。但或许是有感于道术过于消极无助于治世，因而他在天监三年佛诞日下诏舍道归佛，宣称从此"宁在正法中长沦恶道，不乐依老子教暂得生天"，三日后更是明确宣布"道有九十六种，唯佛一道，是于正道，其余九十五种，名为邪道"，进而号召其"公卿百官侯王宗族，宜反伪就真，舍邪入正"。[①] 梁武帝的这一转变，不但使得他本人从此成为中国历史上最佞佛的帝王之一，而且使得佛教一度俨然成为梁代的国教。

菩提达摩（又译为达摩或达磨）这个中国佛教禅宗的始祖，出身于南印度婆罗门种姓。不过，他虽然出身华贵，却并不乐于人间富贵，转而倾心研究大乘佛教，最终创立了一套参悟的禅法——"达摩禅学"（又名"南天竺一乘宗"）。后来，菩提达摩泛海来华，长期定居于嵩山少林寺，其间收纳门徒，传授禅道。也就是在菩提达摩及其弟子慧可的努力下，逐渐形成了东土禅宗的祖系。而禅宗及其禅学思想后为儒学所吸收，成为宋明理学的有机组成部分，对中国社会和中国人的思想观念产生了难以估量的深远影响，菩提达摩也因此被尊奉为中国佛教史上的"功业最高"[②] 者之一。

据《历代法宝记》记载，当菩提达摩途经梁朝都城建康（今江苏南京）北上之时，曾经为梁武帝所接见。会面时，梁武帝不无得意地问道："朕造寺度人，写经铸像，有何功德？"但令他始料不及的是，菩提达摩却答曰："此有为之善，非真功德。"这样的回答自然难以让梁武帝称心满意，结果双方"理不契机"，不欢而

---

① 《广弘明集》卷4梁武帝《舍事李老道法诏》，《中华大藏经（汉文部分）》第62册，中华书局1993年版，第992—994页。

② （唐）道宣：《续高僧传》卷16《菩提达摩传》，郭绍林点校，中华书局2014年版，第565页。

散。①

众所周知，达摩禅法向来以"教外别传，不立文字"②为特征，菩提达摩的生前行迹也因为缺乏记载而显得比较模糊。不过，由于后来禅宗内部派系纷争，为了争夺嫡传地位，各派系纷纷摒弃"教外别传，不立文字"的传统，转而大肆渲染乃至附会、杜撰其禅宗始祖的事迹，唯其如此，包括《历代法宝记》在内的诸多佛教典籍有关菩提达摩生前行迹的记载，受到了后世学者的怀疑。正是在这种背景下，对于菩提达摩是否如《历代三宝记》所云曾经为梁武帝所接见，学界颇有争议。

这其中，包括胡适、汤用彤、刘汝霖、佐佐木宪德、镰田茂雄在内的诸多中外知名学者，曾经异口同词地断言梁武帝接见菩提达摩之事纯属子虚乌有。为此，胡适先生先后撰写了《菩提达摩考》和《书菩提达摩考后》两文加以反复论证。首先，胡先生据唐初释道宣《续高僧传》所谓达摩"初达宋境南越"云云，断言"宋境南越"中的"宋"系指南朝四代中的刘宋王朝，在此基础上，他认为达摩来华的时间最迟也应该在刘宋亡国（479）之前；既然达摩在刘宋亡国之前来华，也就绝对不可能会见梁武帝；其次，胡先生据《续高僧传·僧副传》所载达摩弟子僧副从师、南游及其卒年推算，达摩约在公元 470 年左右来华，至萧齐初期（485—490）已在北方传道，从时间上来看，菩提达摩不可能与梁武帝有过会晤；其三，胡先生又以《续高僧传》《楞伽师资记》这两部信史未曾提及梁武帝接见菩提达摩为据，加以断然否定；其四，胡先生认为从《传灯录》到敦煌写本《历代法宝记》再到宋悟明的《联灯会要》，各书对于这次会见的记载有着相当明显的"演变的痕迹"，并且杂以许多虚妄之处。据此，胡先生最终断定有关这次会谈的文字，全是后人伪造出来的"无稽的神话"。③

但与此同时，冯友兰、张岱年、孙述圻等先生，则认为历史上确曾有过梁武帝接见菩提达摩之事。其中，孙述圻先生还反驳了胡适的怀疑：第一，"初达宋境南越"中的"宋境南越"其实泛指中国南方地区，它只是地域概念而非胡适所理解的时间概念，其意就是"达摩起初抵达中国南方境内"，并不是说达摩于刘宋时期抵华；第二，萧梁释慧皎所编纂的《高僧传》，收录了到公元 519 年为止的名僧，其中未见有达摩之名；第三，《洛阳伽蓝记》所录达摩惊叹永宁寺建筑精丽的言论，说明他当时刚刚到达中原地区，而且永宁寺在公元 526 年被大风刮落宝瓶后不久马

---

① 胡适：《菩提达摩考（中国中古哲学史的一章）》，《胡适文存》第三集卷四，上海科学技术文献出版社 2015 年版，第 449—462 页。

② （明）王世贞：《弇州山人四部续稿》卷 54《刻大藏缘起序》，影印文渊阁《四库全书》本。

③ 胡适：《菩提达摩考（中国中古哲学史的一章）》《书〈菩提达摩考〉后》，《胡适文存》第三集卷四，上海科学技术文献出版社 2015 年版，第 449—463 页。

上被修复，因而达摩完全有可能于公元526年前后参观该寺；第四，据《续高僧传·释慧可传》和《楞伽师资记》记载，慧可在"年登四十，遇菩提达摩游化嵩洛，可一见悦之，奉以为师"，而据慧可生卒年推算，该年正是公元526年，因而达摩不可能于公元470年或479年的刘宋期间来华，而是在公元526年前后取道广州，经建康渡江入魏的，从其来华时间及北上路线来看，他完全有可能会见梁武帝；第五，《历代法宝记》《内证佛法相承血脉谱》及柳宗元《曹溪第六祖赐谥大鉴禅师碑》，对这次会谈均有明确的记载，这些出自晚唐前人之手的文献，较诸《传灯录》等书无疑具有更大的可信度；第六，时当达摩来华，笃信佛教且一向注重延揽名僧的梁武帝，不可能不予以热情接待；第七，从双方对话内容来看，梁武帝既以广建佛寺为"有为之事"，在见了达摩之后自然要问这类事"有何功德"，而达摩禅学的主旨是"罪福并舍，空有兼忘"，因而答以"并无功德"，从而"理不契机"，就此分手，这也是合情合理的；第八，据成书于唐代的《圆觉经大疏钞》和《师资众脉传》记载，梁武帝生前曾作《菩提达摩大师碑》，这篇碑文后来见录于《内证佛法相承血脉谱》《宝林传》《传法正宗记》《全梁文》等古籍，文中有"见之不见，逢之不逢，今之古之"等语，这就相当明显地表达出梁武帝与达摩语不投机而失之交臂的悔恨心情。据此，孙述圻先生认定梁武帝接见菩提达摩乃是历史事实。①

除此而外，包括任继愈、黄心川、林子青等先生在内的诸多学者，则持模棱两可的态度，认为上述两说均有可能发生。由此看来，被列为禅宗"颂古百则"之一的菩提达摩有否会见梁武帝这桩疑案，在可以预见的将来仍然难以轻易解答。假如梁武帝、菩提达摩这两位当事人地下有知，大概会后悔当初为何不留下明确的记载。

---

① 孙述圻：《菩提达摩与梁武帝——六朝佛教史上的一件疑案》，《南京大学学报》1984年第3期，第98—106页。

自酿的苦酒：梁武帝饿死台城之谜

在东晋南朝时期，以边镇之力实现改朝换代，仅梁武帝萧衍（464—549）一人而已，而且他的易家为国，又是在极为不利的情势下，充分运用智慧和谋略的产物。尤其难能可贵的是，萧衍在君临天下的前期励精图治，遂使江左社会气象一新，也因此备受后人的褒扬，譬如初唐史家姚思廉就此论曰：

齐季告终，君临昏虐，天弃神怒，众叛亲离。高祖英武睿哲，义起樊、邓，仗旗建号，濡足救焚，总苍兕之师，翼龙豹之阵，云骧雷骇，翦暴夷凶，万邦乐推，三灵改卜。于是御凤历，握龙图，辟四门弘招贤之路，纳十乱引谅直之规。兴文学，修郊祀，治五礼，定六律，四聪既达，万机斯理，治定功成，远安迩肃。……三四十年，斯为盛矣。自魏、晋以降，未或有焉。①

但正如世人所熟知的那样，这位中古时代在位时间最长、文化素养最高的统治者，最终却落了个饿死台城的悲惨结局，而梁朝也由此日趋没落，此即梁武帝本人所谓的"自我得之，自我失之"。②

于是，后人在感叹之余，遂意欲探究梁武帝"自我得之，自我失之"的内因和外缘。这其中，陈代史家何之元在所撰《梁典·高祖事论》中，以为其因有三，也就是"御民之术未为得""进不择将，退不教民""暗兹人事，幸彼天时"。③而在唐代名相魏徵看来，其因主要在于他过分佞佛及其委任小人：

……然不能息末敦本，斲雕为朴，慕名好事，崇尚浮华，抑扬孔、墨，流连释、老。或经夜不寝，或终日不食，非弘道以利物，惟饰智以惊愚。且心未遗荣，

① 《梁书》卷3"史臣曰"，中华书局1973年版，第97页。
② 《梁书》卷29《邵陵王纶传》，中华书局1973年版，第437页。
③ 《文苑英华》卷754何之元《梁典高祖事论》，中华书局1966年版，第3949—3951页。

虚厕苍头之伍；高谈脱屣，终恋黄屋之尊。……逮夫精华稍竭，凤德已衰，惑于听受，权在奸佞，储后百辟，莫得尽言。险躁之心，暮年愈甚。见利而动，愎谏违卜，开门揖盗，弃好即雠，衅起萧墙，祸成戎羯，身殒非命，灾被亿兆，……自古以安为危，既成而败，颠覆之速，书契所未闻也。①

唐人魏徵的这一分析，近来得到嘉应大学赵以武教授的呼应。赵教授在充分肯定梁武帝"政治上的雄才大略""军事上的杰出才能""文化上有倡扬之功""生活上有节俭之德"的基础上指出：梁武帝佞佛之误，误在"眷恋轩冕"；其亡国之罪，源自"专听""独任"。②

与赵以武先生有所不同的是，杨红林的《梁武帝滥"爱"亡国》，则从梁武帝纵容皇亲以至于姑息养奸的角度加以探讨，认定这才是他最终饿死台城的关键所在。在文中，杨先生首先分析了梁武帝毫无原则地纵容皇亲的历史原因，在他看来，梁武帝之所以如此不可理喻，源自他对宋、齐两代皇族骨肉相残以至于破家亡国这一前车之鉴的经验总结。③有关宋、齐两代的皇族内乱，清代考据大师赵翼作有简明扼要的概括：

宋武帝七子，……惟义季善终有后，其余皆死于非命，且无后也。文帝十九子，……惟孝武及明帝嗣位，绍及宏善终，昶奔魏，休业、休倩、夷父早卒，其余皆不得死，且亦无后也。孝武帝二十八子，夭殇者十，为前废帝所杀者二，为明帝所杀者十六。……孝武既以多杀文帝子而绝嗣，明帝又以多杀孝武子，而其子亡国殒身，无复子遗，真所谓自作之孽也。④

杨先生因而断言：也正是有鉴于此，梁武帝转而采取"另类"的方式维系皇室的团结，以期避免重蹈前代皇室同根相煎的覆辙。

其次，《梁武帝滥"爱"亡国》以临川王萧宏、萧正德父子为个案，对梁武帝的纵容皇族，做了深入细致的探讨。临川王萧宏乃梁武帝第六弟，于天监四年（505）十月受诏北伐拓跋魏，但身为统帅的他，却临阵退缩，从而直接导致这次北

① 《梁书》卷6"史臣侍中、郑国公魏徵曰"，中华书局1973年版，第150—151页。
② 赵以武：《试论梁武帝一生事功的成败得失——兼论梁代在中国文化史上的地位》，《嘉应学院学报》2001年第5期，第77—82页。
③ 杨红林：《梁武帝滥"爱"亡国》，《领导文萃》2006年第10期，第135—138页。
④ 《廿二史札记校证》（订补本）卷11"宋子孙屠戮之惨"条，（清）赵翼著，王树民校证，中华书局1984年版，第240—241页。

伐的失利，但更令人惊讶的是，梁武帝不但不追究其责任，反而又予以加官进位。然而，对于梁武帝的宽容，萧宏不但不感恩戴德，反而更加有恃无恐，竟然发展到谋害梁武帝，以便取而代之。那是在天监十七年（518），萧宏听说梁武帝要到光宅寺举行佛事，便派人埋伏在必经之路准备行刺，不料此事被人告发，被捕的刺客当即供出萧宏乃幕后指使。即便如此，梁武帝也仅仅予以口头谴责："我人才胜汝百倍，当此犹恐颠坠，汝何为者。我非不能为周公、汉文，念汝愚故。"① 但萧宏仍未因此善罢甘休，其后又勾结梁武帝之女永兴公主，再次图谋刺杀梁武帝，《南史·梁宗室传上》载其事曰：

> （萧）宏又与帝女永兴主私通，因是遂谋弑逆，许事捷以为皇后。帝尝为三日斋，诸主并豫，永兴乃使二僮衣以婢服。僮踰阈失屦，阍帅疑之，密言于丁贵嫔，欲上言惧或不信，乃使宫帅图之。帅令内与人八人，缠以纯绵，立于幕下。斋坐散，主果请间，帝许之。主升阶，而僮先趣帝后。八人抱而擒之，帝惊坠于床。搜僮得刀，辞为宏所使。帝秘之，杀二僮于内，以漆车载主出。②

不过，梁武帝虽然"杀二僮于内，以漆车载主出"，却仍未追究主谋萧宏的责任。时至普通七年（526）四月萧宏病死，梁武帝又下诏追赠他为侍中、大将军、扬州牧，并为他举办了隆重的葬礼。

有道是有其父必有其子，萧宏第三子正德的德行与乃父如出一辙。初，"齐建武中，武帝胤嗣未立，养以为子。及平建康，生昭明太子，正德还本"。做不成太子的萧正德因此怀恨在心，不但"睥睨宫扆，觊幸灾变"，甚而在普通六年（525）归降了敌国北魏，只是因为没有得到北魏的重用，又厚着脸皮逃归梁朝。对于这样的不肖子孙，梁武帝又仅仅予以"泣而诲之"，然后照旧加以重任。也因此，萧正德得以历任轻车将军、丹阳尹、南兖州刺史等职务。然而，正所谓江山易改、本性难移，萧正德因治理无方而被革除南兖州刺史之职后，"转增愤恨，乃阴养死士，常思国衅"，也即效法乃父，寻机谋反。于是，时当太清二年（548）侯景举兵造反并派人前来接洽，萧正德随即同意与侯景里应外合，颠覆梁武帝的统治。为此，他始则秘密派了几十艘大船，帮助侯景叛军渡过长江，尔后又"引贼入宣阳门"。不过，萧正德的卖国行径，虽然最初得到回报，被侯景拥立为傀儡天子，但最终仍然

---

① 《南史》卷51《梁宗室传上》，中华书局1975年版，第1277页。

② 《南史》卷51《梁宗室传上》，中华书局1975年版，第1278页。

为侯景所杀。[①] 而梁武帝的结局更为悲惨，被围困在台城之内的他，一则因为缺吃少穿，二则因为年事已高，最后竟然被活活饿死，不但为其纵容皇族政策付出了惨重的代价，而且成为千古笑话。

综观杨红林先生的这一考述成果，虽然观点鲜明，也确实言之有据，但主要因为偏重于考述萧宏、萧正德父子，故而其《梁武帝滥"爱"亡国》略显厚重不足。事实上，在梁武帝纵容皇族与其饿死台城之间虽然存在着比较密切的联系，却并不是最主要更非唯一的原因。也因此，如欲探究梁武帝饿死台城之因，仍需作更加全面而又深入的分析。

---

① 《南史》卷51《梁宗室传上》，中华书局 1975 年版，第 1279—1282 页。

刘勰抑或刘昼：《刘子》的作者

《刘子》又称《新论》，此外尚有《刘子新论》《流子》《德言》等别称。《隋书·经籍志》子部杂家类最早著录该书，但未署作者姓氏。众所周知，《隋书·经籍志》子部各家之下的论述，皆近似于《刘子·九流篇》，《四库全书总目》遂据此断言：

> 观其书末《九流》一篇，所指得失，皆与《隋书·经籍志》子部所论相同。使《隋志》袭用其说，不应反不录其书；使其剽袭《隋志》，则贞观以后人作矣。[①]

但四库馆臣的这个推论显然有误，这主要是因为：光绪二十五年（1899）发现于敦煌鸣沙山的《刘子》写本残卷中的伯3562残卷，据考证，当"出于六朝之末"或"为隋时写本"；《刘子》不论是"出于六朝之末"，还是"为隋时写本"，其成书时间均早于《隋志》，因而《四库全书总目》所秉持的"贞观以后人作"之说，也就难以成立。

有关《刘子》作者的问题，除了"贞观以后人作"之说外，据历代官私书目记载，尚有西汉刘歆、东晋时人、梁刘勰、梁刘孝标、北齐刘昼、唐袁孝政诸说，迄今尚无定论，但比较集中在刘勰、刘昼两人身上。

这其中，唐释慧琳《一切经音义》和《旧唐书·经籍志》明确记载说是刘勰所撰，《随身宝》亦持此论，据王重民《敦煌古籍叙录》云：

> ……敦煌遗书内有所谓《随身宝》者，所记经籍一门，均系当时最通行之书，不啻一部唐人《书目答问》也。余乃求之卷内，正有"流子刘协注"一则，知必系"刘子刘勰著"矣。于是是书盛行唐代之言益验，而《唐志》刘勰所著之说，又多

---

① 《四库全书总目》卷117《刘子》提要，中华书局1965年版，第1010页。

一证。①

与此同时，宋人刘克庄《后村诗话》则云："《刘子》书，咸以为刘勰所撰，乃渤海刘昼所制。昼无位，博学有才，窃取其名，人莫知也。"②唐袁孝政《刘子注序》亦以为《刘子》实乃刘昼所撰："昼伤己不遇，天下陵迟，播迁江表，故作此书。时人莫知，谓为刘勰，或曰刘歆、刘孝标作。"③

时至宋元，或如欧阳修《新唐书·艺文志》、郑樵《通志·艺文略》以为《刘子》成于刘勰之手，或如王应麟《玉海》卷53《艺文类·诸子》，断言是书乃刘昼所撰，但相比较而言，当时学者大多抱持存疑的态度，例如陈振孙《直斋书录解题》云：

《刘子》五卷，刘昼孔昭撰。播州录事参军袁孝政为序。……今序云：……孝政之言云尔。终不知昼为何代人。其书近出，传记无称，莫详其始末，不知何以知其名昼而字孔昭也。④

晁公武《郡斋读书志》亦曰："右齐刘昼孔昭撰，唐袁政注。凡五十五篇。言修心治身之道，而辞颇俗薄。或以为刘勰，或以为刘孝标，未知孰是。"⑤

其后，明清两代学者对于《刘子》的作者问题，大多沿用唐、宋旧说，不但分歧焦点仍在于刘勰、刘昼之间，且其论据大多不脱窠臼。这其中，备值关注者，乃是清末的姚振宗。姚氏虽然较为离谱地断定《刘子》作者乃"东晋时人"（此说同于明人曹学佺《文心雕龙序》），但他用以否定"刘昼说"的论据，却不但发前人所未发，而且切中肯綮，其《隋书经籍志考证》云：

此《刘子》似非刘昼。昼在北齐孝昭时著书，名《帝道》，又名《金箱璧言》，非此之类。且其时当南朝陈文帝之世，已在梁普通后四十余年；阮氏《七录》作于普通四年，而是书载《七录》，其非昼所撰更可知。⑥

---

① 《敦煌古籍叙录》卷3，王重民著，中华书局2010年版，第186页。

② （宋）刘克庄：《后村诗话》，王秀梅校点，中华书局1983年版，第125页。

③ （清）周中孚：《郑堂读书记》卷52"新论十卷"条，黄曙辉、印晓峰标校，上海书店出版社2009年版，第859页。

④ （南宋）陈振孙：《直斋书录解题》卷10，徐小蛮、顾美华点校，上海古籍出版社1987年版，第304页。

⑤ 《郡斋读书志校证》卷12，（宋）晁公武撰，孙猛校证，上海古籍出版社1990年版，第517页。

⑥ （清）姚振宗：《隋书经籍志考证》卷30，《二十五史补编》本，中华书局1955年版，第5513页。

至此，通过对历代著录情况的考察，我们不难发现：距离《刘子》成书时间越近，对于刘勰的著作权越是信多疑少；距离其成书年代越远，则越表示怀疑乃至否定。

至于近人对于《刘子》作者的考辨，则以余嘉锡先生与王重民先生为翘楚。与王先生坚信《刘子》为刘勰所撰截然相反的是，余先生力主"刘昼说"，其《四库提要辨证》虽然认为袁孝政的《刘子注序》不足为据，却又认定《刘子》确是刘昼所作，其依据是：一、"昼无仕进"，"伤时无知己，多窃位妒贤"，这与《刘子·知人》及《荐贤》文意相合；二、《刘子》中的《通塞》和《遇不遇》，"词气愤激，与其撰《高才不遇传》之意同"；三、刘昼"为人诋佛而不非老、庄"，此与《刘子》"归心道家"合；四、刘昼"在当时不惟文章为邢、魏所嗤，即其仪容亦为流俗之所笑"，此又合于《刘子·正赏》所云："奚况世人未有名称，其容止文华，能免于嗤诮者，岂不难也。"根据以上四点，余先生断言：《刘子》一书，是刘昼"良由愤世疾俗，遂尔玩世不恭"，"乃自匿其名，翻托刘勰之名"，"犹之郢人为赋，托以灵均，观其举世传诵，聊以快意"。①

不过，余嘉锡先生的这个结论，近来受到林其锬、陈凤金的否定，其《刘子作者考辨》云：

> 《刘子》一书，虽非巨帙，但"泛论治国修身之要"，内容涉及哲学、政治、经济、军事、文艺诸方面，"明阴阳，通道德，兼儒墨，合名法，苞纵横，纳农植，触类取与，不拘一绪"，是思想颇为丰富的著作。它绝非什么"玩世不恭"，以"观其举世传诵，聊以快意"为目的的作品。……《刘子》一书是不是刘昼"良由愤世疾俗，遂尔玩世不恭"，"乃自匿其名，翻托刘勰之名"而作的？我们认为此点纯属推测，不能成立。②

在驳斥余先生之论的基础上，林其锬夫妇首先通过全面考察刘勰的生平及其思想，认为无论从刘勰所处的社会条件来看，还是从他的生平经历、思想发展、写作条件来看，都完全有可能创作出"泛论治国修身之要，杂以九流之说"的《刘子》；其次，他们在系统梳理刘昼生平及其思想的基础上，认定刘昼除了怀才不遇可以与《刘子》勉强挂钩之外，其余不但"对不上号，甚至是背道而驰的"，进而指出：

---

① 余嘉锡：《四库提要辨证》卷 14，云南人民出版社 2004 年版，第 707—719 页。

② 林其锬、陈凤金：《刘子作者考辨》，《刘子集校》附录二，上海古籍出版社 1985 年，第 355、371 页。

综观前人肯定刘昼著《刘子》提出的种种理由，联系刘昼生平思想作风，对照《刘子》的内容思想，……特别是联系到《刘子》被《七录》见收时，刘昼还不过是个十岁左右的小孩，说他能写出像《刘子》这样一部书来，那更是难以置信的！①

在文末，林先生等人推测说，《刘子》的作者之所以有"刘勰""刘昼"之分歧，很可能是在传抄和校雠过程中，"刘勰"两字始则被残误和讹传为"刘轨思"或"刘思协"，尔后又被残误和讹传为"刘协"或"刘思"，最终因为"思""画（畫的俗字）"两字形似，从而转误作"刘昼"。②

平心而论，林其锬、陈凤金对于《刘子》作者的考辨，至为详尽，但是否业已彻底解答这一历史之谜，却也难以遽下定论。至少在其《刘子集校》付梓印行多年后，仍有不少学者信奉《刘子》为刘昼所撰之说，譬如孙猛先生在校证《郡斋读书志》时说："按是书《隋志》未收，两《唐志》俱谓刘勰撰，宋刊本亦有题刘昼者，亦有题刘勰者，故疑之者甚众。然似以余嘉锡《四库提要辨证》卷十四、杨明照《刘子理惑》所论最为精详，撰人当为北齐刘昼可断论矣。"③

① 林其锬、陈凤金：《刘子作者考辨》，《刘子集校》附录二，上海古籍出版社1985年，第372页。
② 林其锬、陈凤金：《刘子作者考辨》，《刘子集校》附录二，上海古籍出版社1985年，第388页。
③ 《郡斋读书志校证》卷12，（宋）晁公武撰，孙猛校证，上海古籍出版社1990年版，第517页。

六朝吴兴沈氏的宗教信仰：天师道世家抑或其他

六朝时期定居在吴兴郡武康县的吴兴沈氏，是当时少数几个世叶绵延久长、谱系清晰可辨的大家族之一，其在南朝之世，更是冠冕奕世、髦俊辈出的文化士族。一代史学大师陈寅恪先生，曾在所作《天师道与滨海地域之关系》《〈魏书司马睿传〉江东民族条释证及推论》诸文中，以《宋书》所载沈警"累世事道"，《南史》所载沈僧昭"少事天师道士"，以及《梁书》所载沈约临终时"呼道士奏赤章于天"为依据，断言这个家族乃是虔诚的天师道世家。[①]

孤立地看，陈先生的这个推论尚可成立，因为足以"证成"其说的事例不仅多达三条，而且见载于不同的史书，出现在不同的时代。然而，有更多的史料构成了对陈先生这一推论的反证，例如《宋书·隐逸·沈道虔传》云：

沈道虔，吴兴武康人也。少仁爱，好《老》《易》，……累世事佛，推父祖旧宅为寺。至四月八日，每请像。请像之日，辄举家感恸焉。[②]

又如《陈书·后主沈皇后传》称沈婺华在失宠之后尽心礼佛，终日但以"寻阅图史、诵佛经为事"。[③]从传世文献的相关记载来看，信奉佛教的沈氏族人不但其数更多，而且在东晋后期及南朝四代皆有之，甚而有出家为僧者，譬如法亮、法朗兄弟：

时建元又有法朗，兼以慧学知名。本姓沈氏，吴兴武康人。家遭世祸，因住建业。大明七年，与兄法亮被敕绍继慧益。出家初，住药王寺。亮履行高洁，经数修

---

① 陈寅恪：《金明馆丛稿初编》，上海古籍出版社 1980 年版，第 83、96—97 页。
② （南朝梁）沈约：《宋书》卷 93《隐逸·沈道虔传》，中华书局 1974 年版，第 2291—2292 页。
③ 《陈书》卷 7《后主沈皇后传》，中华书局 1972 年版，第 130 页。

明。朗秉性疏率，不事威仪，声转有闻，义解传誉。①

假如遵照陈先生的逻辑加以推断的话，那么，吴兴沈氏无疑又该也更应被称为佛教世家。因此，将该家族定性为天师道世家的结论，显然难以成立。

也唯其如此，这一长期以来为学界所信从的推论，近来受到吴正岚先生的事实上的否定。吴先生认为：吴兴沈氏虽然在"东晋乃至更早的时期"确尝"举族奉道"，但自刘宋以降，沈氏族人的宗教信仰其实已然"分化"，并大致可分为三类：①以沈攸之、沈文季为代表的专奉道教者；②以沈演之、沈道虔为代表的虔诚事佛者；③以沈仲玉、沈约为代表的兼奉佛道者。在此基础上，吴先生进而断言"宗教信仰的保守与趋新，分别对应着家族文化素养的深厚与薄弱"；举凡信奉道教的沈氏宗人，必是文化修养偏低者，而信奉佛教者，则反之。②

但在笔者看来，吴正岚先生的这一新解，不仅难以令人信服，而且存在着不少纰漏：其一，尽管由《高僧传》及《比丘尼传》的相关记载，可知沈攸之既曾受诏逼迫僧人法愿食肉，亦尝在荆州地区裁汰僧尼，但据此仅能说他具有排佛倾向，而不足以得出其为道徒的结论；其二，吴先生明知《高僧传》有关沈文季奉道排佛的记载不足凭信，却仍以之为据，断言沈文季为专奉道教者，这显然自相矛盾；其三，所谓"兼奉"，意即既信佛同时又奉道，就沈约而论，他虽曾在齐郁林王隆昌元年（494）前后同时兼崇佛道，但在更长的时段内，却是旗帜鲜明地或奉道或信佛；其四，宗教信仰本就无所谓保守和趋新，更与文化修养的高低无关，此乃人所习知的常识。

其实，吴兴沈氏既不是所谓的天师道世家，也从未阖门信佛，更不见有从举族奉道到信仰分化的演变轨迹。从传世文献的相关记载来看，沈氏族人往往根据自身的处境、性情、爱好而做出相应的选择，或如沈道虔虔诚信佛，或如沈僧昭一意奉道，或如沈约不时改变其宗教信仰，更多的则像沈昙庆那样两不相从；他们对于宗教信仰的不同取向，既契合于传统的文化心理结构，也大致反映出当时社会各阶层在宗教信仰问题上的取舍。进而言之，对于佛、道二教在东晋南朝时期的社会影响，似乎不宜予以过高地评估；彼时是否果真存在所谓的道教或佛教世家，也有待深究。③

---

① 《续高僧传》卷5《梁杨都建元寺沙门释僧韶传》，《中华大藏经（汉文部分）》第61册，中华书局1993年版，第558页。

② 吴正岚：《六朝江东士族的家学门风》，南京大学出版社2003年版，第289—291页。

③ 唐燮军：《六朝吴兴沈氏宗族文化的传承与变易》，《重庆社会科学》2007年第3期，第84—88页。

尤其值得深入探讨的是：入教的沈氏族人对于道教或者佛教的信奉，是否完全出自宗教热情。考察结果表明，沈氏族内虽不乏虔诚的信徒，但确有部分族人的信仰动机并不纯真，在不同程度上表现出政治投机色彩。例如沈演之，其生前既曾延请释法瑶入居吴兴武康小山寺，又曾为释慧览造禅室于定林寺，据此称之为佛教信徒，当无太大的疑义，但若仔细爬梳《高僧传》的相关记载，其中又颇有可议者：

释慧览，……后移罗浮天宫寺。宋文请下都止钟山定林寺。孝武起中兴寺，复敕令移住。京邑禅僧皆随踵受业。吴兴沈演、平昌孟凯并钦慕道德，为造禅室于寺。①

据《宋书·沈演之传》记载，沈演之曾在"上欲伐林邑，朝臣不同"②之际，刻意迎合宋文帝之旨意，极力赞成其事。据此推断，则其"为造禅室于寺"之举，恐怕与文帝礼敬释慧览不无关系。

假如说政治投机色彩在沈演之那里体现得尚不够明晰的话，那么，在沈约身上则表露无遗。从史书的相关记载及沈约本人所作的诗文来看，可见其宗教信仰极不坚定，齐武帝永明年间尚皈依佛教的他，至齐明帝、东昏侯在位年间，已然转而敬奉道教，但就在他自称"锐意三山上，托慕九霄中"③后不久，却又断然舍道从佛，甚至发愿要"誓心克己，追自悔责，收逊前愆，洗濯今虑，校身诸失，归命天尊"。④沈约之所以接二连三地改变其宗教信仰，其因就在于他所先后奉戴的齐竟陵王萧子良、齐明帝及东昏侯、天监三年佛诞日之后的梁武帝，分别崇尚佛教、道教和佛教。换言之，沈约对于宗教的敬奉，充其量不过是他用以取悦帝王以蒙擢用的手段而已。

在陈寅恪先生看来，沈约虽曾撰写了大量的崇佛之文，但在沈氏家族奉道传统的熏染下，其宗教信仰归根到底仍是尊奉道教，其《天师道与滨海地域之关系》就此论曰：

---

① （南朝梁）释慧皎：《高僧传》卷11《习禅·宋京师中兴寺释慧览》，汤用彤校注，中华书局1992年版，第418页。

② （南朝梁）沈约：《宋书》卷63《沈演之传》，中华书局1974年版，第1685—1686页。

③ （南朝梁）萧统编：《文选》卷22沈约《游沈道士馆》，（唐）李善注，上海古籍出版社1986年版，第1063页。

④ 《广弘明集》卷28沈约《忏悔文》，《中华大藏经（汉文部分）》第63册，中华书局1993年版，第382页。

沈隐侯虽归命释迦，平生著述如均圣论，答陶隐居难均圣论，内典序，佛记序，六道相续作佛义，形神论，神不灭论，难范缜神灭论，究竟慈悲论，千僧会愿文，舍身愿疏，及忏悔文等，……皆阐明佛教之说。迨其临终之际，仍用道家上章首过之法。然则家世信仰之至深且固，不易渐除，有如是者。

然而，沈约临终之际的"呼道士奏赤章于天"，与其说出自他内心深处的对于道教的服膺，毋宁说他借此表达了无可奈何的压抑和难以排遣的哀怨，以及在追忆往事之后的些许忏悔之意和自我慰藉。梳理沈约的仕途进退之迹，寻绎其宦海生涯中的心路变化，可知在他的人生实践当中，占据核心位置、具有当然意义的，乃是入世之志，[①] 而非宗教情结。其实，对于吴兴沈氏的绝大多数族人来说，又何尝不是如此呢？！当然，此一论说是否合乎历史事实，也仍然有待海内同好的检核。

---

① 唐燮军:《诗人之外的沈约：对沈约思想与生平的文化考察》,《文学遗产》2006 年第 4 期, 第37—45 页。

疑信难详:《洛阳伽蓝记》编纂体例的渊源

北魏杨衒之所著的《洛阳伽蓝记》,作为流传至今的为数极少的北魏史部文献之一,无疑能为后人探究时隔久远的北魏时代的世态政情,提供诸多与《魏书》等官修史书不尽相同的史料,尤其是该书对考察当时洛阳一带的社会生活,具有其他传世典籍所无法取代的独特地位。唯其如此,杨氏此书自明末清初以来为诸多学者所瞩目,进而获取了与其自身学术价值不很相称的声誉,[①] 遂能与《水经注》《齐民要术》一道,被并称为北魏鸿篇三绝。

据刘知几《史通·补注》记载,当杨衒之在撰述《洛阳伽蓝记》之时,既欲广纳史料、详述时事,同时又想畅其行文、美其语词,"遂乃定彼榛楛,列为子注",[②] 也即采用了正文与子注既分列又相配的编纂体例。然而,在长期的辗转传抄过程中,《洛阳伽蓝记》的此种文注分列的措置方式,在唐人刘知几身后,渐次混淆乃至难以区别,四库馆臣遂以"自宋以来,未闻有引用其注者"为据,贸然断言杨氏子注业已"佚脱","不可复考"。[③]

时至嘉庆十三年(1808)前后,"经、史、训诂、天算、舆地靡不贯通"[④] 的元和人顾广圻(1766-1835),突破了四库馆臣的认识误区,认定《洛阳伽蓝记》的子注其实并未"佚脱",而是羼杂于正文之中,进而"意欲如全谢山治《水经注》之例,改定一本"。[⑤] 虽然此后顾氏本人因故"未得施功",但其婿朱紫贵之甥吴若准遥继其志,锐意"重为编次,厘定纲目,蒐据众刻,校其异同",[⑥] 终于道光十三年(1833)十二月写成《洛阳伽蓝记集证》1卷,吴氏也因此被誉为"杨炫之之功臣,

---

① 唐燮军:《〈洛阳伽蓝记〉三题》,《史学史研究》2005年第1期,第23—29页。

② 《史通通释》卷5《补注》,(唐)刘知几撰,(清)浦起龙释,上海古籍出版社1978年版,第132页。

③ 《四库全书总目》卷70《洛阳伽蓝记》提要,中华书局1965年版,第619页。

④ 《清史稿》卷481《儒林传二》,中华书局1977年版,第13192页。

⑤ (清)顾广圻:《思适斋书跋》卷2"洛阳伽蓝记五卷"条,上海古籍出版社2007年版,第32页。

⑥ (清)吴若准:《洛阳伽蓝记集证》,四部备要本。

而刘知几之畏友"。①

然则吴氏《集证》"虽少胜于旧编"，却"犹未尽夫尘障"，②并突出地表现为"正文太简，子注过繁，其所分析与杨书旧观，相去甚远"。③退一步说，倘若"杨氏旧文果如吴氏所述，则记文寥寥，注文繁重，作注而非作记矣"。④随后，唐晏有感于《洛阳伽蓝记集证》之不足，立志重加厘定，遂为之条分缕析，最终在咸丰五年（1855）二月著成《洛阳伽蓝记钩沉》5 卷。但正如陈寅恪《读〈洛阳伽蓝记〉书后》所论，尽管唐氏《钩沉》的正文"较之吴本溢出三倍，似可少纠吴氏之失"，却因其分别正文、子注的标准"多由主观"，故而"是否符合杨书之旧，仍甚可疑"。

对于清代学者离析《洛阳伽蓝记》正文、子注的努力，之所以收效甚微的原因，近人张宗祥在《洛阳伽蓝记合校·跋》中做了有益的探讨：

> 盖此书子注之难分，实非《水经注》之比。《水经注》出自两人，文笔绝异；此书则自撰自注，文笔相同，一也。全氏所见《水经注》自《大典》本出，故经注混淆。其实宋刊本分经注，明刊亦然，明初且有单刊经文无注本。此书则如隐以前，未见他刊。如隐而后，注尽不分，但凭想象，一无取证，二也。

唯其如此，近世以来的相关整理成果，诸如徐高阮《重刊本》、周祖谟《校释》、范祥雍《校注》、周延年《注》、杨勇《校笺》和田素兰《校注》等，包括张宗祥本人的《合校》在内，是否彻底恢复了《洛阳伽蓝记》的旧貌，也未尝没有疑问。对此，范子烨先生在其大作《评杨勇〈洛阳伽蓝记校笺〉》中就曾断言："徐本校雠甚精，创获亦多，但有妄改古籍之嫌；周本条例较密，注释详明，但有割裂旧文之弊；范本校订谨详，注释甚备，而于材料取舍，少剪裁之功。此外，周延年《注》本及田素兰《校注》本，虽有胜义，而较为简略。"⑤范氏此论或许言过其实，却也并非不根之谈。旨在为《洛阳伽蓝记》分辨文注的既有成果，确实都在疑似之间。

---

① 李宗昉：《闻妙香室文集》卷 8《〈洛阳伽蓝记集证〉题辞》，详参范祥雍《洛阳伽蓝记校注》附编二，上海古籍出版社 1978 年版，第 367 页。

② 唐晏：《洛阳伽蓝记钩沉·序》，详参范祥雍《洛阳伽蓝记校注》附编二，上海古籍出版社 1978 年版，第 370 页。

③ 陈寅恪：《读〈洛阳伽蓝记〉书后》，载氏著《金明馆丛稿二编》，上海古籍出版社 1980 年版，第 156 页。

④ 张宗祥：《洛阳伽蓝记合校·跋》，详参范祥雍《洛阳伽蓝记校注》附编二，上海古籍出版社 1978 年版，第 374 页。

⑤ 范子烨：《评杨勇〈洛阳伽蓝记校笺〉》，《中国历史地理论丛》1994 年第 4 期，第 235—243 页。

虽然都受启发于《史通·补注》的提示，但陈寅恪先生并未追步吴若准、唐晏等人的后尘，转而独辟蹊径，探讨了《洛阳伽蓝记》正文、子注合体构成的渊源所自：

> 鄙意衒之习染佛法，其书制裁乃摹拟魏、晋、南北朝僧徒合本子注之体，刘子玄盖特指其书第五卷慧生、宋云、道荣等西行求法一节以立说举例。后代章句儒生虽精世典，而罕读佛书，不知南北朝僧徒著作之中实有此体，故于《洛阳伽蓝记》一书之制裁义例，懵然未解，固无足异。①

换言之，在陈寅恪先生看来，《洛阳伽蓝记》文注分列的编纂体例，其实是对"合本子注"体佛经的模拟。

所谓"合本子注"体，是指在佛教传入中土之初，僧徒为解决佛经转译过程中所出现的同本异译等问题，而采用的编纂方式。东晋孝武帝太元二十一年（396）六月，来华传教的西域名僧竺昙无兰，在其作于扬州谢镇西寺的《三十七品经序》中，就曾谈到了"合本子注"基本格式的一般措置方式：

> ……又诸经三十七品，文辞不同。余因闲戏，寻省诸经，撮采事备辞巧便者，差次条贯伏其位，使经体不毁，而事有异同者，得显于义。……又以诸经之异者注于句末也。②

也即以最佳译本为正文，依据"事类相从"的原则，将其他译本的相关译文列为子注并夹附于正文之中，其目的在于为信徒阅读佛经提供方便，进而传布佛教。

从相关记载来看，采用"合本子注"体编纂的佛教典籍，多为江左人士所编次。东吴名僧支恭明的《合微密持经》，东晋名僧释支遁的《大小品对比要抄》，支敏度的《合维摩诘经》及其《合首楞严经》，竺昙无兰的《三十七品经》及其《大比丘二百六十戒三部合异》，即其荦荦大者。此类佛典既然有可能在南北经济文化交流和人员往来中由南入北，也就有可能为杨衒之所接触，并从"合本子注"体佛经中受到启发，进而将之运用于《洛阳伽蓝记》的编纂。但问题在于，陈寅恪先生将这种可能性说成是绝对性，也因此，他的结论近来受到部分学人的质疑乃至

① 陈寅恪：《读〈洛阳伽蓝记〉书后》，载《金明馆丛稿二编》，上海古籍出版社1980年版，第156页。
② 《释文纪》卷7竺昙无兰《三十七品经序》，影印文渊阁《四库全书》本。

否定。

这些学者之所以否定陈寅恪先生的结论，主要是因为"合本子注"体在被僧徒用于编纂佛经之前，其实早已成为儒家经典和史书的谋篇布局的重要方式，并在相当时期内被学界、文坛较为广泛地运用，"春秋三传"对《春秋》的注疏，刘宋裴松之对《三国志》的补注，北魏郦道元对《水经》的注释，就是其中的显著实例。因而在他们看来，杨衒之师法"合本子注"体经史书籍的可能性，应当大于模拟"合本子注"体佛经。这一则因为与杨氏同为魏末齐初人的信都芳，在《洛阳伽蓝记》问世之前，就已经运用"合本子注"体撰就了《五经宗》《乐书》《史宗》等经史书籍；[①] 二则因为杨氏的治学重点在历史地理学，而非佛学，因而他对史籍的熟悉程度必然更甚于佛经，也因此更可能受到史书编纂体例的影响。

由于史料的匮乏，至少在目前条件下，我们仍然难以确定《洛阳伽蓝记》文注分列的编纂体例究竟是参照了"合本子注"体佛经，还是效仿了"合本子注"体经史书籍。所能肯定的只是：无论是参照"合本子注"体佛经，抑或效仿"合本子注"体经史书籍，都足以表明杨衒之在构思《洛阳伽蓝记》的编纂体例方面，其实并不具有原创性。

---

① 《北史》卷 89《艺术上·信都芳传》，中华书局 1974 年版，第 2933—2934 页。

聚讼纷如:《木兰诗》的创作年代

千百年来，木兰女扮男装、代父从军、归不受赏的故事，在民间广为流传，并得到诸多知名或不知名文人的较为普遍的称道，譬如唐人杜牧《题木兰庙》诗云：

弯弓征战作男儿，梦里曾经与画眉。

几度思归还把酒，拂云堆上祝明妃。①

以木兰代父从军为题材写成的《木兰诗》，长期以来既家喻户晓，又脍炙人口，遂能与汉乐府《孔雀东南飞》前后辉映，被誉为中国古代叙事诗中的"双璧"。时至近日，《木兰诗》这篇中国古代"俗文学"的杰出代表，不但较为广泛地引发了学界的关注，而且漂洋过海，在海外掀起了一股空前的"木兰热"。

不过，有关《木兰诗》的创作年代，迄今依然聚讼纷如。而在众多的假说中，称《木兰诗》乃北朝民歌和断言该诗为隋唐民歌的这两种观点，既最具代表性，其理据也比较充分。

主张《木兰诗》乃北朝民歌者，不乏游国恩、余冠英、张为麒、胡适、萧涤非等名家，其依据主要是：该诗最早见录于宋人郭茂倩《乐府诗集》所引之《古今乐录》；而《古今乐录》虽然早已佚失，但据《隋书·经籍志》《旧唐书·经籍志》《新唐书·艺文志》《宋史·艺文志》著录，可知该书为南朝陈代沙门智匠所撰。也正是以此为据，孙楷第先生在其大作《〈木兰诗〉考》中推测说：

至《木兰》原诗，其时代虽不可确知，然陈释智匠已引此诗，则诗出必在陈之前，疑亦北歌入南者耳。②

---

① （唐）杜牧：《樊川文集》卷4《题木兰庙诗》，陈永吉校点，上海古籍出版社2009年版，第80页。

② 孙楷第：《汉魏南北朝乐府诗选序例》，《新思潮》1946年第1卷第4期，第15页。

至如游国恩等先生，更在所编《中国文学史》中肯定地指出："陈释智匠撰《古今乐录》已著录这首诗，这是不可能作于陈以后的铁证。"①

除了从文献著录的角度予以论证外，持"作于北朝说"者，譬如胡适先生，复从民风民俗结合《木兰诗》语言风格的角度加以考辨，以为该诗起首六句与《折杨柳枝歌》中"敕敕何力力"六句差不多相同，"这不但可见此诗是民间的作品，并且还可以推知此诗创作的年代大概和《折杨柳枝歌》相去不远"。②

与此同时，《木兰诗》中的"可汗""天子"混用，也是近日诸多学人推断其成诗时代的重要依据。例如钱文辉先生，就曾以只有北朝才有"天子""可汗"混称之可能为据，推定该诗大抵作于北朝时期。③

在此基础上，诸多秉持"作于北朝说"的学者，意欲进一步坐实《木兰诗》的作年。这其中，罗根泽认为其成诗年代当在西魏，④而任芬则以为该诗作于北齐；⑤但更多的论著，譬如余冠英《汉魏六朝诗选》、罗培村《关于〈木兰诗〉的主题》、曹熙《〈木兰诗〉新考》、黄仁钰《中古北方各民族民歌刍议》，都倾向于认定《木兰诗》乃北魏时期的作品。

然而，尽管称《木兰诗》作于北朝的这种说法有着较为充分的依据，却也并未成为学界的共识，诸多学者转而秉持"作于隋唐说"。这其中，齐天举先生以《文苑英华》的相关著录为依据，从《木兰诗》的题注源流出发，断定"木兰故事从隋代开始流传，《木兰诗》成诗于隋末或唐初"；⑥而王增文先生始则认定"作于北朝说"赖以立论的依据——《乐府诗集》所引《古今乐录》已著录《木兰诗》——并不可靠，因为郭茂倩不但只是在按语中提到《木兰诗》，而且明确表示该诗"不知起于何代"，在此基础上，推定《木兰诗》很可能是唐人附入的。⑦

除此以外，秉持"作于隋唐说"的学者，还主要从以下五点加以论证：①府兵制。考府兵制虽起自西魏、北周，然其寓兵于农却在隋代之后；据《木兰诗》中"东市买骏马，西市买鞍鞯，南市买辔头，北市买长鞭"云云，可断言该诗必作于

① 游国恩等主编：《中国文学史》第一册，人民文学出版社 1963 年版，第 265 页。

② 胡适：《白话文学史》第一编第七章《南北新民族的文学》，北京大学出版社 2014 年版，第 83 页。

③ 钱文辉：《〈木兰诗〉主题刍议》，《昆明师院学报》1980 年第 6 期，第 69—71 页。

④ 罗根泽：《木兰诗产生的时代和地点》，《光明日报》1954 年 4 月 26 日第 3 版《文学遗产》第 5 期。

⑤ 任芬：《试论〈木兰诗〉的时代背景》，《中华女子学院学报》1996 年第 4 期，第 45—46 页。

⑥ 齐天举：《〈木兰诗〉的著录及时代问题续证》，《文学遗产》1984 年第 1 期，第 32—40 页。

⑦ 王增文：《〈木兰诗〉的产生时代、本事和作者考辨》，《河南教育学院学报》1994 年第 3 期，第 33—38 页。

寓兵于农的府兵制实行之后；②可汗。《木兰诗》中对于"天子""可汗"的混称，其实反映了隋朝虽然结束了南北分裂的格局，却尚未整齐划一其政治制度的时代特征；③策勋。《木兰诗》中提道："将军百战死，壮士十年归。归来见天子，天子坐明堂。策勋十二转，赏赐百千强。"而据《旧唐书·职官志一》记载，十二等戎勋制度确立于唐高祖武德七年（624）："武德初，杂用隋制，至七年颁令，定用上柱国、柱国、上大将军、大将军、上轻车都尉、轻车都尉、上骑都尉、骑都尉、骁骑尉、飞骑尉、云骑尉、武骑尉，凡十二等，起正二品，至从七品。"①④贴花黄。《木兰诗》提到木兰还乡后，"当窗理云鬓，对镜贴花黄"。据考，贴花黄这种装扮源自北周，此观《周书·宣帝纪》的下列记载，即可推知："禁天下妇人皆不得施粉黛之饰，唯宫人得乘有辐车，加粉黛焉。"②也因此，《木兰诗》的产生年代不可能早于北周宣帝在位末年。⑤语言风格。《木兰诗》不但篇幅较长，而且词语丰富多彩、句式长短错综，其中既有排句的反复咏叹，又有比喻的新奇幽默，远非北朝民歌可比。

近来，王文倩、聂永华撰文认为，无论是"作于北朝说"抑或"作于隋唐说"，虽各有所据，却又各有纰漏。在他俩看来，"如果站在全局的角度考虑，或许可以这样以为，《木兰诗》成型于北朝最终定型于隋唐。从成诗到定型这个流传的过程中，和其他民歌一样，难免经过后人修改润色，于是《木兰诗》就成了我们目前看到的样子"③。当然，王文倩等人的这一折中调和之说，是否就符合历史之旧，仍然有待做进一步的实证。也因此，《木兰诗》究竟成于何时的这个问题，遂成为至少暂时难以解答的历史之谜。

---

① 《旧唐书》卷42《职官志一》，中华书局1975年版，第1808页。

② 《周书》卷7《宣帝纪》，中华书局1971年版，第125页。

③ 王文倩、聂永华：《20世纪〈木兰诗〉成诗年代、作者及木兰故里研究综述》，《华北水利水电学院学报》2006年第4期，第78—81页。

必然抑或偶然：南陈的亡国

亡国之君，往往卓有文采、娴于诗赋。然则艳妻相煽，奸佞是予，但寄情于诗酒，每包围于群小，驯至众叛亲离、国破家亡。陈后主叔宝（553—604），就是其中的典型代表。其传唱至今的《玉树后庭花》，尽管不乏艺术之美，却无疑是靡靡之音、亡国之乐。而他在祯明三年正月丙戌（589.2.12）夜的被俘，不但宣告了南陈在享国三十三年之后寿终正寝，而且意味着分裂割据近四百年之久的魏晋南北朝至此终结。

也正因为南陈的亡国意味着一个旧时代的结束，具有勿庸置疑的重大历史意义，因而近来，诸多学者纷纷探讨其亡国的内因外缘。

这其中，有学者极力主张"民心企望统一说"。这种说法认为，在经历了数百年的分裂割据之后，随着经济文化交流的日益频繁，南北双方的敌对、仇视心态渐趋消弭，民众盼望政治统一早日出现的心理也因此逐渐转浓。于是，在隋师大军压境之际，南陈军民几乎未做有效抵抗，就缴械投降。[1] 平心而论，这种说法虽有部分道理，但历史发展毕竟不以人的意志为转移，也因此，过度强调民心作用的所谓"民心企望统一说"，其实已经流于空泛。

或许是有感于"民心企望统一说"不足为凭，部分论著，诸如谷霁光《三国鼎峙与南北朝分立》、萨孟武《晋隋之间的南北形势》、王仲荦《侯景乱梁前后的南朝政治局势》、施建中《隋统一原因再探》、胡如雷《隋朝统一新探》，转而主张"民族融合说"。这种说法认为，民族差异作为导致南北长期分裂的主要原因，在南北朝后期日趋泯灭；由于汉族人数的众多及其在经济、文化上的优越性，各少数民族最终为汉族所同化；而随着胡汉融合过程的完成，隋文帝作为汉族皇帝统一南北，

---

① 高明士等编著：《隋唐史》，台湾空中大学1986年版，第45页。

实乃水到渠成之举。① 不过，这一假说也未尝没有问题，其关键在于：虽然南北朝后期确实出现了某种程度的民族融合，但是，这种民族融合究竟发展到了何种程度，以及民族融合对于隋朝统一南北究竟发挥了多大作用，诸如此类都难以确定。

此外，尚有学者秉持"商品经济发展说"。这种说法首先认定商品经济的发展，天然地具有促成国家统一的作用；在此基础上，认为南北朝后期商品经济和商品流通的发展，已经成为从分裂走向统一的最主要条件。诚然，既有的相关研究成果（譬如许辉、蒋福亚主编的《六朝经济史》），表明商品经济在南北朝后期确实出现了较大的发展，当时南北之间的商品流通也委实比较盛行，但商品经济的发展是否必然会促成国家的统一，却仍有待商榷。很显然，"商品经济发展说"不但机械地套用了西欧历史的发展模式，而且过高地估计了南北朝后期的商业发展；当下学界较为普遍地认为：南北朝后期的商业虽然日益发达，却尚不足以促成国家走向统一。

相比较而言，"北强南弱形势说"显得更为全面、合理。秉持此论者，主要有王寿南《隋平陈原因之分析》和刘万云《隋时北方统一南方的原因浅探》，② 此外，谷霁光《三国鼎峙与南北朝分立》、萨孟武《晋隋之间的南北形势》、施建中《隋统一原因再探》在主张"民族融合说"的同时，也有倡导"北强南弱形势说"的倾向。这种说法认为，南北朝后期无论政治、经济、军事，都是北方强于南方，因而隋之灭陈，有其必然之势。细而言之，在政治上，陈朝政治暮气沉沉、日趋腐化，尤其是在陈后主在位年间君昏臣庸更为严重，而隋文帝却是历史上难得的有为之君；经济上，南朝在侯景乱后，其"三吴"沃区既遭战乱破坏，其江北、淮南、巴蜀、汉中等富庶之地又皆沦丧，因此，不但户口流失严重，而且社会经济不进反退，而北朝得益于长期推行均田制，不但农业获得了较大的发展，而且户口增长明显；在军事上，南方一方面因为地狭人少，兵源相对短缺，另一方面又由于整个社会风气重文轻武，因此，不但士卒地位低下，而且军队战斗力不强，而北方一则因为地广人众，兵源比较充裕，二则因为推行府兵制，士卒无论社会地位还是生活待遇均有明显提高，更何况北人本就剽悍勇猛，故而其战斗力之强大，远非南人所能

---

① 谷霁光：《三国鼎峙与南北朝分立》，《禹贡半月刊》1936 年第 3 卷，第 16 页；萨孟武：《晋隋之间的南北形势》，《台大社会科学论丛》1952 年第 5 期，第 13—16 页；王仲荦：《侯景乱梁前后的南朝政治局势》，《文史哲》1955 年第 11 期，第 50—63 页；施建中：《隋统一原因再探——兼论隋文帝平陈方略》，《北京师范大学学报》1988 年第 2 期，第 23—29 页；胡如雷：《隋朝统一新探》，《历史研究》1996 年第 2 期，第 46—55 页。

② 王寿南：《隋平陈原因之分析》，《政大历史学报》1985 年第 3 期，第 3—6 页；刘万云：《隋时北方统一南方的原因浅探》，《中南民族学院学报》1996 年第 6 期，第 83—86 页。

比拟。不过，"北强南弱形势说"虽然具有较强的说服力，但若仅仅以此解释南陈亡国之因，却也并非无懈可击，这主要是因为：尽管隋文帝早就有意消灭南陈，却也为此做了八九年之久的长期规划和精心准备，方才不无侥幸地如愿以偿。

在吕春盛看来，包括"民心企望统一说""民族融合说""北强南弱形势说"在内的所有对南陈亡国之因的探讨，皆未能深入把握问题的核心所在："关于陈朝的灭亡，以往学者曾提出诸如民心企望统一说、民族融合说、商品经济发展说、经济发展阶段说等，说明隋朝灭陈的大趋势，虽然都有其部分的道理，然而这些说法，可用来补助说明隋到灭陈的时代背景，但不宜过度夸大其实际上的作用。虽然当时北强南弱的客观形势，确实对陈朝非常的不利，但这并不表示南方的陈朝已衰弱到不堪一击的地步。"[①] 在此基础上，吕先生进一步分析说：

> 陈朝的灭亡，并非由于隋军以绝对悬殊的优势兵力，使陈军毫无招架之力，以致灭亡。相反的，当时陈朝的守军与隋朝南侵的兵力相差不大，……而且陈朝又有长江可守，因此，若陈军因应得宜，胜败尚未可知。……陈朝最后因军事失利而灭亡，其主要的原因并不在于其军事上的劣势，而在于统治集团内部的问题。[②]

此所谓"统治集团内部的问题"，在吕先生看来，一则表现为后主沉迷女色而败坏朝政，二则表现为后主任用寒人而激发王公贵族的极大反感，三则表现为后主既不得不将国防安全重任托付给出身于梁末土豪酋帅的武将，同时却又极不信任，从而引发并加剧了武将的离心倾向。吕先生最后断言：导致陈朝亡国的原因固然"复杂万端"，但其中最重要的原因，还在于其"内部的种种弱点"。

综观吕春盛先生的这一评述，其核心思想显然是：南陈亡国于隋朝，并非此期历史发展的必然归趋，而是多种偶然因素共同作用下的产物。不过，吕先生的这种认识，虽然有别于当下学界有关南陈亡国之因的普遍解释，但他的独树一帜能否应验那句"真理永远掌握在少数人手中"的至理名言，至少目前尚难以定论。

必然也好，偶然也罢，陈后主对于南陈的亡国，确实负有难以推卸的责任。正所谓"前事不忘，后事之师"，我们更应从中汲取经验教训，断不可效法那"隔江犹唱《后庭花》"而浑然"不知亡国恨"的"商女"。[③]

---

① 吕春盛：《陈朝的政治结构与族群问题》，台湾稻乡出版社 2001 年版，第 235 页。
② 吕春盛：《陈朝的政治结构与族群问题》，台湾稻乡出版社 2001 年版，第 236—237 页。
③ （唐）杜牧：《樊川文集》卷 4《泊秦淮》，陈永吉校点，上海古籍出版社 2009 年版，第 70 页。

参考文献

一、古今论著

《白虎通义》，（东汉）班固撰，影印文渊阁《四库全书》本。

《北史》，（唐）李延寿撰，中华书局，1974 年。

《北齐书》，（唐）李百药撰，中华书局，1972 年。

《白居易文集校注》，（唐）白居易著，谢思炜校注，中华书局，2017 年。

《宝刻丛编》，（宋）陈思撰，影印文渊阁《四库全书》本。

《抱经堂文集》，（清）卢文弨著，王文锦点校，中华书局，1990 年。

《白话文学史》，胡适著，北京大学出版社，2014 年。

《八阵图与木牛流马：诸葛亮与三国研究文集》，谭良啸著，巴蜀书社，1996 年。

《北魏平城时代》（修订本），李凭著，上海古籍出版社，2011 年。

《陈书》，（唐）姚思廉撰，中华书局，1972 年。

《初学记》，（唐）徐坚等撰，中华书局，2004 年。

《阐月集》，（唐）释贯休撰，四部丛刊本。

《诚斋集》，（宋）杨万里撰，影印文渊阁《四库全书》本。

《成都文类》，（宋）赵说友等编，赵晓兰整理，中华书局，2011 年。

《春草斋集》，（明）乌斯道撰，影印文渊阁《四库全书》本。

《楚风补校注》，（清）廖元度选编，湖北人民出版社，1998 年。

《曹植与〈洛神赋〉传说》，沈达材著，上海华通书局，1931 年。

《长水集》，谭其骧著，人民出版社，2011 年。

《陈朝的政治结构与族群问题》，吕春盛著，台湾稻乡出版社，2001 年。

《巢湖史话》，欧阳发等编著，安徽人民出版社，1997 年。

《成吾己医学全书》，张国骏主编，中国中医药出版社，2015 年。

《大唐西域记汇校》，（唐）玄奘、辩机撰，范祥雍汇校，上海古籍出版社，

2018 年。

《读通鉴论》，（清）王夫之著，舒士彦点校，中华书局，1975 年。

《敦煌古籍叙录》，王重民著，中华书局，2010 年。

《樊川文集》，（唐）杜牧著，陈永吉校点，上海古籍出版社，2009 年。

《法书要录》，（唐）张彦远撰，影印文渊阁《四库全书》本。

《法苑珠林》，（唐）释道世撰，影印文渊阁《四库全书》本。

《范文忠集》，（明）范景文撰，影印文渊阁《四库全书》本。

《古今注》，（晋）崔豹撰，焦杰校点，辽宁教育出版社，1998 年。

《高僧传》，（南朝梁）释慧皎撰，汤用彤校注，中华书局，1992 年。

《广弘明集》，（唐）释道宣撰，《中华大藏经（汉文部分）》第 62 册，中华书局，1993 年。

《癸辛杂识》，（宋）周密撰，影印文渊阁《四库全书》本。

《广博物志》，（明）董斯张撰，影印文渊阁《四库全书》本。

《古城集》，（明）张吉撰，影印文渊阁《四库全书》本。

《广志绎》，（明）王士性著，吕景琳点校，中华书局，1981 年。

《陔余丛考》，（清）赵翼著，栾保群、吕宗力校点，河北人民出版社，2007 年。

《广艺舟双楫》，（清）康有为著，况正兵点校，浙江人民美术出版社，2018 年。

《观堂集林》（外二种），王国维著，彭林整理，河北教育出版社，2003 年。

《顾颉刚中山大学时期民俗学论集》，顾颉刚著，王霄冰、黄媛选编，中山大学出版社，2018 年。

《汉书》，（东汉）班固撰，中华书局，1962 年。

《华阳国志校补图注》，（晋）常璩撰，任乃强校注，上海古籍出版社，1987 年。

《后汉纪》，（晋）袁宏撰，张烈点校，《两汉纪》下册，中华书局，2002 年。

《后汉书》，（南朝宋）范晔撰，（唐）李贤等注，中华书局，1965 年。

《韩昌黎文集校注》，（唐）韩愈著，马其昶校注，马茂元整理，上海古籍出版社，2018 年。

《黄震全集》，（宋）黄震著，张伟、何忠礼主编，浙江大学出版社，2013 年。

《后村诗话》，（宋）刘克庄撰，王秀梅校点，中华书局，1983 年。

《淮阳集》，（元）张弘范撰，影印文渊阁《四库全书》本。

《湖海文传》，（清）王昶辑，上海古籍出版社，2013 年。

《胡适文存》，上海科学技术出版社，2015 年。

《汉唐佛教思想论集》，任继愈著，人民出版社，1998 年。

《"胡笳十八拍"讨论集》，《文学遗产》编辑部编，中华书局，1959 年。

《晋书》，（唐）房玄龄等撰，中华书局，1974 年。

《建康实录》，（唐）许嵩撰，张忱石点校，中华书局，1986 年。

《旧唐书》，（后晋）刘昫撰，中华书局，1975 年。

《郡斋读书志校证》，（宋）晁公武撰，孙猛校证，上海古籍出版社，1990 年。

《嘉泰会稽志》，（宋）施宿撰，影印文渊阁《四库全书》本。

《戒庵老人漫笔》，（明）李诩撰，魏连科点校，中华书局，1982 年。

《靖节先生集注》，（清）陶澍撰，《陶澍全集》（修订本），岳麓书社，2017 年。

《金明馆丛稿初编》，陈寅恪著，上海古籍出版社，1980 年。

《金明馆丛稿二编》，陈寅恪著，上海古籍出版社，1980 年。

《论衡校注》，（东汉）王充著，张宗祥校注，郑绍昌标点，上海古籍出版社，2010 年。

《刘子集校》，（南朝梁）刘勰撰，林其锬、陈凤金集校，上海古籍出版社，1985 年。

《洛阳伽蓝记校注》，（北魏）杨衒之著，范祥雍校注，上海古籍出版社，1978 年。

《梁书》，（唐）姚思廉撰，中华书局，1973 年。

《十六国春秋辑补》，（北魏）崔鸿撰，（清）汤球辑，刘晓东点校，齐鲁书社，2000 年。

《刘随州集》，（唐）刘长卿撰，影印文渊阁《四库全书》本。

《六朝事迹编类》，（宋）张敦颐编，（明）吴琯校，台湾广文书局，1970 年。

《两宋名贤小集》，（宋）陈思编，影印文渊阁《四库全书》本。

《兰亭考》，（宋）桑世昌撰，（宋）高似孙删定，影印文渊阁《四库全书》本。

《礼部集》，（元）吴师道撰，影印文渊阁《四库全书》本。

《聊斋志异》，（清）蒲松龄撰，中华书局，2013 年。

《履园丛话》，（清）钱泳撰，张伟点校，中华书局，1979 年。

《冷庐杂识》，（清）陆以湉撰，冬青校点，上海古籍出版社，2012 年。

《两晋南北朝史》，吕思勉著，上海古籍出版社，2005 年。

《罗根泽古典文学论文集》，罗根泽著，上海古籍出版社，1985 年。

《六朝江东士族的家学门风》，吴正岚著，南京大学出版社，2003 年。

《〈兰亭序〉研究史料集》，水赉佑编，上海书画出版社，2013 年。

《琅琊王氏族谱发现与研究》，成仁才、李兴林主编，三秦出版社，2016 年。

《明史》，（清）张廷玉等撰，中华书局，1974 年。

《马可波罗行纪》，[意]马可波罗口述，鲁斯梯谦笔录，张胜璋编，海峡文艺出版社，2002 年。

《南齐书》，（南朝梁）萧子显撰，中华书局，1972 年。

《南史》，（唐）李延寿撰，中华书局，1975 年。

《南村辍耕录》，（元）陶宗仪撰，中华书局，1959 年。

《廿二史札记校证》（订补本），（清）赵翼著，王树民校证，中华书局，1984 年。

《欧阳修集编年笺注》，（宋）欧阳修著，李之亮笺注，巴蜀书社，2007 年。

《屏山集》，（宋）刘子翚撰，影印文渊阁《四库全书》本。

《曝书亭集》，（清）朱彝尊撰，影印文渊阁《四库全书》本。

《全唐诗》，（清）彭定求编，中华书局，1999 年。

《潜邱札记》，（清）阎若璩撰，影印文渊阁《四库全书》本。

《潜研堂集》，（清）钱大昕著，吕友仁校点，上海古籍出版社，2009 年。

《清诗别裁集》，（清）沈德潜编，上海古籍出版社，1984 年。

《全唐文》，（清）董浩编，中华书局，1983 年。

《杭世骏集》，（清）杭世骏著，蔡锦芳、唐宸点校，浙江古籍出版社，2015 年。

《清史稿》，赵尔巽等撰，中华书局，1977 年。

《秦集史》，马非伯著，中华书局，1982 年。

《秦汉士史》，于迎春著，北京大学出版社，2000 年。

《青州博物馆》，王华庆主编，文物出版社 2003 年。

《青州龙兴寺历史与窖藏佛教造像研究》，李森著，山东大学出版社，2012 年。

《容斋随笔》，（宋）洪迈著，上海古籍出版社，1996 年。

《日知录集释》（全校本），（清）顾炎武著，黄汝成集释，栾保群、吕宗力校点，上海古籍出版社，2006 年。

《史记》，（西汉）司马迁撰，中华书局，1959 年。

《史记会注考证》，（西汉）司马迁著，[日本]泷川资言会注考证，新世界出版社，2009 年。

《三国志》，（西晋）陈寿撰，（刘宋）裴松之注，中华书局，1982 年。

《三国志集解》，（晋）陈寿撰，（南朝宋）裴松之注，卢弼集解，钱剑夫整理，上海古籍出版社，2009 年。

《拾遗记校注》，（晋）王嘉撰，（萧梁）萧绮录，齐治平校注，中华书局，1981 年。

《宋书》，（南朝梁）沈约撰，中华书局，1974 年。

《述异记》，（南朝梁）任昉撰，影印文渊阁《四库全书》本。

《水经注校释》，（北魏）郦道元撰，陈桥驿校释，杭州大学出版社，1999 年。

《宋思溪藏本弘明集》，（南朝梁）释僧祐撰，国家图书馆出版社，2018 年。

《隋书》，（唐）魏徵等撰，中华书局，1973 年。

《史通通释》，（唐）刘知几撰，（清）浦起龙释，上海古籍出版社，1978 年。

《宋本杜工部集》，（唐）杜甫撰，国家图书馆，2019 年。

《隋唐嘉话》，（唐）刘餗撰，程毅中点校，中华书局，1979 年。

《苏轼词集》，（宋）苏轼著，（宋）傅幹注，刘尚荣校证，上海古籍出版社，2017 年。

《事物纪原》，（宋）高承撰，（明）李果订，金圆、许沛藻点校，中华书局，1989 年。

《史略校笺》，（宋）高似孙撰，周天游校笺，书目文献出版社，1987 年。

《剡录》，（宋）高似孙撰，影印文渊阁《四库全书》本。

《伤寒补亡论校注》，（宋）郭雍撰，牛宝生、周利、谢剑鹏校注，河南科学技术出版社，2014 年。

《宋史》，（元）脱脱等撰，中华书局，1977 年。

《诗女史》，（明）田艺蘅辑，《原国立北平图书馆甲库善本丛书》第 942 册，国家图书馆出版社，2013 年。

《三国演义》，（明）罗贯中著，春明校点，上海古籍出版社 2009 年。

《释文纪》，（明）梅鼎祚编，影印文渊阁《四库全书》本。

《诗薮》，（明）胡应麟撰，中华书局，1958 年。

《四库全书总目》，（清）永瑢等撰，中华书局，1965 年。

《随园诗话》，（清）袁枚撰，崇文书局，2017 年。

《史记志疑》，（清）梁玉绳撰，中华书局，1981 年。

《隋书经籍志考证》，（清）姚振宗撰，《二十五史补编》本，中华书局，1955 年。

《十七史商榷》，（清）王鸣盛著，黄曙辉点校，上海书店出版社，2005 年。

《思适斋书跋》，（清）顾广圻撰，上海古籍出版社，2007 年。

《三国志考证》，（清）潘眉撰，中华书局，1985 年。

《史记探源》，崔适著，中华书局，1986 年。

《史林杂识初编》，顾颉刚著，中华书局，1963 年。

《四库提要辨证》，余嘉锡著，云南人民出版社，2004 年。

《十批判书》，郭沫若著，科学出版社，1956 年。

《隋唐史》，高明士等编著，台湾空中大学，1986年。

《三峡文化研究丛刊》第3辑，胡绍华主编，武汉出版社，2003年。

《陶渊明集校笺》（修订本），（东晋）陶潜著，龚斌校笺，上海古籍出版社，2018年。

《唐六典》，（唐）李林甫等撰，陈仲夫点校，中华书局，2014年。

《通典》，（唐）杜佑撰，王文锦等点校，中华书局，1988年。

《太平御览》，（北宋）李昉编，中华书局，1960年。

《太平寰宇记》，（宋）乐史撰，王文楚等点校，中华书局，2007年。

《唐诗品汇》，（明）高棅编，影印文渊阁《四库全书》本。

《太炎文录初编》，上海人民出版社编，徐复点校，上海人民出版社，2014年。

《唐宋八大家文钞校注集评》，高海夫主编，三秦出版社1998年。

《文选》，（南朝梁）萧统编，（唐）李善注，上海古籍出版社，1986年。

《魏书》，（北齐）魏收撰，中华书局，1974年。

《文苑英华》，（宋）李昉等编，中华书局，1966年。

《王安石全集》，（宋）王安石著，王水照主编，复旦大学出版社，2016年。

《五峰集》，（元）李孝光撰，影印文渊阁《四库全书》本。

《文毅集》，（明）解缙撰，影印文渊阁《四库全书》本。

《文章辨体汇选》，（明）贺明徵编，影印文渊阁《四库全书》本。

《晚晴簃诗汇》，（民国）徐世昌编，中华书局，2018年。

《魏晋南北朝文学史参考资料》，北京大学中国文学史教研室选注，中华书局1962年。

《新书》，（西汉）贾谊撰，刘晓东校点，辽宁教育出版社，1998年。

《襄阳耆旧记校注》，（东晋）习凿齿原著，舒焚、张林川校注，荆楚书社，1986年。

《续高僧传》，（唐）道宣撰，郭绍林点校，中华书局，2014年。

《学斋占毕》，（宋）史绳祖撰，影印文渊阁《四库全书》本。

《惜抱轩诗文集》，（清）姚鼐著，刘季高标校，上海古籍出版社，1992年。

《细说三国》，黎东方著，上海人民出版社，2000年。

《徐福即是神武天皇》，彭双松著，台湾富蕙图书山版社，1983年。

《细说曹操》，章义和、唐燮军著，上海人民出版社，2014年。

《扬子云集》，（汉）扬雄撰，影印文渊阁《四库全书》本。

《扬雄方言校释汇证》，华学诚汇证，王智群、谢荣娥、王彩琴协编，中华书局，2006 年。

《异苑》，（南朝宋）刘敬叔，影印文渊阁《四库全书》本。

《元和郡县图志》，（唐）李吉甫撰，贺次君点校，中华书局，1983 年。

《雍录》，（宋）程大昌撰，黄永年点校，中华书局，2002 年。

《乐府诗集》，（宋）郭茂倩编，中华书局，2017 年。

《云谷杂纪》，（宋）张淏撰，影印文渊阁《四库全书》本。

《玉海》，（宋）王应麟辑，广陵书社，2003 年。

《宣和书谱》，（宋）佚名著，王群栗点校，浙江人民美术出版社，2019 年。

《颐庵文选》，（明）胡俨撰，影印文渊阁《四库全书》本。

《元儒考略》，（明）冯从吾撰，影印文渊阁《四库全书》本。

《弇州山人四部续稿》，（明）王世贞撰，影印文渊阁《四库全书》本。

《元诗选》，（清）顾嗣立编，影印文渊阁《四库全书》本。

《义门读书记》，（清）何焯著，崔高维点校，中华书局，1987 年。

《艺概》，（清）刘熙载著，浙江人民美术出版社，2017 年。

《医灯续焰》，（清）潘楫撰，杨维益点校，人民卫生出版社，1988 年。

《医学三字经》，（清）陈念祖撰，陶晓华校注，中国书店，1993 年。

《战国策笺证》，（西汉）刘向集录，范祥雍笺证，范邦瑾协校，上海古籍出版社，2018 年。

《诸葛亮集》，（三国）诸葛亮著，段熙仲、闻旭初编校，中华书局，2014 年

《周书》，中华书局，1971 年。

《资治通鉴》，（宋）司马光编著，（元）胡三省音注，"标点资治通鉴小组"校点，中华书局，1956 年。

《直斋书录解题》，（南宋）陈振孙著，徐小蛮、顾美华点校，上海古籍出版社，1987 年。

《湛然居士集》，（元）耶律楚材撰，影印文渊阁《四库全书》本。

《郑堂读书记》，（清）周中孚著，黄曙辉、印晓峰标校，上海书店出版社，2009 年。

《诸史考异》，（清）洪颐煊撰，中华书局，1991 年。

《中国古代史》，夏曾佑著，河北教育出版社，2000 年。

《中国史稿》，郭沫若主编，人民出版社，1963 年。

《中国文学史》（一），游国恩等主编，人民文学出版社，1963 年。

《中国书法简史》，包备五编著，上海书画出版社，1983 年。

《中国书法简史》，钟明善著，河北美术出版社，1983 年。

《中国人口地理》，胡焕庸、张善余著，华东师范大学出版社，1984 年。

《中国史纲要》，翦伯赞主编，人民出版社，1995 年。

《中国古代史学家年谱》第一册，张爱芳辑，北京图书馆出版社，2005 年。

《中国宫廷之谜》，陆求实、桑行之、范英著，黄山书社，2005 年。

《中华名门才俊 徐氏名门》，徐保安、邢佳佳主编，泰山出版社，2007 年。

《中华宫廷秘史》，孙桂辉主编，线装书局，2014 年。

《周末秦初大变局》，姜越编，辽宁人民出版社，2018 年。

二、期刊论文

孙楷第：《汉魏南北朝乐府诗选序例》，《新思潮》1946 年第 1 卷第 4 期。

萨孟武：《晋隋之间的南北形势》，《台大社会科学论丛》1952 年第 5 期。

湖南省文物管理委员会：《长沙左家公山的战国木椁墓》，《文物参考资料》1954 年第 12 期。

谢成侠：《二千多年来大宛马（阿哈马）和苜蓿传入中国及其利用考——中国畜牧兽医史料之一》，《中国兽医杂志》1955 年第 3 期。

王仲荦：《侯景乱梁前后的南朝政治局势》，《文史哲》1955 年第 11 期。

郭沫若：《由王谢墓志的出土论到兰亭序的真伪》，《文物》1965 年第 6 期。

郭沫若：《新疆出土的晋人写本〈三国志〉残卷》，《文物》1972 年第 8 期。

刘乃和：《帛书所记"张楚"国号与西汉法家政治》，《文物》1975 年第 5 期。

齐思和：《匈奴西迁及其在欧洲的活动》，《历史研究》1977 年第 3 期。

冯君实：《"东临碣石"的碣石在那里》，《吉林师大学报》1978 年第 3 期。

卢南乔：《"闾左"辨疑》，《历史研究》1978 年第 11 期。

田人隆：《"闾左"试探》，《中国史研究》1979 年第 2 期。

鲍善谆：《"张楚"非国号辨》，《文史哲》1979 年第 5 期。

尚启东：《张仲景传略考》，《浙江中医学院学报》1979 年第 6 期。

王春瑜：《"万岁"考》，《历史研究》1979 年第 9 期。

张政烺：《关于"张楚"问题的一封信》，《文史哲》1979 年第 6 期。

赵永复：《郦道元生年考》，《复旦学报》1980 年第 S1 期。

宁可：《试论中国封建社会的人口问题》，《中国史研究》1980 年第 1 期。

邱久荣：《淝水之战双方兵力略释》，《历史研究》1980 年第 2 期。

王好立：《"闾左"辨疑》，《中国史研究》1980 年第 4 期。

周笃文：《中国第一位女史学家班昭》，《人物》1980 年第 4 期。

钱文辉：《〈木兰诗〉主题刍议》，《昆明师院学报》1980 年第 6 期。

赵德祥：《"张楚"小议》，《辽宁师范学院学报》1981 年第 2 期。

谭其骧：《陈胜乡里阳城考》，《社会科学战线》1981 年第 2 期。

李友松：《曹操兵败赤壁与血吸虫病关系之探讨》，《中华医史杂志》1981 年第 2 期。

王锁：《"张楚"词义辨释》，《文史知识》1981 年第 3 期。

陶懋炳：《陈寿曲笔说辨诬》，《史学史研究》1981 年第 3 期。

辛志贤：《〈水经注〉所记水数考》，《北京师范大学学报》1981 年第 3 期。

黄振民：《〈报任安书〉写作年代辨》，《北京师范学院学报》1981 年第 4 期。

赵永复：《〈水经注〉究竟记述多少条水》，《历史地理》1982 年第 2 辑。

王洲明：《〈新书〉非伪书考》，《文学遗产》1982 年第 2 期。

杜雨茂：《关于张仲景生平一些问题的探讨》，《陕西中医学院学报》1982 年第 2 期。

廖国玉：《张仲景官居长沙太守的三项根据》，《中医杂志》1982 年第 4 期。

何世华：《〈报任安书〉并非作于太始四年考》，《人文杂志》1982 年第 6 期。

齐吉祥：《灞桥纸、中颜纸和汉代的造纸术》，《历史教学》1982 年第 7 期。

张大可：《〈史记〉断限考略》，《西北大学学报》1983 年第 2 期。

舒朋：《淝水之战双方兵力问题综释——兼评邱久荣同志的新说》，《北京师范学院学报》1983 年第 3 期。

阎孝慈：《秦代方士徐福东渡日本新探》，《徐州师范学院学报》1984 年第 1 期。

齐天举：《〈木兰诗〉的著录及时代问题续证》，《文学遗产》1984 年第 1 期。

孙述圻：《菩提达摩与梁武帝——六朝佛教史上的一件疑案》，《南京大学学报》1984 年第 3 期。

赵康民：《西安洪庆堡出土汉愍儒乡遗物》，《考古与文物》1984 年第 6 期。

胡银康：《萧何作九章律的质疑》，《学术月刊》1984 年第 7 期。

刘自齐：《〈桃花源记〉与湘西苗族》，《学术月刊》1984 年第 7 期。

裘沛然：《张仲景守长沙说的商讨》，《新中医》1984 年第 11 期。

王子今：《"闾左"为"里佐"说》，《西北大学学报》1985 年第 1 期。

祁和晖：《王昭君籍贯族属异说》，《西南民族学院学报》1985 年第 1 期。

王寿南：《隋平陈原因之分析》，《政大历史学报》1985 年第 3 期。

陈剑：《刘备葬在哪里？》，《天府新论》1985 年第 3 期。

王健秋:《挟天子不能解释为"挟制天子"》,《文史知识》1986 年第 2 期。

陈大为等:《辽宁绥中县"姜女坟"秦汉建筑遗址发掘简报》,《文物》1986 年第 8 期。

王育民:《十六国北朝人口考索》,《历史研究》1987 年第 2 期。

施建中:《隋统一原因再探——兼论隋文帝平陈方略》,《北京师范大学学报》1988 年第 2 期。

汪涌豪:《范蔚宗谋反一事辨正》,《上海师范大学学报》1988 年第 2 期。

张世龙:《论秦始皇"焚书"未"阬儒"》,《中国史研究动态》1988 年第 10 期。

田余庆:《说张楚——关于"亡秦必楚"问题的探讨》,《历史研究》1989 年第 2 期。

方诗铭:《曹操与"白波贼"对东汉政权的争夺——兼论"白波"及其性质》,《历史研究》1990 年第 4 期。

姚小鸥:《什么是"李广难封"的真正原因?》,《东北师大学报》1991 年第 1 期。

袁祖亮:《十六国北朝人口蠡测——与王育民同志商榷》,《历史研究》1991 年第 2 期。

傅金纯、纪思:《曹操何处"观沧海"》,《辽宁师范大学学报》1991 年第 4 期。

陈绍棣:《一代才女和史家——班昭》,《历史教学》1991 年第 8 期。

李伯勋:《诸葛亮八阵遗址真伪商榷》,《成都大学学报》1992 年第 2 期。

李纯良:《"挟天子"新解》,《成都大学学报》1993 年第 2 期。

王育民:《十六国北朝人口再探——答袁祖亮同志》,《社会科学战线》1993 年第 5 期。

张继文:《试论李广终不得封的原因》,《殷都学刊》1994 年第 1 期。

乔富渠:《"战争瘟疫"斑疹伤寒使曹操兵败赤壁》,《杏苑中医文献杂志》1994 年第 1 期。

吴仰湘:《项羽自杀原因新探》,《晋阳学刊》1994 年第 3 期。

余太吉:《诸葛亮八阵图及阵法试探》,《中国史研究》1994 年第 3 期。

王增文:《〈木兰诗〉的产生时代、本事和作者考辨》,《河南教育学院学报》1994 年第 3 期。

范子烨:《评杨勇〈洛阳伽蓝记校笺〉》,《中国历史地理论丛》1994 年第 4 期。

张子侠:《项羽"不肯过江东"吗?》,《文史知识》1994 年第 9 期。

汪受宽:《"钟鐻金人十二"为宫悬考》,《文史》第 40 辑（1994 年）。

高兵:《也谈李广难封的原因》,《齐鲁学刊》1995 年第 1 期。

杜建民：《刘备实未"借荆州"》，《文史哲》1995 年第 2 期。

胡如雷：《隋朝统一新探》，《历史研究》1996 年第 2 期。

王双怀：《"十二金人"考》，《陕西师范大学学报》1996 年第 3 期。

袁祖亮：《再论十六国北朝时期人口的有关问题与王育民同志商榷》，《郑州大学学报》1996 年第 3 期。

任芬：《试论〈木兰诗〉的时代背景》，《中华女子学院学报》1996 年第 4 期。

辛德勇：《闾左臆解》，《中国史研究》1996 年第 4 期。

刘万云：《隋时北方统一南方的原因浅探》，《中南民族学院学报》1996 年第 6 期。

姬源：《一位浪漫主义将领的悲剧——析李广难封》，《唐都学刊》1997 年第 2 期。

邹文生：《陶渊明"不为五斗米折腰"辨》，《中州学刊》1997 年第 3 期。

李伯勋：《古代八阵源流及诸葛亮八阵考略》，《成都大学学报》1998 年第 1 期。

王育成：《闾左贱人说初论——兼说陈胜故里在宿州》，《中国国家博物馆馆刊》1998 年第 2 期。

肖振宇：《试谈韩信被杀的自身原因》，《张家口师专学报》1999 年第 1 期。

李国华：《曹操兵败赤壁的主要原因不是血吸虫病》，《郑州铁路职业技术学院学报》1999 年第 2 期。

刘新光：《汉高祖名邦字季略说》，《史学月刊》1999 年第 4 期。

任怀国：《李广难封原因探析》，《昌潍师专学报》1999 年第 6 期。

张振昌：《美女连环计与貂蝉新考》，《长春大学学报》1999 年第 6 期。

李森：《南燕广固城被"夷其城隍"说辨正》，《历史教学》2000 年第 4 期。

侯灿：《楼兰发现与其纠葛——楼兰发现百年祭》，《丝绸之路》2001 年第 3 期。

裴建平：《国宝春秋 百年震撼——西汉"灞桥纸"的发现》，《文博》2001 年第 4 期。

赵以武：《试论梁武帝一生事功的成败得失——兼论梁代在中国文化史上的地位》，《嘉应学院学报》2001 年第 5 期。

刘玲娣：《人格缺陷与韩信之死》，《河北学刊》2003 年第 5 期。

符友丰：《曹操兵败赤壁原因何在》，《中医药文化》2004 年第 1 期。

孙伟国：《淝水之战：初唐史家们的虚构？——对迈克尔·罗杰斯用后现代方法解构中国官修正史个案的解构》，《河北学刊》2004 年第 1 期。

郭广生：《韩信"谋反"被杀之我见》，《石家庄职业技术学院学报》2004 年第

5 期。

唐燮军:《〈洛阳伽蓝记〉三题》,《史学史研究》2005 年第 1 期。

王书才:《曹植〈洛神赋〉主旨臆解》,《达县师范高等专科学校学报》2005 年第 3 期。

黄金明:《论曹植〈洛神赋〉的寓意》,《文艺理论与批评》2005 年第 3 期。

孙鸿飞:《论〈洛神赋〉的创作目的》,《黑龙江教育学院学报》2005 年第 6 期。

张新科:《〈史记〉断限与缺补疑案之梳理》,《西南民族大学学报》2005 年第 6 期。

瞿林东:《范晔"谋反"新说——兼论沈约对范晔的评价》,《安徽史学》2006 年第 1 期。

朱维铮:《班昭考》,《中华文史论丛》2006 年第 2 期。

王文倩、聂永华:《20 世纪〈木兰诗〉成诗年代、作者及木兰故里研究综述》,《华北水利水电学院学报》2006 年第 4 期。

唐燮军:《诗人之外的沈约:对沈约思想与生平的文化考察》,《文学遗产》2006 年第 4 期。

张鹏飞:《郦道元年谱考略》,《湖北大学学报》2006 年第 4 期。

杨红林:《梁武帝滥"爱"亡国》,《领导文萃》2006 年第 10 期。

唐燮军:《六朝吴兴沈氏宗族文化的传承与变易》,《重庆社会科学》2007 年第 3 期。

唐燮军:《沈约〈宋书〉平议》,《晋阳学刊》2007 年第 5 期。

徐亚龙:《曹操墓与西门豹祠》,《殷都学刊》2011 年第 3 期。

唐燮军:《刘祥〈宋书〉与南齐官方修史重心的转移》,《历史教学问题》2013 年第 2 期。

何仙童:《驳张仲景官居长沙太守的三项根据》,《中国保健营养》2013 年第 8 期。

王前程:《王昭君籍贯诸多异说及其成因述论》,《三峡论坛》2020 年第 2 期。

王珍:《论刘禅是陪衬蜀汉英雄群体的绿叶》,《文史杂志》2021 年第 1 期。

三、报章论文

罗根泽:《木兰诗产生的时代和地点》,《光明日报》1954 年 4 月 26 日。

冯道魁、黄丰林:《陈胜究竟是哪里人》,《光明日报》1959 年 5 月 21 日。

杨国宜:《陈胜生地阳城考》,《光明日报》1959 年 8 月 20 日。

高二适：《〈兰亭序〉的真伪驳议》，《光明日报》1965 年 7 月 23 日。

高敏：《"李广难封"的原因何在？》，《光明日报》1987 年 4 月 8 日。

陈迩冬：《关于王昭君》，《人民日报》1987 年 12 月 14 日。

刘修明：《寻找坑儒谷》，《新民晚报》1999 年 12 月 27 日。

后　记

此书原是应某书社之约而作于 2007 年的通俗读物，成稿后，大概因为不够通俗而未能出版。尔后在 2016 年，该书稿一度进入出版流程，甚至业已完成最后一轮校对，却最终因为出版费用问题而"胎死腹中"。

这次重启《中古新语》出版事宜，虽在情理之中，却在计划之外，就权且将此作为自己 50 岁的生日礼物吧！

《中古新语》较诸当年初稿，主要做了两方面的调整。一是听从出版社编辑郝军启先生的建议，悉数删除原有的 80 张插图，以免引起不必要的麻烦；二是在增删原文的同时，补充了将近 800 条脚注，从而使得本书更接近于学术类著作。

唐燮军识于宁波大学

2021 年 1 月 29 日